Die Kunst des Schreibens

AD SEXTAM.

D Eus in ad
iutorium
meum inte
de. R̃ Do
mine ad
adiuuan
dum me t
festina. V̊.
Gloria

patri et filio et spiritui sanc̃to S i
cut erat in principio et nunc et sem
per et in secula seculorum . amen Al
leluya uel Laus tibi domine rex
eterne glorie. HYMNVS.

M Emento salutis auc̃tor q̃ nostri quondam corporis ex illi

DAVID HARRIS

Die Kunst des Schreibens

Eine Anleitung zur Kalligraphie

Aus dem Englischen übersetzt von
Renate Fuhrmann

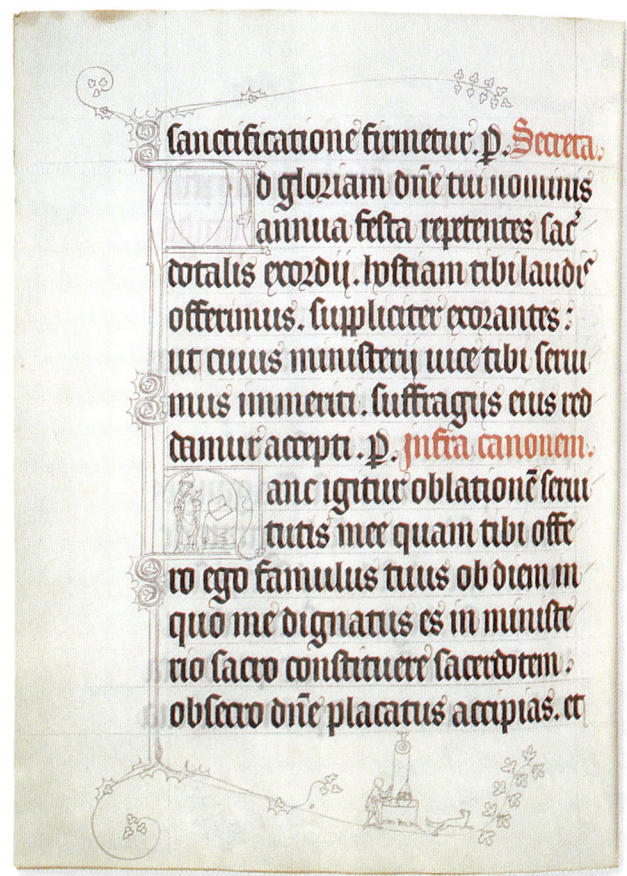

Ravensburger Buchverlag

DK

Ein Dorling Kindersley Buch

Project editor   Louise Candlish
Art editor   Liz Brown
Assistant editor   David T Walton
Assistent Designer   Carla De Abreu
Senior editor   Roger Tritton
Senior art editor   Tracy Hambleton-Miles
DTP designer   Zirrinia Austin
Managing editor   Sean Moore
Managing art editor   Tony Kay
Production controller   Meryl Silbert
Picture research   Julia Harris-Voss, Jo Walton
Photography   Steve Gorton, Andy Crawford

Übersetzung aus dem Englischen von
Renate Fuhrmann

3   2   98   00

Titel der Originalausgabe: The ART of Calligraphy

Printed in Singapore by Toppan Printing
ISBN 3-473-48385-0

Inhalt

Einführung

Das lateinische Alphabet ist zweitausend Jahre alt; seit seiner Entstehung hat es sich aufgrund von soziologischen und technologischen Voraussetzungen immer wieder verändert. Der moderne Kalligraph kann daher auf einen reichen und vielfältigen Formenschatz zurückgreifen. Das vorliegende Buch skizziert diese Entwicklung der Schrift und stellt die Alphabete in ihrem historischen und praktischen Kontext vor. Ganz gleich, ob Sie als Schreiber oder Schreiberin Anfänger, Fortgeschrittener oder Meister Ihrer Kunst sind: Sie werden den Ursprung jeder Schrift nachvollziehen können und auf neue Weise den Aufbau der 26 Lettern verstehen, die wir täglich verwenden.

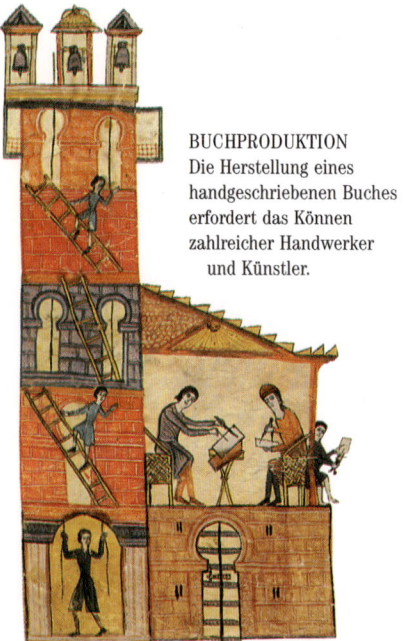

BUCHPRODUKTION
Die Herstellung eines handgeschriebenen Buches erfordert das Können zahlreicher Handwerker und Künstler.

LUPE
Eine Lupe ist wichtig bei der genauen Betrachtung von Buchstabenformen in den historischen Manuskripten, die in diesem Buch gezeigt werden.

SCHRIFTEN, die auf dem lateinischen Alphabet basieren, werden allgemein in zwei Kategorien unterteilt: in die formellen Schriften, die einer Amtsgewalt als Instrument dienten, und in die informellen – die kursiven oder schnell geschriebenen Schriften für den täglichen Gebrauch. Im Laufe der Geschichte sind Formalschriften wiederholt zu Kursivformen degeneriert, die aber ihrerseits aufgewertet wurden und schließlich den formalen Status als neue, eigenständige Schriften erlangten. Diese Zusammenhänge und das Entstehen anderer Schriften von Bedeutung werden in diesem Buch in den Kapiteln über Schriftgeschichte erläutert.

Praktische Ratschläge

Wenn Sie die Geschichte einer Schrift verfolgen, so vermittelt Ihnen dies auch eine Einsicht in den Aufbau des jeweiligen Alphabetes. Die einzelnen Buchstaben werden dann vorgestellt, es werden die Elemente erklärt, aus denen sie sich zusammensetzen und die Reihenfolge der Schreibbewegungen.

Das Erscheinungsbild einer Schrift wird durch eine Reihe praktischer Faktoren bestimmt, wie zum Beispiel dem Zuschnitt der Feder, mit der sie geschrieben wird. Im Zusammenhang mit jeder Schrift wird detailliert erklärt, welche Werkzeuge man verwenden kann.

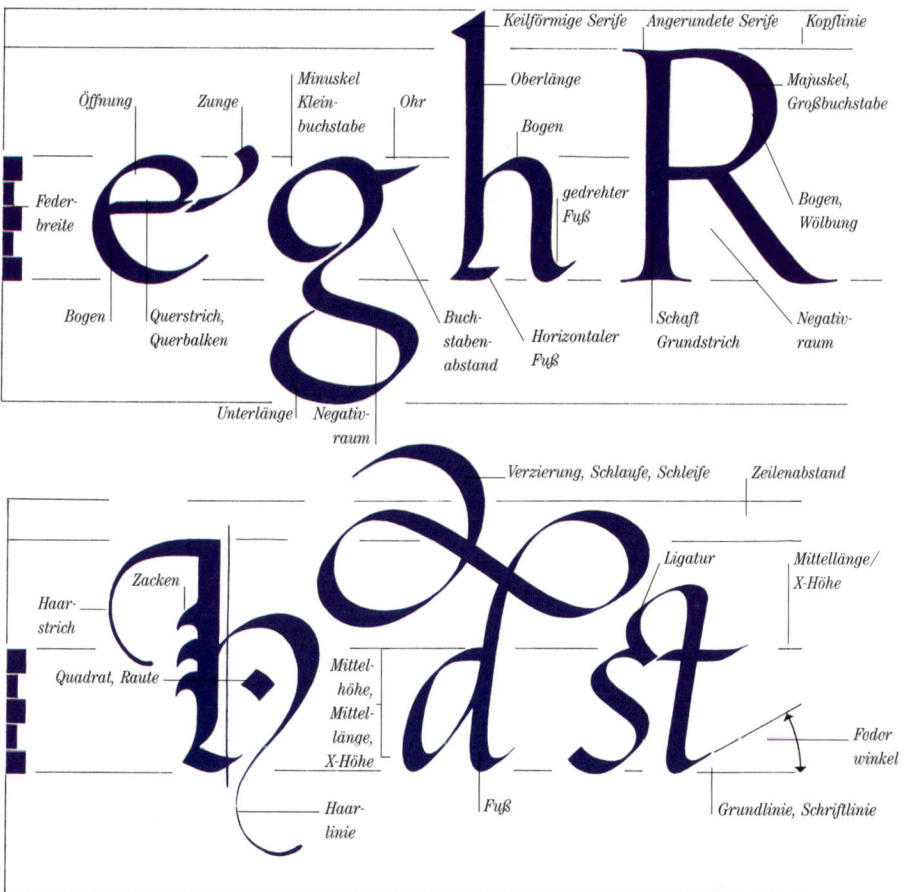

ANATOMIE DER BUCHSTABEN
Wenn man Schriften identifiziert oder schreibt, muß man sich mit dem Fachvokabular der Kalligraphie vertraut machen. Da es jedoch keine allgemein verbindlichen Bezeichnungen gibt, stellen wir in diesem Buch die Begriffe vor, die bei Schreibern und Paläographen am gebräuchlichsten sind. Alternative Bezeichnungen, auch aus der Typographie, erscheinen ebenfalls. Die Termini werden am Beispiel der abgebildeten Buchstaben exemplarisch vorgestellt und gelten für alle Lettern des Alphabets. Ein Glossar der kalligraphischen Begriffe, die in diesem Buch verwendet werden, finden Sie auf den Seiten 122/123.

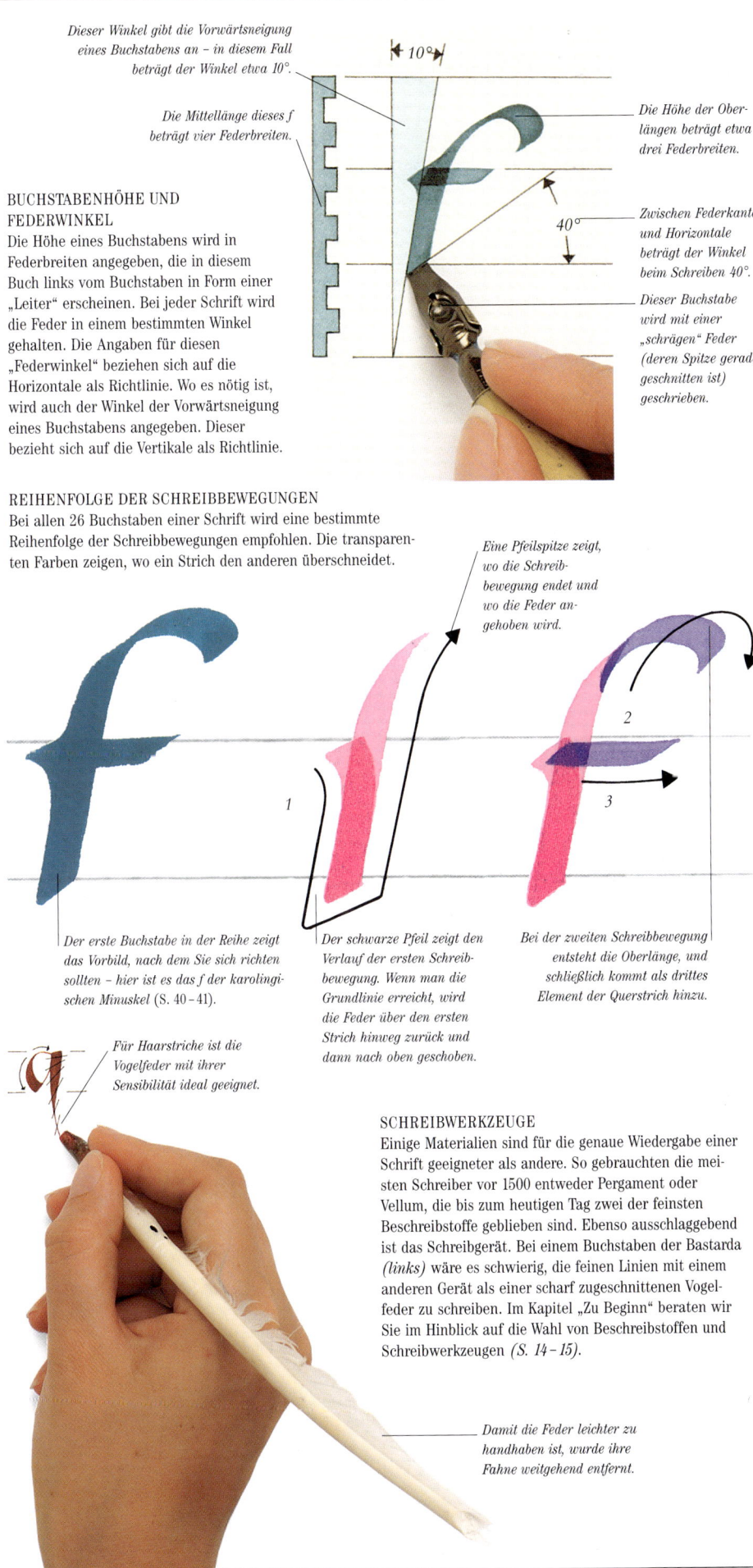

Dieser Winkel gibt die Vorwärtsneigung eines Buchstabens an – in diesem Fall beträgt der Winkel etwa 10°.

Die Mittellänge dieses f beträgt vier Federbreiten.

10°

Die Höhe der Ober-längen beträgt etwa drei Federbreiten.

40°

Zwischen Federkante und Horizontale beträgt der Winkel beim Schreiben 40°.

Dieser Buchstabe wird mit einer „schrägen" Feder (deren Spitze gerade geschnitten ist) geschrieben.

BUCHSTABENHÖHE UND FEDERWINKEL
Die Höhe eines Buchstabens wird in Federbreiten angegeben, die in diesem Buch links vom Buchstaben in Form einer „Leiter" erscheinen. Bei jeder Schrift wird die Feder in einem bestimmten Winkel gehalten. Die Angaben für diesen „Federwinkel" beziehen sich auf die Horizontale als Richtlinie. Wo es nötig ist, wird auch der Winkel der Vorwärtsneigung eines Buchstabens angegeben. Dieser bezieht sich auf die Vertikale als Richtlinie.

REIHENFOLGE DER SCHREIBBEWEGUNGEN
Bei allen 26 Buchstaben einer Schrift wird eine bestimmte Reihenfolge der Schreibbewegungen empfohlen. Die transparenten Farben zeigen, wo ein Strich den anderen überschneidet.

Eine Pfeilspitze zeigt, wo die Schreib-bewegung endet und wo die Feder an-gehoben wird.

1

2

3

Der erste Buchstabe in der Reihe zeigt das Vorbild, nach dem Sie sich richten sollten – hier ist es das f der karolingi-schen Minuskel (S. 40–41).

Der schwarze Pfeil zeigt den Verlauf der ersten Schreib-bewegung. Wenn man die Grundlinie erreicht, wird die Feder über den ersten Strich hinweg zurück und dann nach oben geschoben.

Bei der zweiten Schreibbewegung entsteht die Oberlänge, und schließlich kommt als drittes Element der Querstrich hinzu.

Für Haarstriche ist die Vogelfeder mit ihrer Sensibilität ideal geeignet.

SCHREIBWERKZEUGE
Einige Materialien sind für die genaue Wiedergabe einer Schrift geeigneter als andere. So gebrauchten die meisten Schreiber vor 1500 entweder Pergament oder Vellum, die bis zum heutigen Tag zwei der feinsten Beschreibstoffe geblieben sind. Ebenso ausschlaggebend ist das Schreibgerät. Bei einem Buchstaben der Bastarda (links) wäre es schwierig, die feinen Linien mit einem anderen Gerät als einer scharf zugeschnittenen Vogel-feder zu schreiben. Im Kapitel „Zu Beginn" beraten wir Sie im Hinblick auf die Wahl von Beschreibstoffen und Schreibwerkzeugen (S. 14–15).

Damit die Feder leichter zu handhaben ist, wurde ihre Fahne weitgehend entfernt.

Schriftvorlagen
Keine Schrift geht nur auf ein einziges Vorbild zurück. Immer gibt es zahllose Varianten, die von strengster Buchschrift bis zu Beispielen reichen, die man kaum noch entziffern kann. Daher sind die Schriften, die bei den praktischen Übungen in diesem Buch vorgestellt werden, eine Synthese von verschiedenen Stilrichtungen und sollten lediglich als Anhaltspunkt für Sie dienen.

Manuskripte als Quellen
Die Mehrzahl der Schriften in diesem Buch stammt aus der Quelle von Manuskripten. An Detailvergrößerungen aus solchen Manuskripten werden der grundlegende Duktus einer Schrift und der Aufbau der Buchstaben genau erkennbar.

Die Capitalis Monumentalis
Eine bedeutende Schrift in diesem Buch muß getrennt von den anderen betrachtet werden: die römische Capitalis Monumen-talis. Als ein Ergebnis des Pinsels und nicht der Feder wurde sie bis vor kurzem nicht als „Schrift" akzeptiert. Da sie aber in ihrer Komplexität und Bedeutung für die heutige Kalligraphie und Typographie unentbehrlich ist, wird sie ausführlich im letzten Kapitel des Buches untersucht. Zum ersten Mal werden Ursprung und Struktur aller 26 Buchstaben auf leicht zugängliche Weise präsentiert (S. 108–109).

Schreiben mit der linken Hand
Die Buchstaben, deren Aufbau in diesem Buch schrittweise vorgeführt wird, stam-men aus der Feder eines Kalligraphen, der mit der rechten Hand schreibt. Kalli-graphen, die Linkshänder sind, können den gleichen Winkeln und dem gleichen Ablauf der Schreibbewegungen folgen, aber für sie mag es praktisch sein, wenn sie die ihnen vertraute Schreibhaltung der „Unterarm-position" angleichen: Drehen Sie den Arm nach innen, wenden Sie die Hand nach links und verlagern Sie das Papier nach unten zur rechten Seite hin. Federn, die von rechts oben nach links unten schräg angeschnitten sind, können auch gute Dienste leisten.

Die Entwicklung der abendländischen Schrift

DAS ERSTE ALPHABET entstand ungefähr 1200 Jahre vor Christi Geburt in Phönizien. Es wurde im achten vorchristlichen Jahrhundert von den Griechen übernommen, deren Buchstaben dann die Etrusker und nach ihnen die Römer entlehnten. Alle späteren abendländischen Schriften entwickelten sich aus römischem Ursprung. Die Schriften in diesem Buch werden in sechs Kapiteln vorgestellt: römische und spätrömische Schriften (*S. 16–27, 108–119*), insulare und nationale Schriften (*S. 28–37*), karolingische und frühgotische Schriften (*S. 38–49*), gotische Schriften (*S. 50–83*), italienische und humanistische Schriften (*S. 84–101*) und Schriften, die sich nach der Renaissance entwickelten (*S. 102–107*). Eine Zeittafel (*S. 12–13*) veranschaulicht die historische Zuordnung jeder Schrift.

Das wichtigste Ereignis in der Geschichte der abendländischen Schrift war wohl die Übernahme des etruskischen Alphabets durch die Römer. Bis zum ersten vorchristlichen Jahrhundert hatten die Römer dann bereits mehrere Schriften entwickelt. Eine davon war eine schnell schreibbare Kursivschrift, die im Briefverkehr verwendet und entweder in Wachstäfelchen eingeritzt oder mit einer Rohrfeder auf Papyrus geschrieben wurde. Dieser Schrifttypus beeinflußte die Entwicklung der Kleinbuchstaben bei Schriften wie der Halbunzialen (*S. 38–39*). Eine weitere Schlüsselposition hat die Capitalis Rustica inne, die für Manuskripte, Schildermalerei und Inschriften verwendet wurde (*S. 16–17*).

Capitalis Monumentalis

Die dritte römische Schrift, die römische Kapitalschrift oder Capitalis Monumentalis, entstand im 1. Jahrhundert vor Christus. Sie wurde sowohl für Inschriften in Stein verwendet als auch mit dem Pinsel geschrieben (*S. 108–109*). Mehr als 2000 Jahre später liefert diese Schrift die Basis unserer modernen Großbuchstaben. Eine weitere wichtige Schrift, deren Ursprung in der römischen Epoche liegt, war die Unziale (*S. 24–25*). Sie sieht aus wie die griechische Unziale, die ihr voranging, und sie wurde für den Gebrauch der frühen christlichen Kirche entwickelt.

ETRUSKISCHE BUCHSTABEN
Diese Buchstaben wurden auf Oscanisch geschrieben – eine altitalische Sprache, die sich aus dem Etruskischen ableitet. Zusätzlich zur Schrift wurde beinahe jeder Bereich der etruskischen Kultur von den Römern übernommen, einschließlich des Rechtswesens und des Militärs.

Terrakottatafeln wie diese verwendete man, um Besitz und Land zu markieren. Die Buchstabenformen sind klar erkennbar, zum Beispiel dieses Zeichen, das einem umgedrehten E ähnelt.

DAS LATEINISCHE ALPHABET
Diese Inschrift vom Sockel der Trajanssäule in Rom ist eines der schönsten Beispiele der Capitalis Monumentalis, die die Jahrhunderte überdauert haben (*S. 108–109*). Das älteste lateinische Alphabet umfaßte einundzwanzig Zeichen im Gegensatz zu den zwanzig Zeichen der Etrusker. In spätrömischer Zeit enthielt das lateinische Alphabet dreiundzwanzig Zeichen: man hatte Y und Z vom griechischen Ypsilon und Zeta übernommen und dem Alphabet als zusätzliche Zeichen hinzugefügt. Alle diese Buchstaben werden heute noch verwendet. Im Mittelalter waren dann noch J, U und W hinzugekommen.

KARL DER GROSSE UND ALKUIN

Karl der Große orientierte sich auf vielfache Weise an seinen römischen Vorgängern – sowohl im Hinblick auf seine eigene Person als auch auf seinen Hof. Römischer Einfluß war im Frankenreich besonders auf dem Gebiet der Bildung entscheidend; dabei stand dem Kaiser ein berühmter Mönch aus York namens Alkuin zur Seite. Von 796 bis 804 war Alkuin Abt des Klosters von Tours in Frankreich, wo während seiner Amtszeit das große Skriptorium gegründet wurde. Hier entstand die karolingische Minuskel *(S. 38–39)*.

Die gebogene Spitze des Messers verrät, daß es auch dazu verwendet wurde, die Zeilen auf den Seiten einzukerben.

Mit kritischem Blick prüft der Schreiber die frisch zugeschnittene Feder.

Die Produktion von Buchdeckeln war ein Handwerk für sich, das ein ganzes Team geübter Arbeiter erforderte.

Das Pergament wird auf einen Rahmen gespannt und mit einem Messer geschabt.

Das fertige Buch verleiht der Predigt des Mönchs Autorität.

DIE PRODUKTION VON MANUSKRIPTEN

Diese Illustrationen aus dem 12. Jahrhundert zeigen, wie im Mittelalter ein Buch hergestellt wurde. Zuerst feuchtete der Pergamentmacher die Haut an, dann spannte er sie auf und schabte sie. Anschließend wurde das getrocknete Pergament zugeschnitten, die Zeilen wurden eingekerbt als Vorbereitung für den Schreiber. Die Gestaltung des Textes wurde in allen Einzelheiten geplant und festgelegt, welcher Raum dem Illustrator, welcher dem Schreiber zur Verfügung stehen sollte. Wenn der Schreiber seine Arbeit beendet hatte, legte der Illuminator das Blattgold auf, das den Untergrund bildete für die Darstellungen des Buchillustrators. Schließlich wurden die einzelnen Blätter zusammengestellt und gebunden, und dann wurde der Buchdeckel aufgelegt.

Wenn das Pergament getrocknet und gereinigt ist, wird es zugeschnitten.

Das Buch ist gebunden, und der Schreiber macht sich daran, dem Text notwendige Anmerkungen hinzuzufügen.

Ein zentraler Aspekt des mönchischen Lebens bestand im Lehren auf der Basis des geschriebenen Buches.

Wenn die Blätter des Manuskripts in die richtige Reihenfolge gebracht worden sind, werden sie zusammengenäht.

Die gestanzten Löcher wurden durch das Einkerben der Zeilen miteinander verbunden.

Kleine Löcher werden durch das Pergament gestanzt, als Orientierungspunkte für den Zeilenabstand.

Insulare und nationale Schriften

Nach dem Untergang des weströmischen Reiches im 5. Jahrhundert entwickelten sich zahlreiche Schriften innerhalb der neuen Fürstentümer, die aus den Relikten des Imperiums hervorgingen. Irische Schriften wie die Insulare Majuskel *(S. 28–31)*, abgeleitet aus Formen von Unziale und Halbunziale, sind jetzt unter dem Namen „insulare" Schriften bekannt. In anderen Gegenden Europas gehörte zu den nationalen Schriften zum Beispiel Visigotisch in Spanien, Merowingisch in Frankreich.

Entscheidender Träger des Austauschs zwischen den verschiedenen Nationen war die christliche Kirche, Hüterin von Bildung und Gelehrsamkeit. Irische Mönche gründeten zahlreiche klösterliche Zentren in Schottland und im Norden Englands ebenso wie in Luxeuil und Corbie in Frankreich oder in Bobbio in Italien. Mönche reisten von Rom nach Südengland und bekehrten viele Menschen zum Christentum.

Karolingische und gotische Schriften

Das erste westliche Imperium nach dem Untergang Roms war das Frankenreich Karls des Großen *(Charlemagne)*. Im 9. Jahrhundert erstreckte es sich bereits von den Pyrenäen bis zum Baltikum. Ein reformiertes Alphabet geschaffen von Alkuin von York, wurde zur etablierten Schrift des gesamten Reiches: die karolingische Minuskel *(S. 38–39)*. Außerhalb des Frankenreiches waren nach wie vor die Nationalschriften in Gebrauch. In Italien war die beneventanische Schrift eine der Schriften der nachrömischen Epoche. Sie wurde von der Mitte des 8. Jahrhunderts bis 1300 verwendet *(S. 84–85)*. In England schrieb man die insulare und angelsächsische Minuskel *(S. 34–35)*, bis im 10. Jahrhundert die karolingische Minuskel eingeführt wurde. Im Laufe der Zeit wurde die karolingische Minuskel stärker komprimiert und ließ auf diese Weise das eckige, gleichförmige Aussehen der gotischen Schrift anklingen. Diese komprimierte Schrift wird als „spätkarolingisch" oder „frühgotisch" bezeichnet *(S. 46–47)*.

Eterit tanquam lignum qd plan tatum est secus decursus aquarū!

Gotische Schriften

Bis zum Ende des 12. Jahrhunderts hatte sich in ganz Europa ein komplexes System gotischer Schriften entwickelt. Der Einfachheit wegen werden sie oft in zwei Gruppen unterschieden: die feierlichen Buchschriften für geistliche und weltliche Texte und die Kursiv- bzw. Kurrentschriften für Dokumente und – vom späten 13. Jahrhundert an – für Bücher in der jeweiligen Landessprache. Die beiden wichtigsten Buchschriften auf hohem Standard waren die Quadrattextur *(S. 50–51)* und ihr Zwilling, die Textur mit geraden Füßchen, auch Textura Prescissa genannt *(S. 54–55)*.

Bastarda-Schriften

Gotische Kursivschriften sind unter dem Namen „Bastarda" bekannt, und sie wurden erst durch die englische Schreibschrift *(S. 102–103)* im 18. Jahrhundert ersetzt, ungefähr 200 Jahre nach dem Niedergang der gotischen Buchschriften. Bastarda-Schriften lassen sich nur schwer in Kategorien unterteilen, denn sie unterscheiden sich von Land zu Land, von Stadt zu Stadt und von Gewerbe zu Gewerbe. Unterschiede allgemeiner Art kann man jedoch zwischen englischen *(S. 66–67)*, französischen *(S. 70–71)* und deutschen Varianten *(S. 74–75)* feststellen. In der Bastarda erschienen Klein- und Großbuchstaben der gleichen Schrift zum ersten Mal gemeinsam; die gotischen Großbuchstaben leiteten dabei den neuen Satz ein und kennzeichneten die Eigennamen *(S. 58–59)*.

Die Textur ohne Füßchen trifft bei bestimmten Buchstaben gerade auf die Zeile – so wie bei diesem r aus dem Windmühlen-Psalter.

GOTISCHE TEXTURSCHRIFTEN
Dieses Detail aus dem Windmühlen-Psalter des dreizehnten Jahrhunderts zeigt die Textur ohne Füßchen. Sowohl diese Variante der Textur als auch die Quadrattextur waren anspruchsvoller, repräsentativer Buchkunst vorbehalten.

HUMANISTISCHE MINUSKEL
Diese Manuskriptseite aus einer Übersetzung der „Naturalis historia" von Plinius zeigt wundervoll geschriebene Buchstaben der Humanistischen Minuskel. Die handgeschriebene Renaissanceschrift wurde von den venezianischen Druckern des 15. Jahrhunderts als Vorbild für den Buchdruck verwendet.

GOTISCHE BASTARDA

Diese Seite entstammt einem Stundenbuch, das in Frankreich nach der Einführung des Buchdrucks hergestellt wurde. Ein handgeschriebenes Buch zu besitzen galt in jener Zeit als Zeichen hohen sozialen Ranges. Die elegante Schrift ist eine späte französische Bastarda oder „Bâtarde", die als „Lettre Bourguignonne" (S. 70–71) bekannt ist. Sie enthält Elemente der Schreibschrift, der Kursiven, und der Textur, der Buchschrift.

Der Bastarda-Buchstabe f hat oft eine ausgeprägte Neigung nach rechts; dasselbe gilt für die Form des langen s.

MODERNE KALLIGRAPHIE

Dieses dreidimensionale Werk, das 24 x 35 x 5 Zentimeter mißt, wurde 1993 von Denis Brown geschaffen. Es trägt den Titel „Phönix". Eine Seite mit insularer Schrift, als Reminiszenz der großen Handschriften von Kells und Lindisfarne gedacht, ist durchwirkt von elektrischen Drähten: eine Metapher des Phönix, des neuen Lebens, das aus dem alten entsteht.

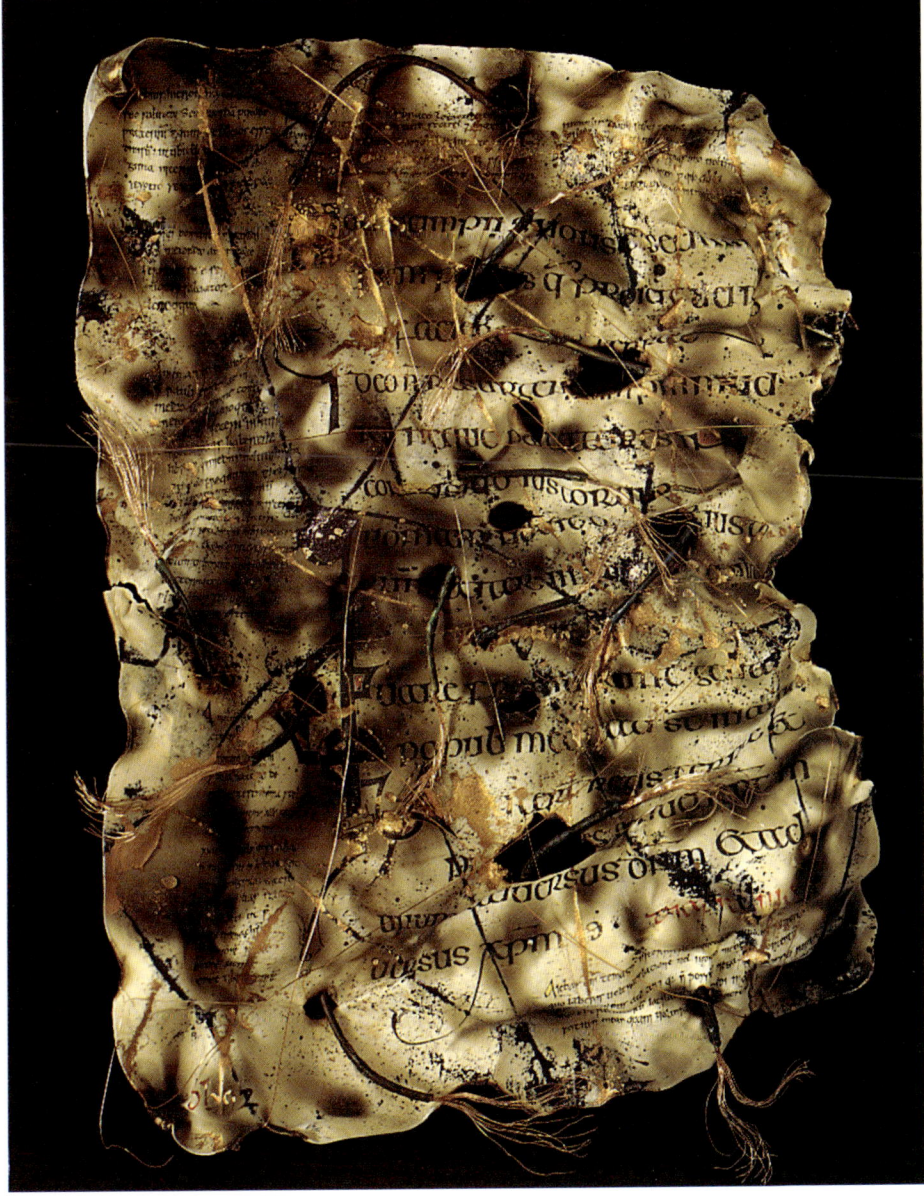

Italienische und humanistische Schriften

In Italien haben die gotischen Buchschriften niemals wirklich Fuß gefaßt. Italienische Buchstabenformen dieser Periode – allgemein unter dem Namen „Rotunda" bekannt – waren gerundeter, offener als ihre gotischen Zeitgenossen *(S. 84–85)*. Bis 1400 war eine neu bearbeitete Version der karolingischen Minuskel die etablierte Schreibschrift der Renaissance geworden, nämlich die Humanistische Minuskel *(S. 90–91)*. Die Tatsache, daß sie für die Typographie des Buchdrucks übernommen wurde, machte die Formen ihrer Buchstaben schließlich zu den bedeutendsten in Europa, und sie sind bis zum gegenwärtigen Tag in Gebrauch. Eine Variante der Humanistischen Minuskel, die ebenfalls bis heute verwendet wird, ist die Kursive *(S. 94–95)*. 1420 wurde sie als Schreibschrift entwickelt, und bis 1500 war auch sie vom Buchdruck übernommen worden.

Schriften in der Zeit nach der Renaissance

Eine letzte bedeutende Schrift ist die Englische Schreibschrift. Wie ihre englische Bezeichnung „Copperplate" vermuten läßt, handelte es sich ursprünglich um eine Schrift, die in Kupferplatten eingeritzt oder geätzt wurde. Ihre typischen Charakteristika sind feine, verbundene Schwünge und exotische Proportionen; daher konnte diese Schrift mit größerer Leichtigkeit graviert als tatsächlich geschrieben werden. In ihrer einfacheren, handgeschriebenen Form jedoch hatte die „Copperplate" den Vorteil, daß man sie sehr schnell schreiben konnte. Bis ins 19. Jahrhundert hinein galt sie als Standardschrift für Geschäftsleben und Erziehung.

Die moderne Kalligraphie

Eine Wiederbelebung der Kalligraphie ereignete sich zu Beginn des 20. Jahrhunderts mit der Pioniertätigkeit von Edward Johnston in England *(S. 42–43)* und mit Rudolf von Larisch und Rudolf Koch in Deutschland *(S. 74–75)*. Seit den fünfziger Jahren ist das Interesse an Kalligraphie in vielen Kulturen gewachsen. Innerhalb der letzten zwanzig Jahre ist die Kalligraphie eine eigene Kunstform geworden.

Zeittafel

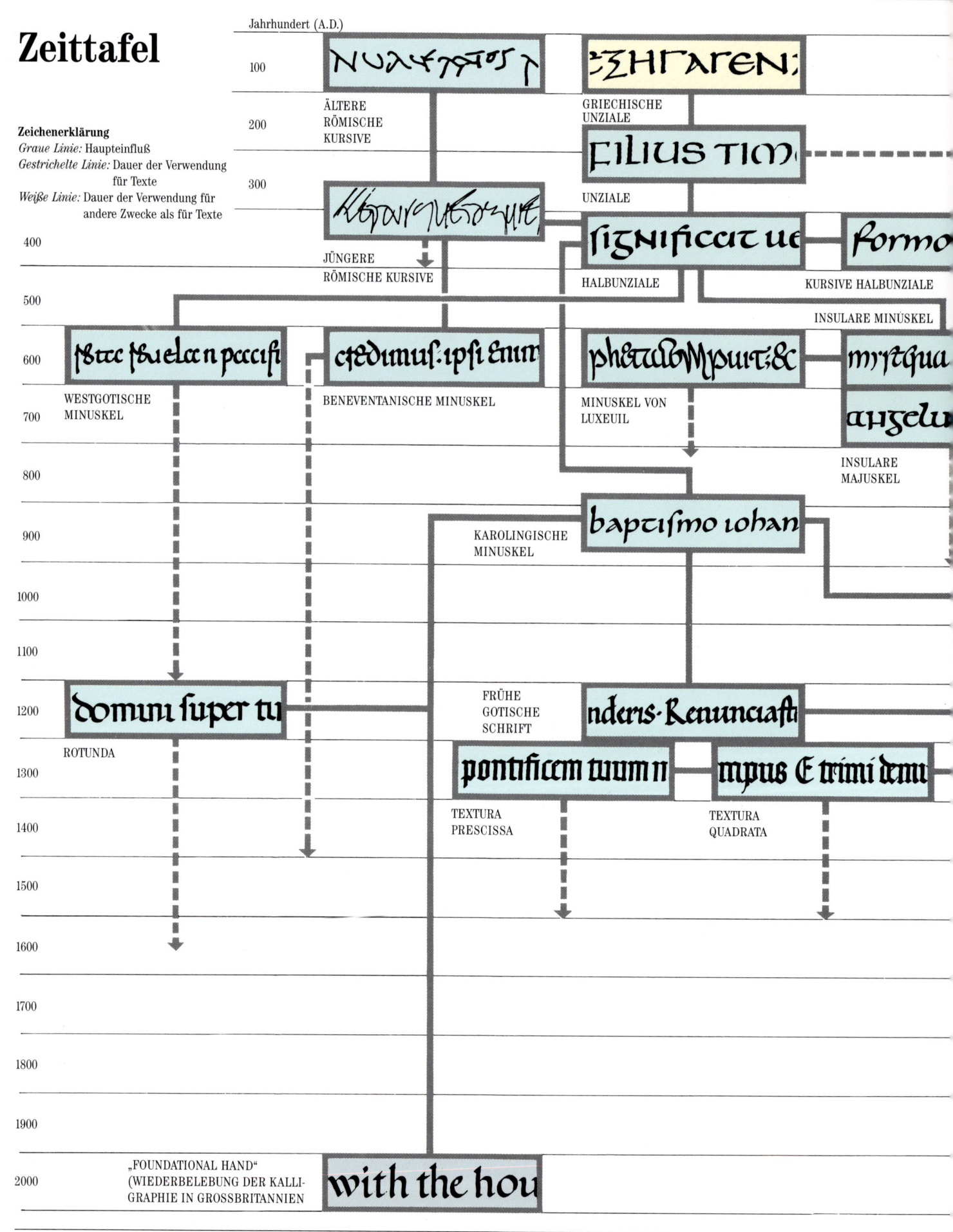

Zeichenerklärung
Graue Linie: Haupteinfluß
Gestrichelte Linie: Dauer der Verwendung
  für Texte
Weiße Linie: Dauer der Verwendung für
  andere Zwecke als für Texte

Jahrhundert (A.D.)

100

200   ÄLTERE
      RÖMISCHE
      KURSIVE

      GRIECHISCHE
      UNZIALE

300

      UNZIALE

400

      JÜNGERE
      RÖMISCHE KURSIVE

      HALBUNZIALE   KURSIVE HALBUNZIALE

500

      INSULARE MINUSKEL

600

      WESTGOTISCHE   BENEVENTANISCHE MINUSKEL   MINUSKEL VON
700   MINUSKEL   LUXEUIL

800   INSULARE
      MAJUSKEL

900   KAROLINGISCHE
      MINUSKEL

1000

1100

1200 FRÜHE
      GOTISCHE
      SCHRIFT

      ROTUNDA
1300

1400 TEXTURA   TEXTURA
      PRESCISSA   QUADRATA

1500

1600

1700

1800

1900

2000 „FOUNDATIONAL HAND"
      (WIEDERBELEBUNG DER KALLI-
      GRAPHIE IN GROSSBRITANNIEN

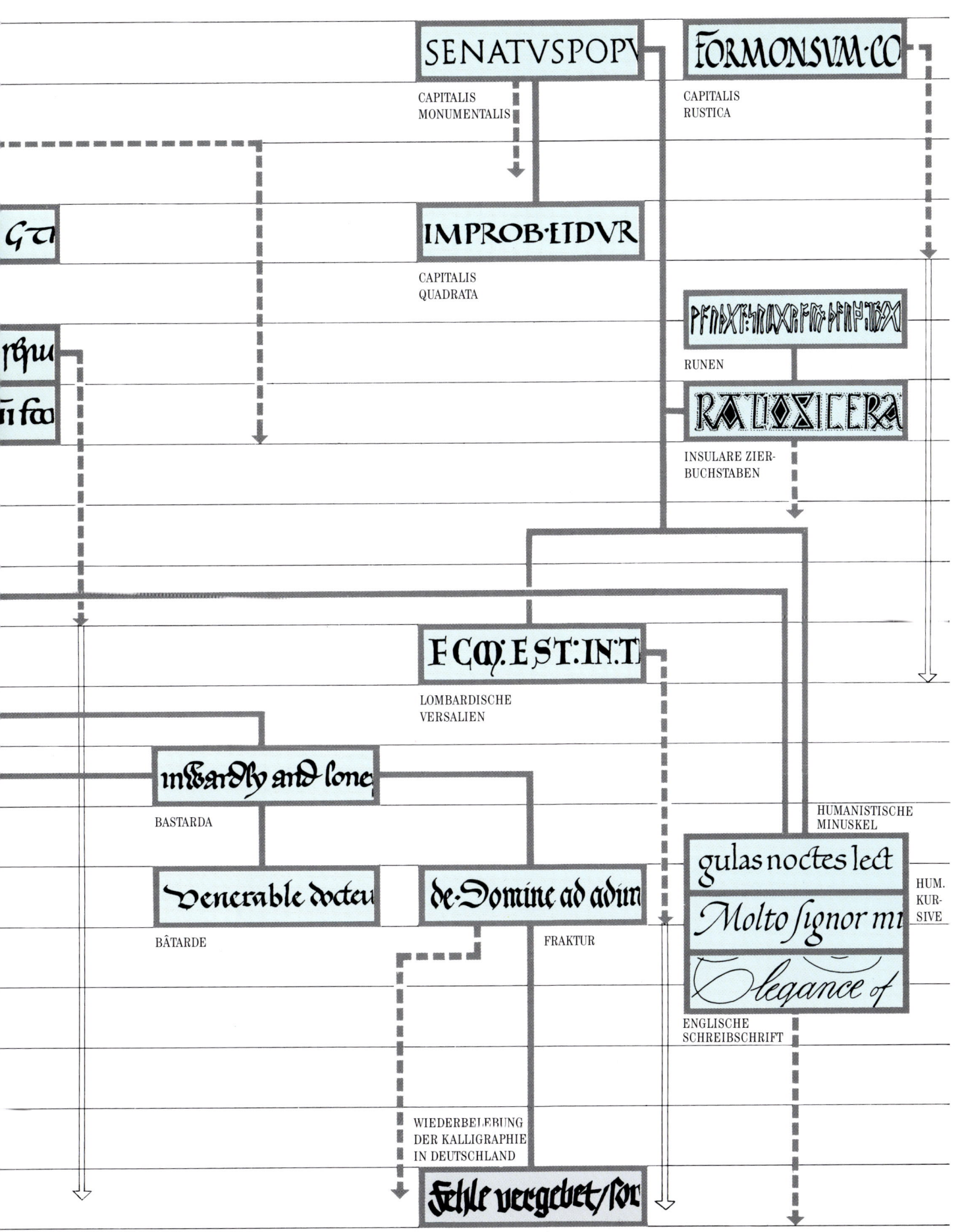

SENATVSPOPV

FORMONSVM·CO

CAPITALIS
MONUMENTALIS

CAPITALIS
RUSTICA

G·T·

IMPROB·EIDVR

CAPITALIS
QUADRATA

rpu

RUNEN

i foo

RADOXI CERA

INSULARE ZIER-
BUCHSTABEN

F·COO·E ST·IN·T

LOMBARDISCHE
VERSALIEN

inwardly and lone

BASTARDA

HUMANISTISCHE
MINUSKEL

Venerable docteu

de·Domine ad adiu

gulas noctes lect

HUM.
KUR-
SIVE

BÂTARDE

FRAKTUR

Molto signor mi

Elegance of

ENGLISCHE
SCHREIBSCHRIFT

WIEDERBELEBUNG
DER KALLIGRAPHIE
IN DEUTSCHLAND

Fehle vergebet/for

Zu Beginn

DIE KUNST DER KALLIGRAPHIE beginnt mit Werkzeugen und Materialien, und diese sollten sehr sorgfältig ausgewählt werden. Wenn man ein gutes Resultat mühsam erkämpfen muß, kann dies ein Zeichen dafür sein, daß die Oberfläche des Papiers oder das Schreibgerät, das man ausgesucht hat, nicht geeignet ist. Seit das Interesse an der Kunst des Schreibens erneut lebendig geworden ist, gibt es auch ein vielfältiges Angebot von Material und Werkzeugen im Handel. Im folgenden Kapitel zeigen wir Ihnen, welche Beschreibstoffe und welche Werkzeuge Sie verwenden können und wie man die beiden traditionellen Schreibgeräte, die Rohrfeder und die Vogelfeder, für das Schreiben zuschneidet.

Die Rohrfeder

Die Rohrfeder und die Vogelfeder *(gegenüberliegende Seite)* sind seit der Antike verwendet worden. Obgleich beide in der Gegenwart von anderen Schreibwerkzeugen verdrängt worden sind, bleibt die Rohrfeder ein ideales Gerät für das expressive Schreiben. Sie wird gewöhnlich aus einem hohlen Schilfrohr *(Phragmitis communis)* geschnitten, jedoch verwenden einige Kalligraphen statt dessen ein synthetisches Material, zum Beispiel Plastikröhrchen. Man braucht ein sehr scharfes Messer, um eine Rohrfeder zu schneiden – seien Sie immer vorsichtig, wenn Sie damit arbeiten.

1. Schneiden Sie vom Rohr ein etwa 18 cm langes Stück ab. Verwenden Sie ein sehr kräftiges Messer, z. B. ein Teppichmesser, um das Rohr bis zu einer Länge von ungefähr 4 cm aufzuschneiden, so daß das hohle Innere sichtbar wird.

2. Drehen Sie das Rohr um und führen Sie direkt unterhalb des ersten Schnittes einen zweiten, kürzeren durch, um die flache Oberseite der Feder zu erhalten. Dann entfernen Sie an der Schnittfläche jegliches Mark aus dem Inneren des Rohrs.

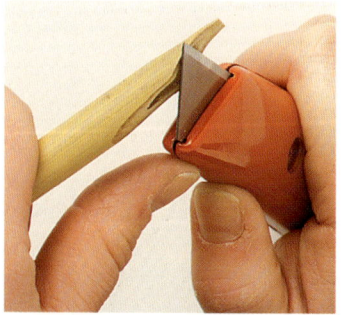

3. Drehen Sie die Feder wieder um und schnitzen Sie „Schultern" zwischen den Stufen der beiden Schnittflächen. Schneiden Sie die Feder dann schräg oder rechtwinklig an der Spitze.

4. Machen Sie schließlich einen Längsschnitt von ungefähr 1,5 cm durch die Mitte der Feder, damit die Tinte später besser fließen kann. Jetzt können Sie mit der Rohrfeder schreiben.

BESCHREIBSTOFFE

Zum Üben und um erste Ideen zu erproben, ist ein leichtes Layoutpapier für Designer ideal. Für die eigentliche Gestaltung ist Papier in einer guten Qualität wichtig – es sollte glatt, feinkörnig und säurefrei sein. Das sogenannte „Vellum", das aus Kalbs- oder Ziegenhaut hergestellt wird, bietet die feinste Oberfläche zum Schreiben, gefolgt von Pergament, das aus Schafshaut gemacht wird.

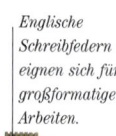

Eine Auswahl von handgeschöpften und maschinell hergestellten Papieren.

SCHREIBWERKZEUGE

Zusätzlich zur Rohrfeder und zur Vogelfeder gibt es eine große Auswahl an Schreibwerkzeugen. Faserschreiber sind ideal geeignet für die Entwurfsarbeit, und aus Gründen der Flexibilität und Ökonomie lohnt es sich, welche mit auswechselbarer Spitze zu verwenden. Der Gebrauch eines Füllers garantiert einen permanenten Tintenfluß. Ein breiter Flachpinsel ist notwendig für die Capitalis Monumentalis *(S. 110 – 119)*.

Verwenden Sie einen kleinen, spitzen Pinsel, um konstruierte Buchstaben zu zeichnen.

Englische Schreibfedern eignen sich für großformatige Arbeiten.

Der Kalligraphie-Füller ist eines der geeignetsten Werkzeuge.

Ein gewöhnlicher Federhalter kann mit einer Vielzahl von auswechselbaren Federn versehen werden.

Ein Filzstift ist ideal für Entwurfsarbeit.

DER SCHLEIFSTEIN
Wenn Sie eine Stahlfeder anschleifen, halten Sie die Feder in einem Winkel von 45° zum Stein und bewegen die obere Seite auf der Schleiffläche hin und her.

AUSWECHSELBARE FEDERN

Spitze Feder für die Englische Schreibschrift.

Bandzugfeder mit abgeschrägter Spitze (Speedball).

Bandzugfeder mit rechtwinkliger Spitze.

Abnehmbares Reservoir für die Bandzugfeder.

Pergament wird aus Schafshaut gemacht und ist fester und faseriger als Vollum.

Ein breiter Pinsel mit Marder- oder Synthetikhaar ist notwendig für die Capitalis Monumentalis.

Verwenden Sie eine Rohrfeder für expressives Schreiben.

Ein langer, breiter Flachpinsel mit Marder- oder Synthetikhaar wird für großformatige Buchstaben der Capitalis Monumentalis verwendet.

Die Vogelfeder ist das traditionelle Schreibwerkzeug.

Die Vogelfeder
Obgleich die Vogelfeder wahrscheinlich das sensibelste aller Schreibwerkzeuge ist, kann man sie nicht so einfach handhaben wie andere Schreibgeräte. Außerdem erfordert sie mehr Erfahrung. Da sie aus weicherem Material ist als die Stahl- oder Rohrfeder, benötigt sie beim Schreiben einen noch sanfteren Druck als Sie vielleicht erwarten. In der erlesenen Feinheit der Strichführung aber ist sie allen anderen Federn überlegen. Truthahn-, Gänse- oder Schwanenfedern sind die geeignetsten und auch Enten- und Krähenfedern können in der gestalterischen Arbeit verwendet werden.

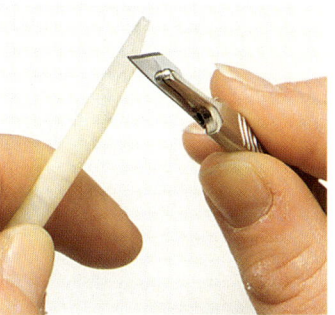

1. Schneiden Sie den Schaft der Feder auf eine Länge von ungefähr 20 cm zurecht und entfernen Sie die Fahne vorsichtig mit einem Skalpell oder einem scharfen Teppichmesser.

2. Halten Sie den Schaft fest in der Hand und machen Sie einen langen, geschwungenen Schnitt auf der Unterseite der Feder. Führen Sie vorsichtig einen weiteren Schnitt durch, um eine zweite Stufe zu erhalten, und beschneiden Sie die Ränder.

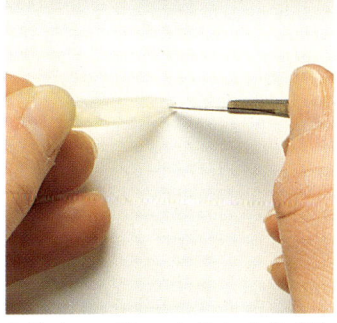

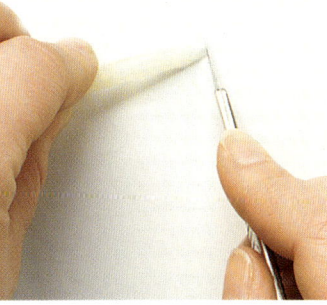

3. Ein kurzer Längsschnitt durch die Mitte der Feder erleichtert den Tintenfluß. Schaben Sie das Mark aus, das auf der Innenseite haftet, beseitigen Sie alle Reste auf der Außenseite.

4. Setzen Sie die Spitze der Feder auf eine feste Unterlage und schneiden Sie die Spitze der Feder zurecht: machen Sie einen rechtwinkligen Schnitt für eine „schräge" Feder und einen schrägen Schnitt für eine „gerade" Feder.

„GERADE" UND „SCHRÄGE" FEDERN
In diesem Buch finden Sie immer wieder Hinweise auf „gerade" und auf „schräge" Federn. Dies könnte zu Verwirrung führen, da die Bedeutung der beiden Begriffe widersprüchlich zu sein scheint. Die „gerade" Feder wird waagrecht gehalten und schreibt breite Buchstabenschäfte, aber schmale horizontale Linien. Die „schräge" Feder hält man in einem Winkel von 30°; dabei entstehen horizontale und vertikale Striche von annähernd gleicher Stärke.

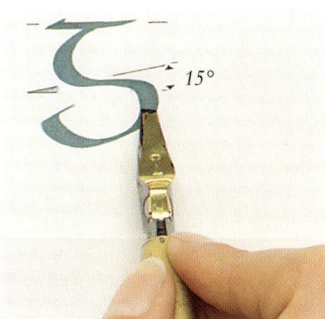

Eine „gerade" Feder hat eine schräggeschnittene Spitze, die in einem Winkel von etwa 70° zum Schaft steht – sie ist ideal für Schriften wie die Halbunziale (S. 40 – 41).

Eine „schräge" Feder hat eine Spitze, die rechtwinklig zum Schaft geschnitten ist – sie ist ideal für Schriften wie die karolingische Minuskel. (S. 40 – 41).

Capitalis Rustica

WENN SICH DER HEUTIGE Kalligraph einer oft verwirren-
den Vielzahl von Schriften gegenübersieht – sowohl
modernen als auch historischen –, dann muß das
Gegenteil für den Schreiber der frühen römischen Zeit
gegolten haben, dem lediglich drei Arten der Schrift zur
Verfügung standen. Die erste davon war die prachtvolle
Capitalis Monumentalis, die komplexeste aller Schriften, die für die großen Denkmäler des Imperiums in
Stein gemeißelt wurde *(S. 108 – 109)*. Für den täglichen
Gebrauch verwendete jeder, der in lateinischer Sprache
schrieb, die schnell schreibbare Kursivschrift. Als drittes gab es die Capitalis Rustica, die sowohl vom Schildermaler als auch vom Schreiber gebraucht wurde.

VOM 1. BIS ZUM 5. Jahrhundert schrieb
man die Capitalis Rustica bei repräsentativen Manuskripten, darunter vor allem
Werke von Vergil. Nach dem 5. Jahrhundert
wurde sie immer seltener als Buchschrift
verwendet, obgleich sie für Überschriften
von Texten noch mehrere Jahrhunderte
hindurch gebraucht wurde. Soweit man
weiß wurde diese Schrift nicht für christliche Texte eingesetzt. Als aber das
Christentum im Jahre 313 Staatsreligion
wurde, etablierte sich die Unziale als die
entscheidende Buchschrift. Dies mag ein
Grund sein für den Niedergang der
Rustica. Die Buchstaben der Capitalis
Rustica wurden auch in Stein gemeißelt.
Dies geschah häufig in Verbindung mit
denen der Capitalis Monumentalis auf den
weniger bedeutenden Monumenten.

*Für die Vertikalen hielt man
die Feder gewöhnlich beinahe
senkrecht.*

**VERGILIUS ROMANUS
2. EKLOGE**
Dieses prachtvolle und
seltene Beispiel eines
Vergil-Manuskriptes in der
Capitalis Rustica stammt
aus der zweiten Hälfte
des 5. Jahrhunderts. Die
Wörter werden durch
einen „punctus" voneinan-
der getrennt, einen Punkt
auf mittlerer Höhe, statt
der „scriptura continua",
der fortlaufenden Schreib-
weise ohne Wortabstände,
die für diese Periode
typisch ist.

DIE HIERARCHIE DER SCHRIFTEN
Bis ins 12. Jahrhundert hinein wurde die
Capitalis Rustica für Überschriften verwen-
det als Bestandteil der sogenannten
„Schriftenhierarchie". Buchstaben der
Rustica eröffneten Kapitel, die Unziale
stand am Beginn des Textes in der ersten
Zeile, und bei diesem Manuskript folgt dar-
auf eine schöne karolingische Minuskel.

Schreibmaterialien

Wir begegnen der Rustica sowohl in Manuskripten als auch bei Inschriften, dabei wurden zwei unterschiedliche Schreibwerkzeuge verwendet. Die Schrift konnte entweder mit der Rohrfeder – nach dem 4. Jahrhundert ist es dann die Vogelfeder – oder mit dem Pinsel mit der gleichen Flüssigkeit des Duktus geschrieben werden. Man gebrauchte einen breiten Flachpinsel aus biegsamem Marderhaar, der beinahe senkrecht gehalten wurde, um die schmalen Schäfte der Buchstaben und ihre breiten horizontalen Linien zu formen.

Ein einfacher Duktus

Ein Hauptunterschied zwischen der Monumentalschrift und der Rustica liegt in der Kompliziertheit der Strichführung. Bei der Monumentalis ist diese ausgeglichen, ohne starke Kontraste des optischen Gewichts. Dieser Effekt kommt dadurch zustande, daß der Winkel, in dem das Schreibwerkzeug angesetzt wird, immer wieder ein anderer ist *(S. 110 – 119)*. Der Duktus der Rustica ist einfacher, mit einer ausgeprägten Unterscheidung in der Gewichtung von breiten und schmalen Strichen.

Die Feder bzw. der Pinsel wird bei dem breiten Diagonalstrich in einem Winkel von 40° gehalten.

DER BUCHSTABE R IN DER CAPITALIS RUSTICA
Die Ausführung des Buchstabens beginnt mit einer Drehung am oberen Ende des Schaftes.

Der Fuß des Buchstabens neigt sich ein wenig nach unten, bevor er mit einer schnellen Bewegung nach oben abgeschlossen wird.

Diese Illustration zeigt ein Portrait Vergils, wie er neben einem Lesepult sitzt, zu seiner Linken eine „capsa" zum Aufbewahren von Schriftrollen.

Kalligraphische Verzierungen erscheinen bei den Buchstaben F, X und L.

Die interlineare Glosse wurde in einer modernen Kursivschrift eingefügt.

PETER HALLIDAY
Diese moderne Version der 7. Ekloge von Vergil schrieb Peter Halliday im Jahre 1983 mit schwarzer Tinte auf beigefarbenes Papier. Beachten Sie den Kontrast zwischen den breiten Horizontalen und Diagonalen einerseits und den schmalen Vertikalen andererseits.

EIN PAPYRUSBLATT
3000 Jahre hindurch, bis in die spätrömische Epoche hinein, war Papyrus der gebräuchlichste Beschreibstoff. Er wurde hergestellt, indem man zwei Lagen von Papyrusblättern im rechten Winkel aufeinanderlegte und diese dann feststampfte.

DETAIL AUS VERGILIUS ROMANUS, ZWEITE EKLOGE.

Capitalis Rustica

DER DUKTUS der Capitalis Rustica unterscheidet sich von dem der anderen Schriften dieses Buches durch die Federhaltung, die bis zu 85° für die Vertikalen betragen darf. Dieser Winkel verringert sich auf ungefähr 45° für die unteren Serifen und die diagonalen Schreibbewegungen. Daher muß die Feder vom oberen Ende des Schaftes bis zum Fuß um ungefähr 40° gedreht werden. In diesem Übergang besteht das Geheimnis gut geschriebener Rustica-Buchstaben. Das L ist typisch für viele Buchstaben der Rustica.

1. Verwenden Sie eine Feder mit gerade geschnittener Spitze und beginnen Sie die Serife des Buchstabens L, indem Sie die Feder mit der breiten Kante nach unten schieben. Bei dieser Schreibbewegung sollte der Federwinkel 65° betragen.

2. Ziehen Sie die Feder nach rechts hinunter, indem Sie sie vom 65°-Winkel beinahe in eine Vertikale bringen, wenn Sie zur Linie des Schaftes übergehen. Ziehen Sie dann den feinen Schaft, ohne die Feder abzusetzen.

3. Etwa in halber Entfernung zur Basislinie drehen Sie die Feder auf ungefähr 50° als Vorbereitung für die untere Serife. Dies bewirkt die für die Rustica typische Verdickung des unteren Teils der Vertikalen.

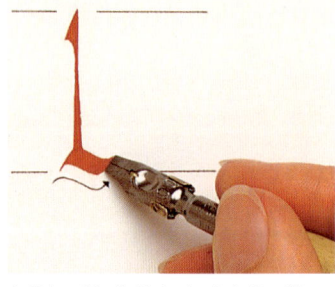

4. Heben Sie die Feder hoch, halten Sie sie in einem Winkel von 45° und fügen Sie die Fußserife mit einem festen, diagonalen Schwung nach unten hinzu. Der Fuß ist ein wesentliches Element in der Schrift, denn er führt das Auge weiter zum folgenden Buchstaben.

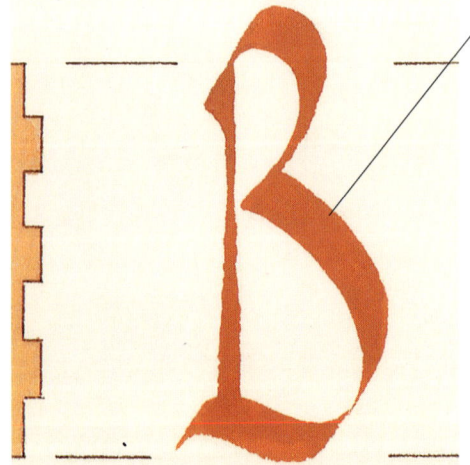

Dieser breite, geschwungene Bogen wird in einer weichen Bewegung geschrieben mit einem Federwinkel von 45° bis 50°.

Diagonaler Bogen
Die Wiederholung der Schreibbewegung, die im Bogen nach unten geführt wird – kombiniert mit dem beinahe diagonalen Verlauf des Fußes –, verleiht der Capitalis Rustica ihren charakteristischen Rhythmus. Diese kräftigen Elemente bieten das Gegengewicht zu den feinen Senkrechten der Schäfte.

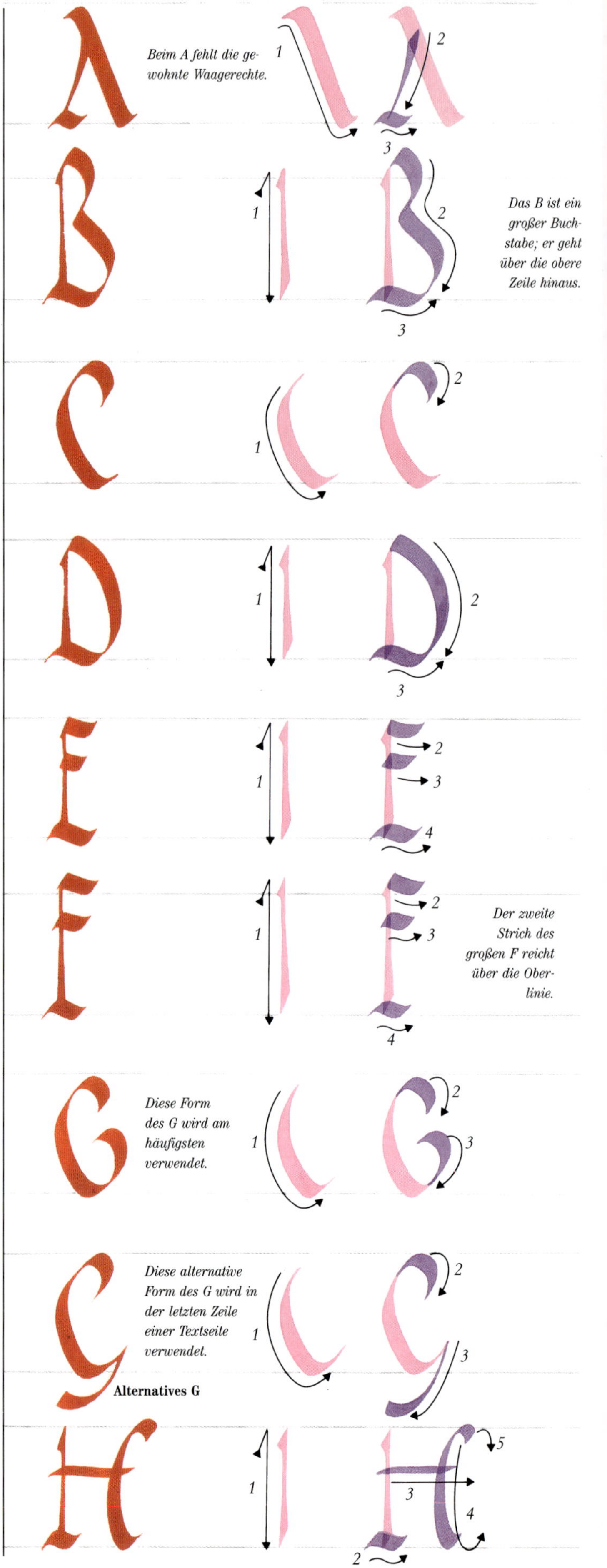

Beim A fehlt die gewohnte Waagerechte.

Das B ist ein großer Buchstabe; er geht über die obere Zeile hinaus.

Der zweite Strich des großen F reicht über die Oberlinie.

Diese Form des G wird am häufigsten verwendet.

Diese alternative Form des G wird in der letzten Zeile einer Textseite verwendet.

Alternatives G

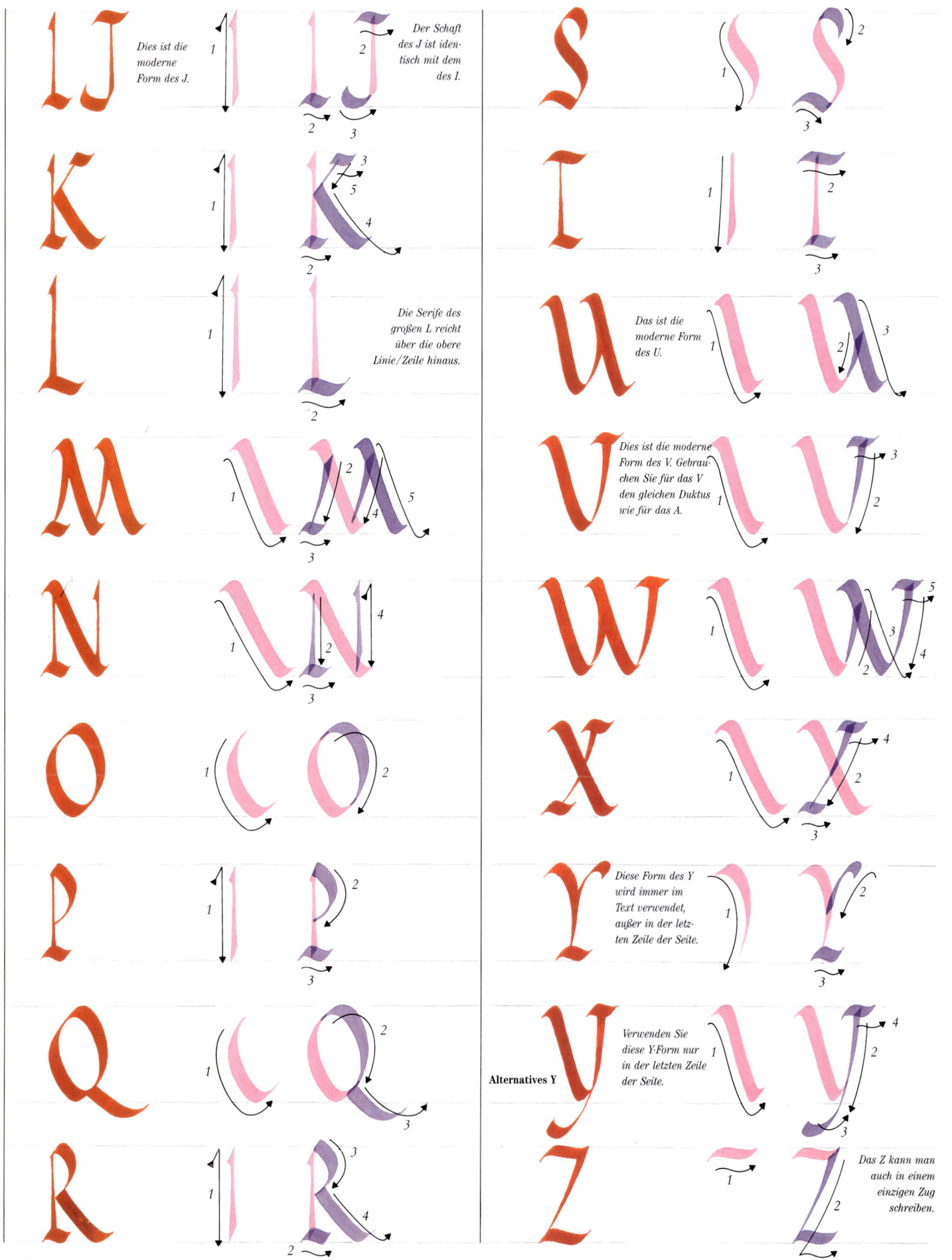

Dies ist die moderne Form des J.

Der Schaft des J ist identisch mit dem des I.

Die Serife des großen L reicht über die obere Linie/Zeile hinaus.

Das ist die moderne Form des U.

Dies ist die moderne Form des V. Gebrauchen Sie für das V den gleichen Duktus wie für das A.

Diese Form des Y wird immer im Text verwendet, außer in der letzten Zeile der Seite.

Alternatives Y

Verwenden Sie diese Y-Form nur in der letzten Zeile der Seite.

Das Z kann man auch in einem einzigen Zug schreiben.

Capitalis Quadrata

ALS RÖMISCHE Handschrift des späten 4. Jahrhunderts nimmt die Capitalis Quadrata innerhalb der Entwicklung der römischen Schriften eine Sonderstellung ein, denn sie hat weder Vorläufer noch Nachfolger. Da sehr wenige Beispiele aus dieser Zeit erhalten sind, kann man über die Dauer ihrer Verwendung und ihre stilistische Entwicklung nur Vermutungen anstellen. Große Erhabenheit zeichnet diese Schrift aus; ihre Anmut beruht auf der Offenheit der Buchstabenformen und auf der Klarheit ihrer Buchstabenabstände.

Kleine Serifen werden mit der Ecke der Feder gezeichnet.

EIN M DER CAPITALIS QUADRATA
Die breiten Abstriche sind typisch für die Buchstaben der Capitalis Quadrata.

HÄUFIG WIRD DIE ANSICHT vertreten, daß die Capitalis Quadrata aus dem Versuch hervorging, die römische Capitalis Monumentalis *(S. 108–109)*, die mit dem Pinsel geschrieben wurde, auf die Feder zu übertragen. Die breiten Abstriche der Capitalis Quadrata jedoch und ihre horizontalen Haarstriche lassen auf eine horizontale Federhaltung schließen: dies steht im Gegensatz zu dem 30°-Winkel der Schreibbewegungen, die für die Capitalis Monumentalis nötig sind. Man könnte daher annehmen, daß sich die Capitalis Quadrata aus einer anderen Quelle herleitet.

Zeitgenössische Einflüsse

Wahrscheinlich verhielt es sich so, daß sich die Schreiber, die die Capitalis Quadrata verwendeten, von den Buchstaben inspirieren ließen, die in Stein gemeißelt wurden, und sich nicht an den Buchstaben ihrer Vorgänger orientierten, die den Pinsel verwendeten. Die Tafel aus dem 4. Jahrhundert in der Kirche San Sebastiano in Rom ist ein Beispiel dafür. Winkel der Strichführung und Proportionen stimmen mit denen geschriebener Buchstaben überein.

Das Pergament wurde auf einen hölzernen Rahmen gespannt und die Fleischreste wurden mit einem kreisförmigen Messer entfernt.

EIN PERGAMENTHERSTELLER
Im dritten nachchristlichen Jahrhundert war Pergament längst zu einer Konkurrenz für Papyrus geworden. Für die spätrömischen Manuskripte war es der gebräuchlichste Beschreibstoff, so zum Beispiel beim Codex Vaticanus 3256 *(gegenüberliegende Seite)*. Es war in Pergamon in Kleinasien erfunden worden – Gegenmaßnahme zu einem ägyptischen Handelsembargo zwischen 197 und 158 v. Chr., das die Lieferung von Papyrus unterband.

DIE TAFEL VON SAN SEBASTIANO
Die Inschrift auf dieser Tafel in der Kirche San Sebastiano in Rom entstand zwischen 366 und 384. Beachten Sie die phantasievollen Ligaturen einiger Buchstaben, zum Beispiel von N-T, H-R, V-A, T-E, und die Art und Weise, in der einige Buchstaben in andere integriert sind.

EVTYCHIVSMARTYRCRVDELIAIVSSATYRANNI
CARNIFICVMQ·VIASPARIERTVNCMILLENOCENDI
VINCEREQVODPOTVITMONSTRAVITGLORIACHRISTI
CARCERISINLVVIEMSEQVITVRNOVAPOENAPERARTVS
TESTARVMFRAGMENTAPARANNESOMNVSADIREI
BISSENITRANSIEREDIESALIMENTANEGANTVR
MITTITVRINBARATHRVMSANCVSLAVTOMNIASANGIS
VVLNERAQVAEINTVLERATMORTISMETVENDAPOESTAS
NOCTESOPORIFERATVRBANTINSOMNIA·MENTEM
OSTENDIT·LATEBRAINSONTISQVEMEMBRATENERET
QVAERITVRINVENVSCOLITVRFOVETOMNIAPRESTAT
EXPRESSITDAMASVSMERITVMVENERARESEPVLCRVM

CODEX VATICANUS 3256

Dieses Manuskript der „Georgica" Vergils, Ende des vierten Jahrhunderts in der Capitalis Quadrata geschrieben, ist ein so einzigartiges Werk, daß sogar bekannt ist, für welche Bibliothek es bestimmt war. Ein Grund dafür, daß es Jahrhunderte überdauerte, liegt vielleicht darin, daß es auf Pergament statt auf dem empfindlicheren Papyrus geschrieben wurde. Aufgrund der weinigen Beispiele der Capitalis Quadrata kann man die Zeit, innerhalb der sie geschrieben.wurde, nur schwer festlegen, und es gibt keinen Beleg, der vermuten läßt, daß sie noch nach Beginn des 5. Jahrhunderts verwendet wurde.

Beispiele

Nur zwei Beispiele der Capitalis Quadrata sind erhalten – im Gegensatz zu den ungefähr vierhundert der anderen spätrömischen Buchschrift, der Unziale *(S. 24–25)*. Beide Manuskripte enthalten repräsentative Texte von Vergil und stammen aus dem 4. Jahrhundert. Einer davon ist der Codex Vaticanus 3256 *(links)*, der in der Bibliothek des Vatikans aufbewahrt wird. Der andere ist ein Text aus dem Kloster Sankt Gallen in der Schweiz. Daraus kann man schließen, daß die Capitalis Quadrata die kurzlebigste aller römischen Schriften war.

Zeitaufwendige Arbeit

Ein Grund für die kurze Existenz der Capitalis Quadrata ist die Zeit, die der damalige Schreiber brauchte, um jeden einzelnen Buchstaben zu schreiben. Der vielfache Wechsel des Federwinkels und die schwierige Konstruktion der Serifen erfordern eine beträchtliche Geduld *(S. 22–23)*. Eine derart zeitaufwendige Arbeit mag für Überschriften noch akzeptabel gewesen sein, erwies sich aber als überaus unökonomisch für ganze Texte, besonders im Vergleich mit der praktischeren Unziale oder der Capitalis Rustica *(S. 16–17)*.

Statt des üblichen breiten Abstrichs des Buchstabens R wurde hier ein Haarstrich verwendet.

Das große L findet man oft in Inschriften und Manuskripten aus dem späten 4. Jahrhundert.

DETAIL AUS DEM CODEX VATICANUS 3256

Aus diesem Detail geht hervor, daß die Schrift ohne Wortabstände und Interpunktionen geschrieben wurde. Bei den feinen aufrechten Strichen der Buchstaben A, N, M, R und V wird die Feder aus der Horizontalen in die Vertikale gedreht; dies bewirkt einen starken Gegensatz in der Strichbreite. Die dreieckigen Serifen, die die Haarstriche abschließen, sind mit der Ecke der Federkante hinzugefügt worden.

Die Capitalis Quadrata

CHARAKTERISTISCH für die Capitalis Quadrata ist eine Kombination breiter Striche, sowohl gerader als auch geschwungener, zarter Haarstriche und klarer Serifen. Von den dominierenden breiten Strichen ist die Diagonale am schwierigsten zu schreiben, denn hier muß die Feder um 45° gedreht werden. Die einfacheren Vertikalen werden in einer einzigen Bewegung geschrieben; die Feder wird dabei beinahe horizontal gehalten. Senkrechte Haarstriche sind in den Buchstaben A, M, N, R, W und X enthalten.

Die meisten Buchstaben der Capitalis Quadrata sind ungefähr vier Federbreiten hoch.

Die Ecke der Federkante wird verwendet, um die Serifen zu zeichnen.

Grundlagen:
Die Capitalis ist ungefähr vier Federbreiten hoch; die Buchstaben F und L sind ein wenig höher als die anderen. Am besten schreibt man diese Schrift mit einer Rohrfeder oder einer gerade geschnittenen Stahlfeder.

Komplizierte Buchstaben
Das vollendet ausgewogene N ist einer der kompliziertesten Buchstaben der Schrift. Es besteht aus einer breiten Diagonalen, zwei vertikalen Haarstrichen und zwei Serifen. Der Ansatzwinkel der Feder muß häufig gewechselt werden.

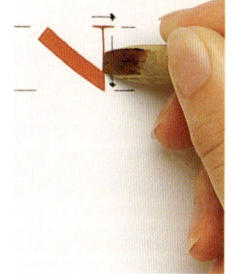

1. Beginnen Sie das N mit einer Federhaltung von ca. 45° und drehen Sie die Feder allmählich in die Vertikale zur Grundlinie hin.

2. Setzen Sie einen kleinen horizontalen Strich auf die Oberlinie und ziehen Sie dann die noch feuchte Tinte mit der Kante der Feder nach unten.

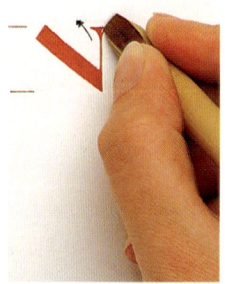

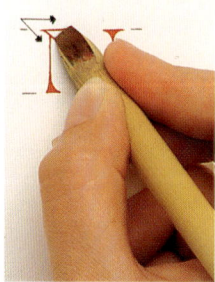

3. Kehren Sie zur Oberlinie zurück und zeichnen Sie die Serife unter die kleine Horizontale.

4. Schreiben Sie jetzt die linke Vertikale mit der Ecke der Feder und fügen Sie die Serife hinzu.

5. Fügen Sie die Serife am oberen Ende der Diagonalen hinzu und benutzen Sie dabei wieder die Ecke der Federkante.

Schreiben Sie die Serifen des A mit der Ecke der Feder.

Fügen Sie die Serife des C mit der Ecke der Feder hinzu.

Beginnen Sie den Bogen des C auf der Kante der Feder.

Ziehen Sie das Ende des C mit der Ecke der Feder.

Das F ist ein größerer Buchstabe. Er reicht etwas über die Oberlinie hinaus.

Das J ist eine moderne Konstruktion.

Ziehen Sie das Ende des J mit der Ecke der Feder.

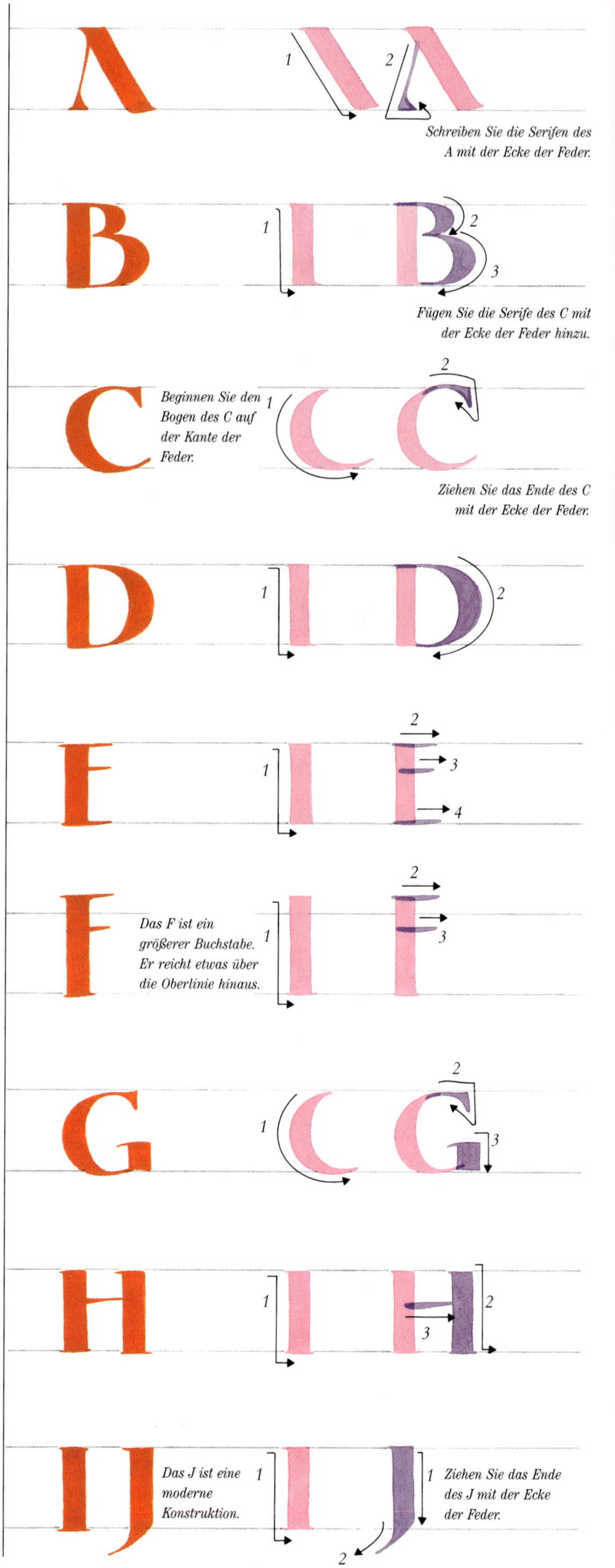

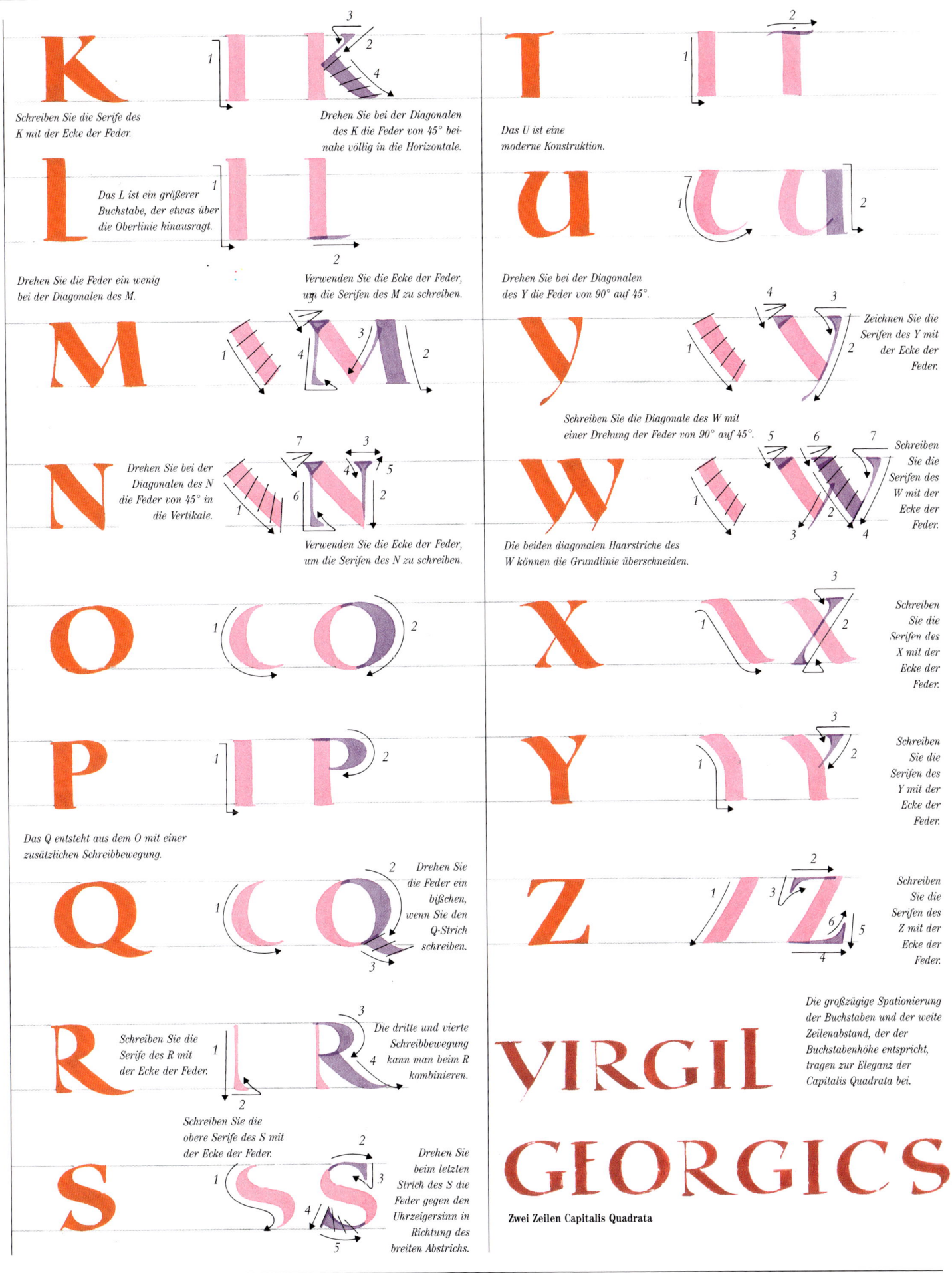

Schreiben Sie die Serife des
K mit der Ecke der Feder.

Drehen Sie bei der Diagonalen
des K die Feder von 45° beinahe völlig in die Horizontale.

Das U ist eine
moderne Konstruktion.

Das L ist ein größerer
Buchstabe, der etwas über
die Oberlinie hinausragt.

Drehen Sie die Feder ein wenig
bei der Diagonalen des M.

Verwenden Sie die Ecke der Feder,
um die Serifen des M zu schreiben.

Drehen Sie bei der Diagonalen
des Y die Feder von 90° auf 45°.

Zeichnen Sie die
Serifen des Y mit
der Ecke der
Feder.

Drehen Sie bei der
Diagonalen des N
die Feder von 45° in
die Vertikale.

Verwenden Sie die Ecke der Feder,
um die Serifen des N zu schreiben.

Schreiben Sie die Diagonale des W mit
einer Drehung der Feder von 90° auf 45°.

Schreiben
Sie die
Serifen des
W mit der
Ecke der
Feder.

Die beiden diagonalen Haarstriche des
W können die Grundlinie überschneiden.

Schreiben
Sie die
Serifen des
X mit der
Ecke der
Feder.

Schreiben
Sie die
Serifen des
Y mit der
Ecke der
Feder.

Das Q entsteht aus dem O mit einer
zusätzlichen Schreibbewegung.

Drehen Sie
die Feder ein
bißchen,
wenn Sie den
Q-Strich
schreiben.

Schreiben
Sie die
Serifen des
Z mit der
Ecke der
Feder.

Schreiben Sie die
Serife des R mit
der Ecke der Feder.

Die dritte und vierte
Schreibbewegung
kann man beim R
kombinieren.

Die großzügige Spationierung
der Buchstaben und der weite
Zeilenabstand, der der
Buchstabenhöhe entspricht,
tragen zur Eleganz der
Capitalis Quadrata bei.

Schreiben Sie die
obere Serife des S mit
der Ecke der Feder.

Drehen Sie
beim letzten
Strich des S die
Feder gegen den
Uhrzeigersinn in
Richtung des
breiten Abstrichs.

VIRGIL

GEORGICS

Zwei Zeilen Capitalis Quadrata

Unziale und kalligraphische Unziale

DIE RÖMISCHE UNZIALSCHRIFT *(Littera Uncialis)* entstand wahrscheinlich in Nordafrika im 2. oder 3. Jahrhundert nach Christus. Obgleich über ihren Ursprung nichts Genaues bekannt ist, lassen sich deutliche Übereinstimmungen mit der griechischen Unziale feststellen – eine gerundete, zweckmäßige Schrift, die man seit dem dritten vorchristlichen Jahrhunderts verwendete und die dann zur offiziellen Schrift der christlichen Kirche wurde. Im Laufe des 2. Jahrhunderts war das Christentum im römischen Reich immer einflußreicher geworden, und es ist durchaus wahrscheinlich, daß die frühen Christen ganz bewußt die griechische Unziale für das Lateinische übernahmen als eine Schrift, die ihrer neuen Religion angemessen schien.

IM JAHRE 597 brachte Augustinus, Heiliger und Missionar, die Unziale von Rom nach Südengland. Ihr Name wird auf den heiligen Hieronymus zurückgeführt, den Verfasser der lateinischen Bibelübersetzung, der Vulgata. „Uncia" bedeutet „Zoll" oder „zollhoher Buchstabe". Hieronymus benutzte diesen Begriff wohl abwertend als Protest gegen die verbreitete Praxis, Pergament zu verschwenden, indem man für repräsentative Bücher große Buchstaben verwendete.

Ursprung der Minuskeln

In der Unzialschrift kann man die Anfänge unserer modernen Kleinbuchstaben erkennen. Die Buchstaben d, h und l sind höher als die anderen, während i, f, n, p, q und r unter die Grundlinie reichen. Eine weitere Abweichung vom Charakter der Großbuchstaben besteht darin, daß ausgeprägte Serifenkonstruktionen fehlen. Diese Einfachheit läßt die Unziale, zusammen mit der karolingischen Minuskel *(S. 38 – 39)* und der „Foundational Hand" *(S. 42 – 43)* als ideal geeignet erscheinen, um daran die Grundlagen der Federführung und der Kalligraphie zu erlernen.

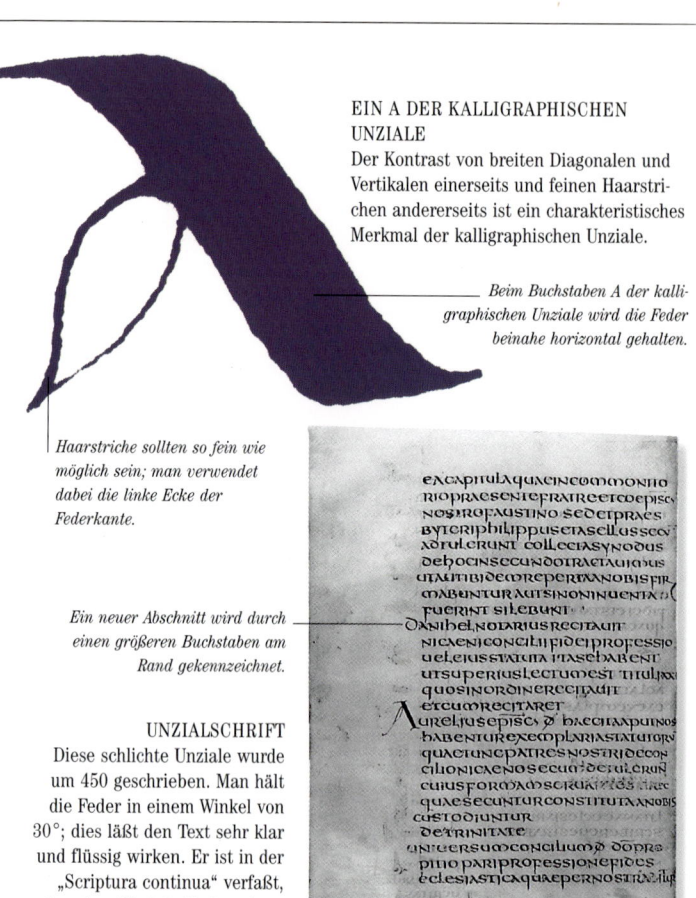

EIN A DER KALLIGRAPHISCHEN UNZIALE
Der Kontrast von breiten Diagonalen und Vertikalen einerseits und feinen Haarstrichen andererseits ist ein charakteristisches Merkmal der kalligraphischen Unziale.

Beim Buchstaben A der kalligraphischen Unziale wird die Feder beinahe horizontal gehalten.

Haarstriche sollten so fein wie möglich sein; man verwendet dabei die linke Ecke der Federkante.

Ein neuer Abschnitt wird durch einen größeren Buchstaben am Rand gekennzeichnet.

UNZIALSCHRIFT
Diese schlichte Unziale wurde um 450 geschrieben. Man hält die Feder in einem Winkel von 30°; dies läßt den Text sehr klar und flüssig wirken. Er ist in der „Scriptura continua" verfaßt, also ohne Wortabstände, wie es zu dieser Zeit üblich war.

Die Überarbeitungen in der ersten Zeile wurden wahrscheinlich von einem späteren, unerfahrenen Schreiber vorgenommen.

Die Widmung des Codex Amiatinus zeigt die typischen feinen Serifen der kalligraphischen Unziale.

DER CODEX AMIATINUS
Der Codex Amiatinus, eine Bibel, wurde vor 716 in Wearmouth und Jarrow geschrieben. Der Initiator dieses beeindruckenden Werkes war Abt Coefrid. Es ist als die früheste Bibel in lateinischer Sprache bekannt und wurde für Papst Gregor II. gefertigt. Obgleich in der ersten, zweiten und fünften Zeile Fehler enthalten sind, stellt die übrige Schrift eine Glanzleistung dar. Die zarten Haarstriche und die feinen Serifen sind denen des Vespasian-Psalters *(gegenüberliegende Seite)* überlegen.

DER VESPASIAN-PSALTER

Der Vespasian-Psalter wurde im frühen 8. Jahrhundert in der Abtei des heiligen Augustinus in Canterbury geschrieben. Die interlinearen Glossen enthalten die früheste bekannte Kopie der Psalmen in englischer Sprache. Das Initial D von Psalm 26 zeigt die Figuren von David und Jonathan. Im westlichen Europa ist dies das erste Beispiel eines historisierten Anfangsbuchstabens. Die römischen Großbuchstaben der Überschrift wurden gezeichnet.

Die Interlinearglosse wurde im 9. Jahrhundert hinzugefügt.

DETAIL AUS DEM VESPASIAN-PSALTER

Die Serifen auf diesem Ausschnitt sind etwas massiver als die des Codex Amiatinus *(gegenüber)*. Dies läßt auf die Verwendung einer weniger scharf zugeschnittenen Feder schließen.

Kalligraphische Unziale

In England hatte sich die Unziale bis zur Klostergründung der beiden Abteien von Wearmouth und Jarrow in den Jahren 674 und 682 längst etabliert. Bald schrieben die Mönche von Wearmouth, Jarrow und Southumbria *(Gebiet Englands südlich des Flusses Humber)* Manuskripte, die in ihrer Qualität hinter denen des übrigen Europa in keiner Weise zurückstanden. Ein Höhepunkt ihres Schaffens ist eine Bibel, der Codex Amiatinus *(gegenüber)*. Die Schrift jedoch, die sie verwendeten, war nicht die Unziale des heiligen Hieronymus, sondern eine komplizierte Version mit feinen Horizontalen, breiten Vertikalen und mit Serifen, die an die Capitalis Quadrata erinnern *(S. 20–21)*. Diese sehr schöne Schrift trägt verschiedene Bezeichnungen: Kalligraphische Unziale *(Artificial Uncial)*, Späte Unziale oder „Romanising Uncial of the Canterbury Style".

Unziale und kalligraphische Unziale

DIE UNZIALE ist eine Schrift, die der Feder keine Schwierigkeiten bereitet. Die kalligraphische Unziale jedoch stellt andere Ansprüche, denn sie erfordert zahlreiche Drehungen der Feder und häufigen Wechsel des Ansatzwinkels. Beide Schriftarten sind bilinear, d.h., sie werden zwischen zwei horizontalen Linien geschrieben.

Unziale　　　　　*Kalligraphische Unziale*

Grundsätzliche Unterschiede
Die Unziale wird in einem Federwinkel von 30° geschrieben. Ihre Formen sind einfacher als die der kalligraphischen Unziale; sie kann daher schnell und leicht mit einer Stahlfeder geschrieben werden. Die komplexere kalligraphische Unziale wird mit einem Federwinkel von 10° geschrieben. Man verwendet entweder eine Stahl- oder eine Vogelfeder.

Drehung der Feder
Bei der kalligraphischen Unziale kann die charakteristische Drehung der Feder, die für die Serifen der Buchstaben C, E, F, G, K, L, N und T nötig ist, leicht und schnell vollzogen werden.

1. Ziehen Sie zunächst einen horizontalen Haarstrich mit der vollen Länge der Federkante.

2. Während Sie sich dem Ende des Haarstrichs nähern, drehen Sie die Feder gegen den Uhrzeigersinn aus der Horizontalen beinahe völlig in die Vertikale und heben sie an. Die Serife, die dabei entsteht, ist nach innen gewölbt und hat in der oberen rechten Ecke eine kleine Verdickung.

Verdickung

Wölbung nach innen

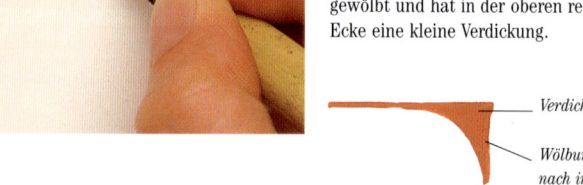

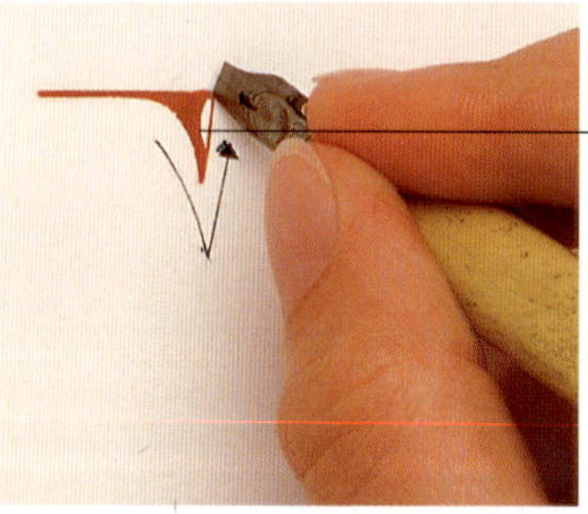

Verdickung und Wölbung nach innen können sichtbar bleiben.

3. Die Form der Serife kann geglättet werden, indem man mit der Ecke der Feder einen Haarstrich zurück zur oberen Linie führt. Der Raum dazwischen wird dann mit Tinte ausgefüllt.

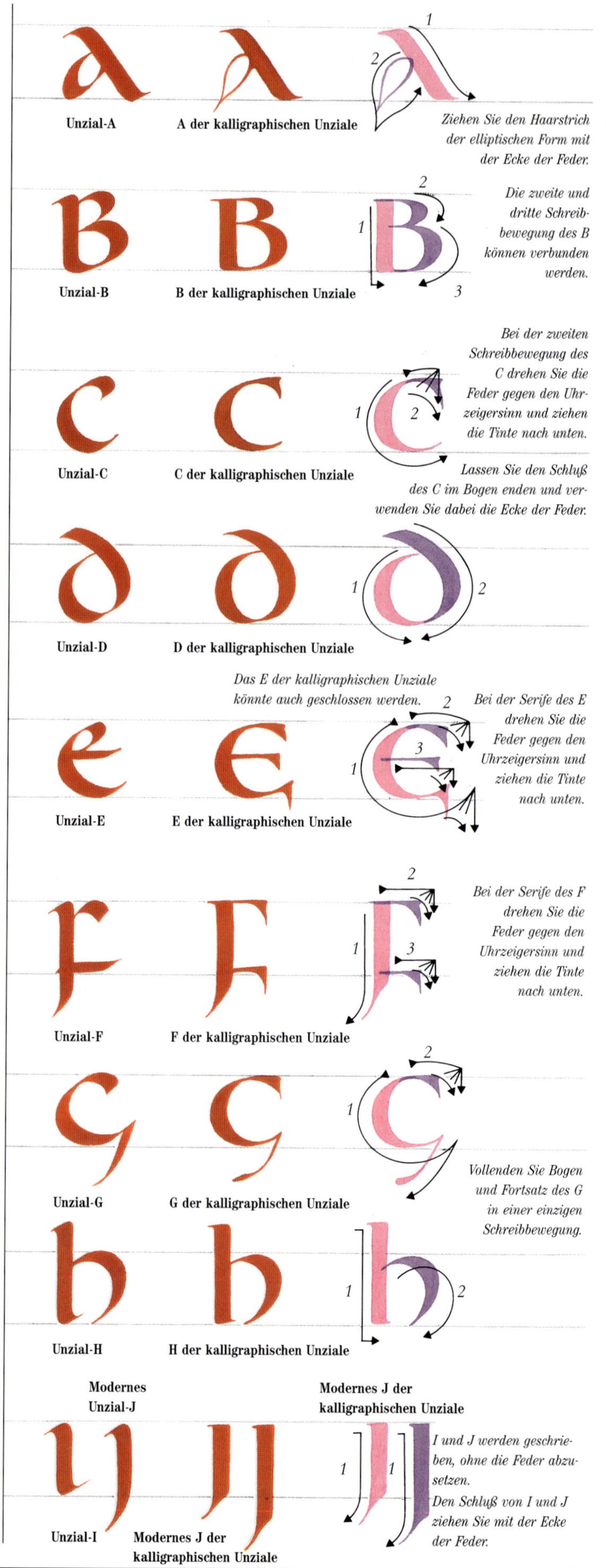

Unzial-A　　　A der kalligraphischen Unziale

Ziehen Sie den Haarstrich der elliptischen Form mit der Ecke der Feder.

Unzial-B　　　B der kalligraphischen Unziale

Die zweite und dritte Schreibbewegung des B können verbunden werden.

Unzial-C　　　C der kalligraphischen Unziale

Bei der zweiten Schreibbewegung des C drehen Sie die Feder gegen den Uhrzeigersinn und ziehen die Tinte nach unten.

Lassen Sie den Schluß des C im Bogen enden und verwenden Sie dabei die Ecke der Feder.

Unzial-D　　　D der kalligraphischen Unziale

Unzial-E　　　E der kalligraphischen Unziale

Das E der kalligraphischen Unziale könnte auch geschlossen werden.

Bei der Serife des E drehen Sie die Feder gegen den Uhrzeigersinn und ziehen die Tinte nach unten.

Unzial-F　　　F der kalligraphischen Unziale

Bei der Serife des F drehen Sie die Feder gegen den Uhrzeigersinn und ziehen die Tinte nach unten.

Unzial-G　　　G der kalligraphischen Unziale

Vollenden Sie Bogen und Fortsatz des G in einer einzigen Schreibbewegung.

Unzial-H　　　H der kalligraphischen Unziale

Modernes Unzial-J　　　**Modernes J der kalligraphischen Unziale**

Unzial-I　　　Modernes J der kalligraphischen Unziale

I und J werden geschrieben, ohne die Feder abzusetzen.

Den Schluß von I und J ziehen Sie mit der Ecke der Feder.

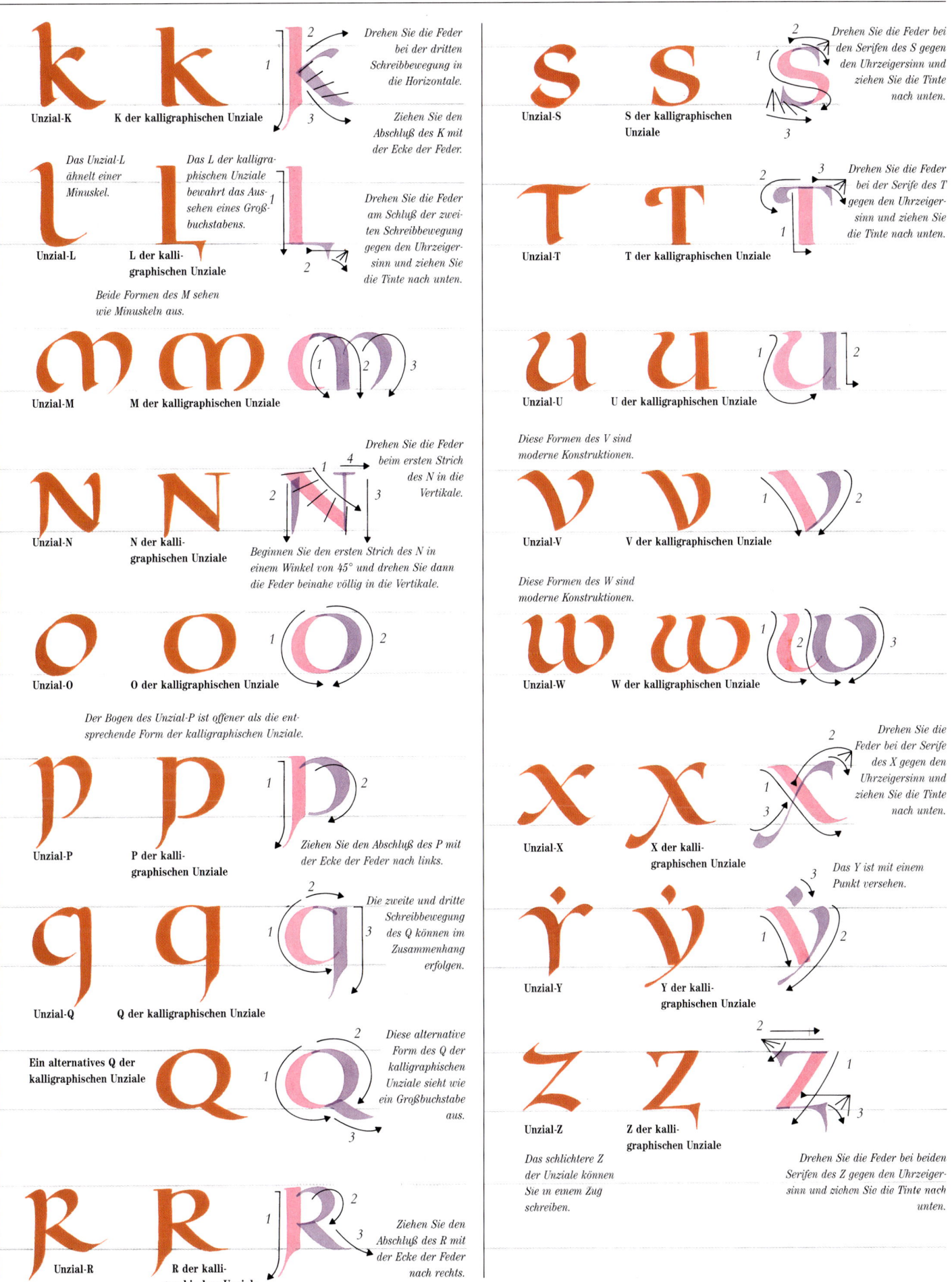

Unzial-K K der kalligraphischen Unziale

Drehen Sie die Feder bei der dritten Schreibbewegung in die Horizontale.

Ziehen Sie den Abschluß des K mit der Ecke der Feder.

Das Unzial-L ähnelt einer Minuskel.

Das L der kalligraphischen Unziale bewahrt das Aussehen eines Großbuchstabens.

Unzial-L L der kalligraphischen Unziale

Drehen Sie die Feder am Schluß der zweiten Schreibbewegung gegen den Uhrzeigersinn und ziehen Sie die Tinte nach unten.

Beide Formen des M sehen wie Minuskeln aus.

Unzial-M M der kalligraphischen Unziale

Unzial-N N der kalligraphischen Unziale

Drehen Sie die Feder beim ersten Strich des N in die Vertikale.

Beginnen Sie den ersten Strich des N in einem Winkel von 45° und drehen Sie dann die Feder beinahe völlig in die Vertikale.

Unzial-O O der kalligraphischen Unziale

Der Bogen des Unzial-P ist offener als die entsprechende Form der kalligraphischen Unziale.

Unzial-P P der kalligraphischen Unziale

Ziehen Sie den Abschluß des P mit der Ecke der Feder nach links.

Unzial-Q Q der kalligraphischen Unziale

Die zweite und dritte Schreibbewegung des Q können im Zusammenhang erfolgen.

Ein alternatives Q der kalligraphischen Unziale

Diese alternative Form des Q der kalligraphischen Unziale sieht wie ein Großbuchstabe aus.

Unzial-R R der kalligraphischen Unziale

Ziehen Sie den Abschluß des R mit der Ecke der Feder nach rechts.

Unzial-S S der kalligraphischen Unziale

Drehen Sie die Feder bei den Serifen des S gegen den Uhrzeigersinn und ziehen Sie die Tinte nach unten.

Unzial-T T der kalligraphischen Unziale

Drehen Sie die Feder bei der Serife des T gegen den Uhrzeigersinn und ziehen Sie die Tinte nach unten.

Unzial-U U der kalligraphischen Unziale

Diese Formen des V sind moderne Konstruktionen.

Unzial-V V der kalligraphischen Unziale

Diese Formen des W sind moderne Konstruktionen.

Unzial-W W der kalligraphischen Unziale

Unzial-X X der kalligraphischen Unziale

Drehen Sie die Feder bei der Serife des X gegen den Uhrzeigersinn und ziehen Sie die Tinte nach unten.

Das Y ist mit einem Punkt versehen.

Unzial-Y Y der kalligraphischen Unziale

Unzial-Z Z der kalligraphischen Unziale

Das schlichtere Z der Unziale können Sie in einem Zug schreiben.

Drehen Sie die Feder bei beiden Serifen des Z gegen den Uhrzeigersinn und ziehen Sie die Tinte nach unten.

Eata pauperes spū quoniam
ipsorum est regnum caelorum:
Eata mites quoniam ipsi possi
debuit terram
Eata qui lugent nunc quoniam
ipsi consulabuntur
Eata qui essuriunt & sitiunt
iustitiam quoniam ipsi satu
rabuntur
Eata misericordes quoniam
ipsi misericordiam consequū
Eata mundo corde quoniam
ipsi dn̄m uidebu it
Eata pacifici quoniam filii di
uocabuntur
Eata qui persecutionem patti
untur propter iustitiam quonī

Insulare Majuskel

DIE BEZEICHNUNG „Insulare Majuskel" *(Insulare Halbunziale)* oder „anglo-irische Halbunziale" bezieht sich auf den Ursprung dieser Schrift in Britannien und Irland. „Insular" leitet sich aus dem lateinischen Wort „insula", d.h. „Insel" ab, und „Majuskel" bezieht sich auf die Höhe der Buchstaben, die viel größer und massiver als die entsprechenden der Insularen Minuskel sind *(S. 34–35).* Die Insulare Majuskel ist eine repräsentative Schrift, und daher sind langsam und sorgfältig geschriebene Buchstaben typisch für sie, bei denen die Feder häufig angehoben wird *(S. 32–33).* Im frühmittelalterlichen Britannien und Irland war sie die bevorzugte Schrift für religiöse Texte, die in Latein verfaßt waren. Zwei der schönsten Bücher, die jemals geschrieben wurden, gehören dazu: das Lindisfarne-Evangeliar und das Book of Kells.

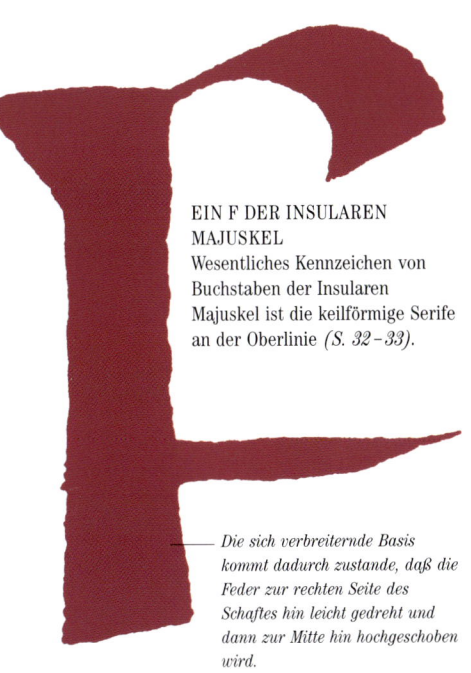

EIN F DER INSULAREN MAJUSKEL
Wesentliches Kennzeichen von Buchstaben der Insularen Majuskel ist die keilförmige Serife an der Oberlinie *(S. 32–33).*

Die sich verbreiternde Basis kommt dadurch zustande, daß die Feder zur rechten Seite des Schaftes hin leicht gedreht und dann zur Mitte hin hochgeschoben wird.

DIE SEITE DER SELIGPREISUNGEN AUS DEM BOOK OF KELLS
Der Rand dieser Seite aus dem Book of Kells faßt die acht B-Initialen in einem Ornament zusammen, das auch tier- und menschenähnliche Gestalten enthält. Der horizontale Strich über dem „spu" in der ersten Zeile ist eine Abkürzung von „spiritu" *(Geist, Atem Gottes).* Solch ein horizontaler Strich wurde von Schreibern bei Wörtern verwendet, die sich häufig wiederholten. Typisch ist auch der Buchstabe n in der dreizehnten Zeile, der erweitert wurde, um damit den Platz zu füllen. Die roten Punkte, die Initialen und Ornamente umgeben, sind hier sensibler und zurückhaltender gesetzt als im Lindisfarne-Evangeliar *(S. 30–31).*

Die dünner aufgetragene Tinte beim F ermöglicht bei sorgfältiger Betrachtung Rückschlüsse auf die Buchstabenkonstruktion der insularen Majuskel.

DAS MARKUSEVANGELIUM
Die Insulare Majuskel kennt keine Großbuchstaben im heutigen Sinn. Der Anfang eines Kapitels – wie hier der des Markusevangeliums im Book of Kells – wurde mit einer Zeile von Schmuckbuchstaben gekennzeichnet, mit einem Initial *(S. 58–59),* oder mit einer Kombination von beidem. Verszeilen begannen mit einem größeren Buchstaben, der oft verziert oder mit Farbe ausgefüllt wurde.

Die Oberlänge des b neigt sich nach rechts, während die keilförmige Serife das Gleichgewicht über der Wölbung des Buchstabens hält.

WENN ES JEMALS ein goldenes Zeitalter der Kalligraphie gegeben hat, so war es das frühe 8. Jahrhundert, als Northumbrien eines der blühendsten Zentren von Kunst und Gelehrsamkeit in Westeuropa war. Der Austausch zwischen den beiden Skriptorien der Abteien von Wearmouth und Jarrow *(s. Codex Amiatinus, S. 24)* und der von Lindisfarne *(s. Lindisfarne-Evangeliar, S. 30–31)* brachte einige der großartigsten Leistungen mittelalterlicher Kunst hervor.

Das Book of Kells

Das Book of Kells wurde wahrscheinlich von irisch-northumbrischen Mönchen in der zweiten Hälfte des achten und in den ersten Jahren des 9. Jahrhunderts geschrieben. Woher das Buch stammt, ist nicht genau bekannt; den ersten Hinweis auf seine Existenz bietet der Bericht über den Diebstahl des Manuskripts aus der Abtei von Kells in Irland im Jahre 1006. Die vier illuminierten Evangelientexte im Book of Kells wurden von mindestens drei Schreibern in insularen Versionen der Unziale *(S. 24–25)* und der Halbunziale *(S. 38–39)* geschrieben. Diese Schriften gehen auf Formen zurück, die ursprünglich von Patrick und seinen Missionaren aus dem alten Gallien nach Irland gebracht worden waren.

DIE BROSCHE VON TARA
Diese mit komplizierten Ornamenten geschmückte Brosche wurde 1850 nicht weit vom alten irischen Tara gefunden. Es ist nicht bekannt, wann sie entstand, aber die auffallende Ähnlichkeit mit verzierten Initialen des Lindisfarne-Evangeliars legen eine Datierung im frühen Mittelalter nahe.

Diese Muster aus gebogenen Linien sind denen im Lindisfarne-Evangeliar ähnlich (rechts).

DETAIL DER CHI-RHO-SEITE
Die ineinander verschlungenen Vögel und Muster aus geschwungenen Linien sind mit den Verzierungen der Brosche von Tara beinahe identisch. Dieses Stilelement der verschlungenen Tiergestalten ist germanischen Ursprungs.

CHI-RHO-SEITE
Diese reich verzierten Schmuckbuchstaben machen die Chi-Rho-Seite des Evangeliars von Lindisfarne zu einem der eindrucksvollsten Blätter des Buches. Eine Vielzahl unterschiedlicher Einflüsse ist zu erkennen, zum Beispiel griechische und römische Elemente, Anklänge an die Halbunziale und an Runenschriften. Eadfriths Gestaltung dieser Großbuchstaben ist überaus schöpferisch. Es gibt drei verschiedene Formen des Buchstabens A auf dieser Seite: zwei davon in der zweiten Zeile und eine dritte, eine sogenannte „oc-Form", in der letzten Zeile *(S. 32–33)*.

Das Lindisfarne-Evangeliar

Das reich illuminierte Evangeliar von Lindisfarne entstand Ende des siebten Jahrhunderts, als für die Schreiber der Klöster von Northumbrien die produktivste Phase begann. Die Evangelien wurden auf Latein von einem einzigen Schreiber geschrieben: von Eadfrith, der 698 Bischof von Lindisfarne wurde. Eine interlineare Glosse, die den Text ins Englische übersetzt, wurde im 10. Jahrhundert hinzugefügt.

Das Evangeliar von Durham (Durham-Gospels)

Außer den Evangeliaren von Lindisfarne und Kells gibt es eine Reihe anderer Bücher und Fragmente aus dieser Zeit, die schöne insulare Majuskelschriften enthalten. Eines der herausragendsten Beispiele ist das Evangeliar von Durham, das zur gleichen Zeit wie das von Lindisfarne entstand und das vielleicht sogar im Skriptorium von Lindisfarne geschrieben wurde. Die elegante, wohlausgewogene Schrift zeigt eine auffallende Ähnlichkeit mit der von Eadfrith. Andere Beispiele sind das Evangeliar von Echternach und das Book of Durrow.

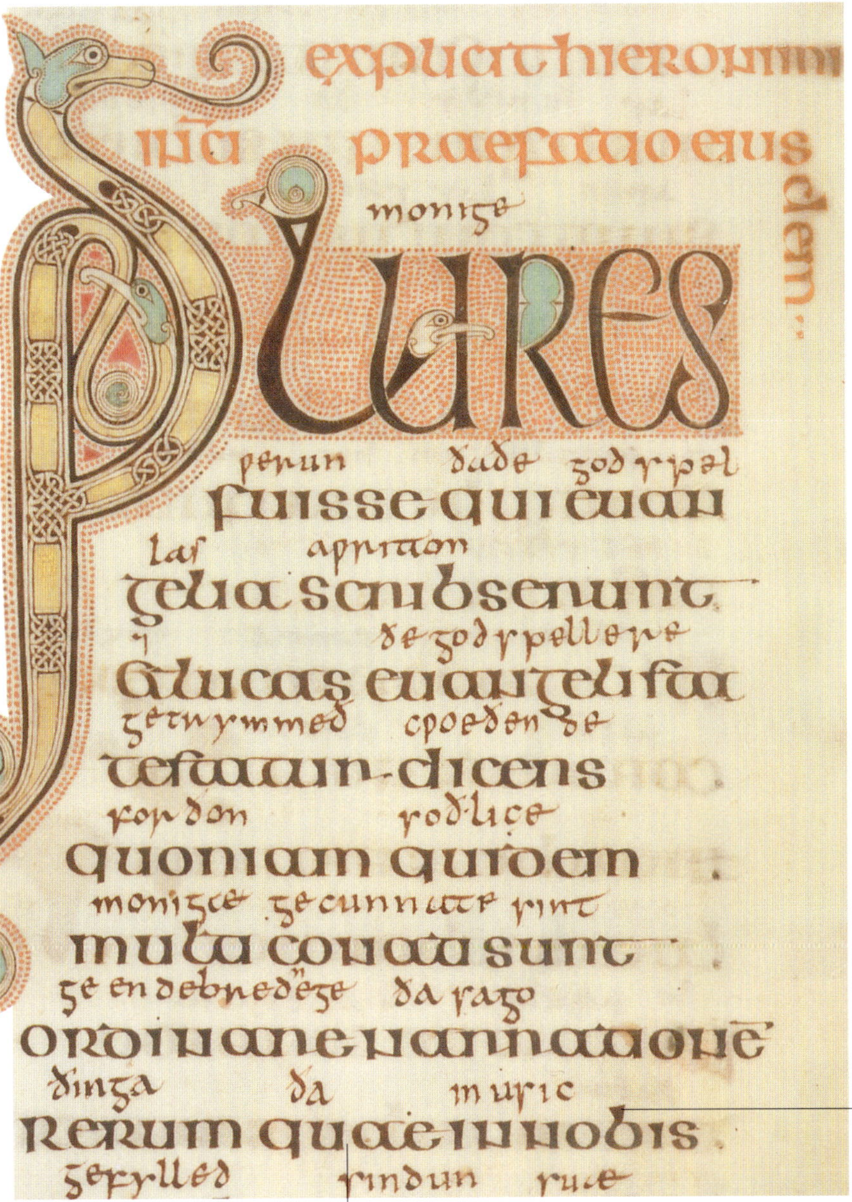

Ausschmückung der Manuskripte

Der Gelehrte Giraldus Cambrensis schreibt 1185: „…man kann wohl sagen, dies sei das Werk eines Engels, nicht das eines Menschen. Je länger ich es studiere, um so mehr verliere ich mich in immer neuem Staunen." Aller Wahrscheinlichkeit nach beschrieb er die Ornamentik des Book of Kells *(S. 28–29)*. Dieses Buch, die Illustrationen des Lindisfarne-Evangeliars und andere Werke des frühen Mittelalters repräsentieren den glanzvollen Höhepunkt westlicher Buchkunst. Von den „Teppichseiten" *(carpet pages)* – das sind Seiten ohne Text, die völlig ausgefüllt sind mit komplizierter Ornamentik – zu den verzierten Initialen und den Zierbuchstaben, von den Spiralen und Knoten zu den labyrinthischen Verschlingungen, die sich in phantasievolle Tiergestalten auflösen, ist dieses handwerkliche Können unübertroffen geblieben. Wir betrachten heutzutage das Werk mit dem gleichen Erstaunen wie Cambrensis; oft ist sogar eine Lupe nötig, um die feinen Details genau studieren zu können.

Bei dieser Insularen Majuskel wurden die typischen keilförmigen Serifen mit einer schnellen, horizontalen Bewegung der Feder ausgeführt.

DAS VORWORT DES HL. HIERONYMUS
Diese wundervoll verzierte Seite aus dem Lindisfarne-Evangeliar zeigt das Vorwort zum Text des hl. Hieronymus. Die vielen roten Punkte um die Anfangsbuchstaben herum sind ein charakteristisches Gestaltungsmerkmal des gesamten Buches. Diese Punkte heben die Buchstaben hervor und bieten als Fläche einen zartfarbigen Hintergrund. Eine Seite des Lindisfarne-Evangeliars ist mit über zehntausend solcher Punkte verziert. Die rubrifizierten, also rot gefärbten Buchstaben oben auf der Seite kennzeichnen Anfang und Ende eines Textes.

Die Interlinearglosse, geschrieben in einer angelsächsischen Minuskel (S. 34–35) ist die früheste erhaltene Übersetzung der vier Evangelien ins Angelsächsische.

Denis Brown verwendet in seinem Werk die Buchstaben der Insularen Majuskel und integriert sie in einen modernen Kontext.

DENIS BROWN
Diese Arbeit mit dem Titel „Cultural Decomposition" *(Kulturelle Auflösung)* wurde 1993 von dem irischen Kalligraphen Denis Brown geschaffen. Mit seinen Maßen von 1,2 x 1,6 Metern ist es ein großformatiges, kraftvolles Werk. Die kunstvolle mittelalterliche Insulare Majuskel wird systematisch zerfressen von den Stromkabeln: Symbole der heutigen Zeit.

Die Insulare Majuskel

DIE INSULARE MAJUSKEL ist eine der repräsentativsten Schriften. Die meisten Buchstaben erfordern eine ganze Reihe einzelner Schreibbewegungen und häufiges Anheben der Feder. Es gibt nur kurze Ober- und Unterlängen, und bei einer Buchstabenhöhe zwischen drei und fünf Federbreiten wirkt die gesamte Schrift eher massiv. Die Negativräume innerhalb der Buchstaben und die Buchstabenabstände sollten weit genug sein.

Keilförmige Serifen

15°

Federwinkel und keilförmige Serifen
Man schreibt die Insulare Majuskel mit einer schräg zugeschnittenen Feder, der Federwinkel bewegt sich zwischen der Horizontalen und 15°. Die charakteristische keilförmige Serife entsteht, indem man in einem Winkel von 45° einen kurzen Strich abwärts in den Grundstrich hineinzieht. Ein Haarstrich entlang der Oberkante des Keils wird dann hinzugefügt, kann aber auch zuerst geschrieben werden.

Waagerechte „Pfeile"
Um die pfeilartigen Formen zu schreiben, die bei den Buchstaben d, g, t und z erscheinen, verwendet man die Rückseite der Feder. Ziehen Sie zuerst eine Diagonale nach rechts, dann einen kurzen Strich nach unten. Anschließend ziehen Sie die Feder nach rechts, um eine lange Horizontale zu erhalten. Die Buchstaben g und t haben einen zweiten „Pfeil". Um diesen zu schreiben, drehen Sie die Feder in einem Winkel von 15° nach unten.

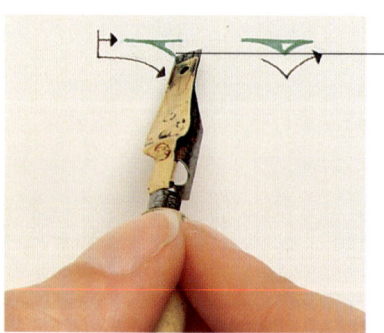

Für den kurzen „Pfeil" kann die Ecke der Feder verwendet werden.

Alternativer „Pfeil"
Eine alternative Technik besteht darin, daß man die Form des Pfeils mit der Ecke der Feder zeichnet, bevor man dann die Innenform mit Tinte füllt.

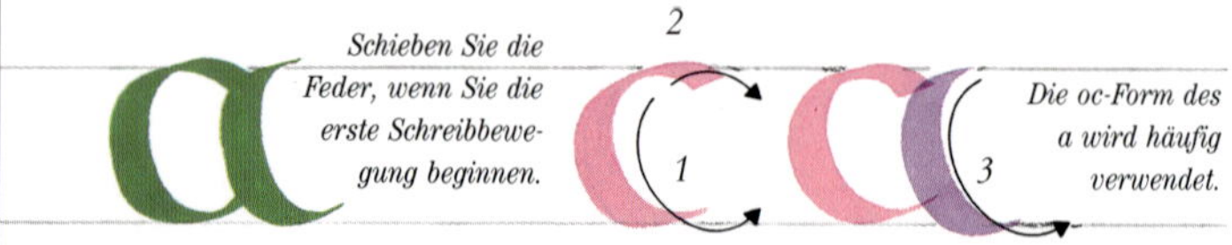

Oc-Form des a

Schieben Sie die Feder, wenn Sie die erste Schreibbewegung beginnen.

2
1

Die oc-Form des a wird häufig verwendet.
3

Der Bauch des a sollte weiträumig sein.

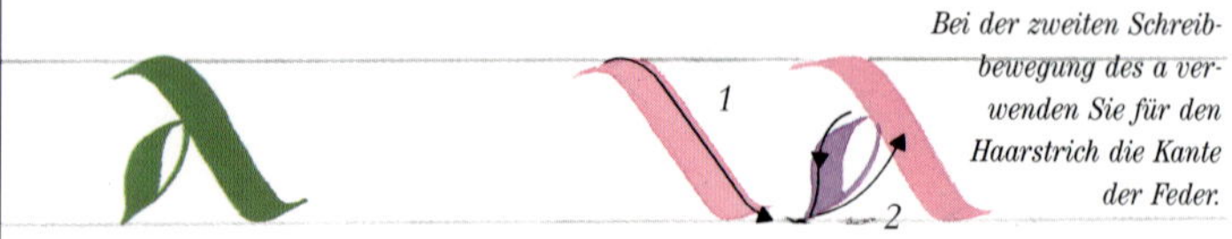

Unzialform des a

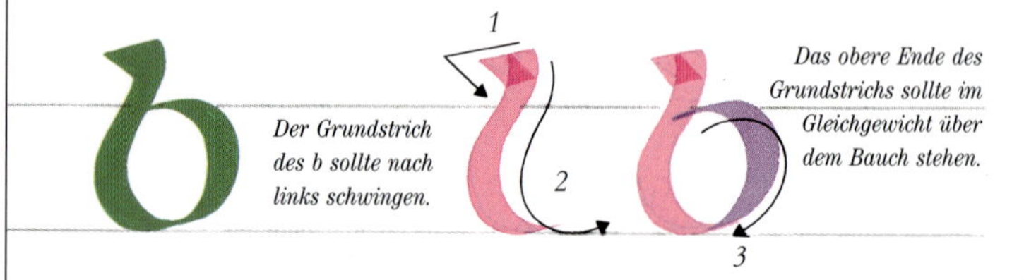

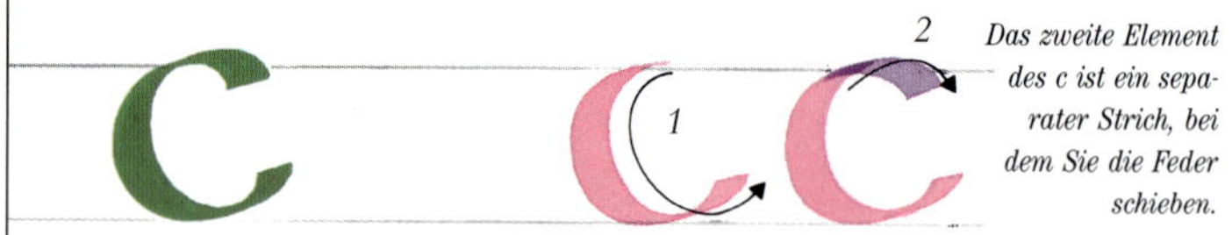

1

Bei der zweiten Schreibbewegung des a verwenden Sie für den Haarstrich die Kante der Feder.
2

1

Der Grundstrich des b sollte nach links schwingen.

2

Das obere Ende des Grundstrichs sollte im Gleichgewicht über dem Bauch stehen.
3

2
1

Das zweite Element des c ist ein separater Strich, bei dem Sie die Feder schieben.

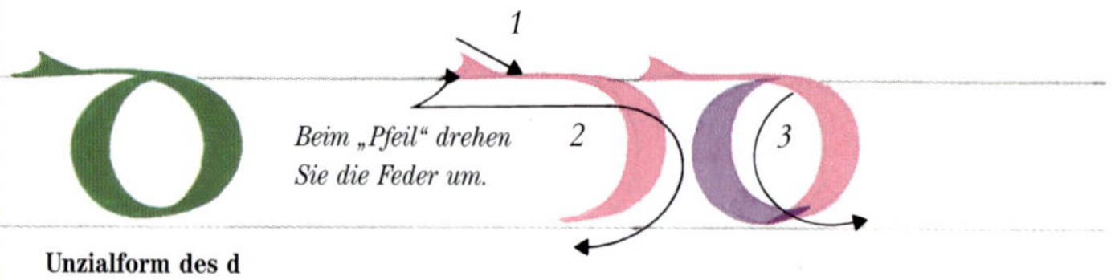

Unzialform des d

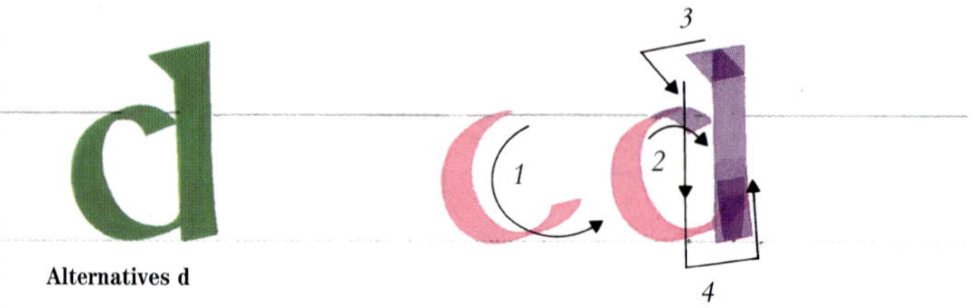

1

Beim „Pfeil" drehen Sie die Feder um.
2   3

Alternatives d

3
1   2

4

2
1   3

Der Haarstrich des e kann nach rechts verlängert und mit einem „Pfeil" abgeschlossen werden.

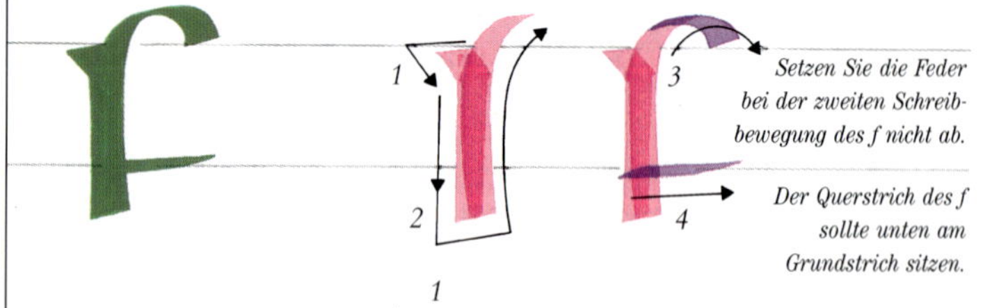

1   3

2

4

Setzen Sie die Feder bei der zweiten Schreibbewegung des f nicht ab.

Der Querstrich des f sollte unten am Grundstrich sitzen.

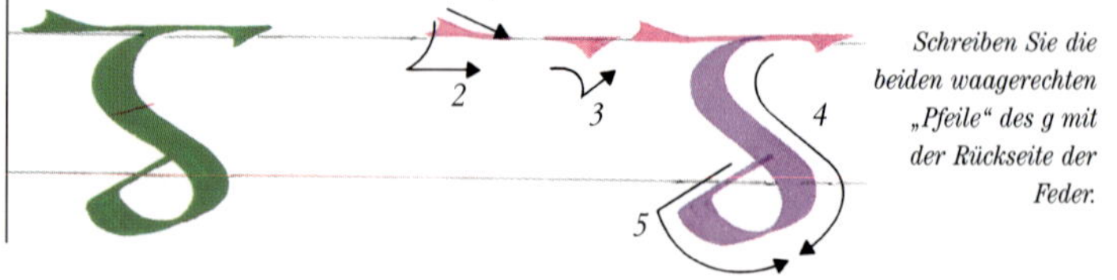

1

2   3   4

5

Schreiben Sie die beiden waagerechten „Pfeile" des g mit der Rückseite der Feder.

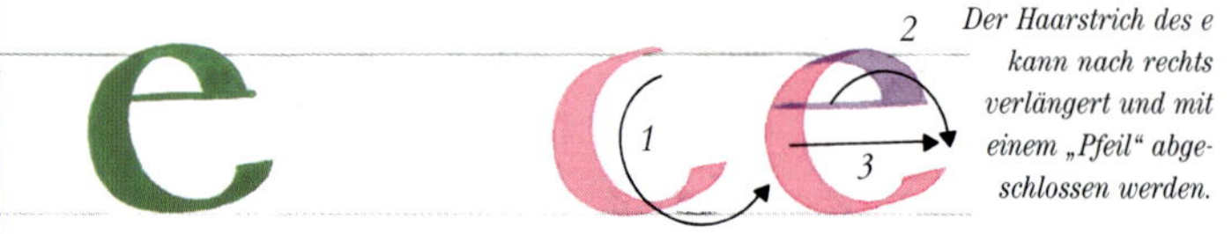

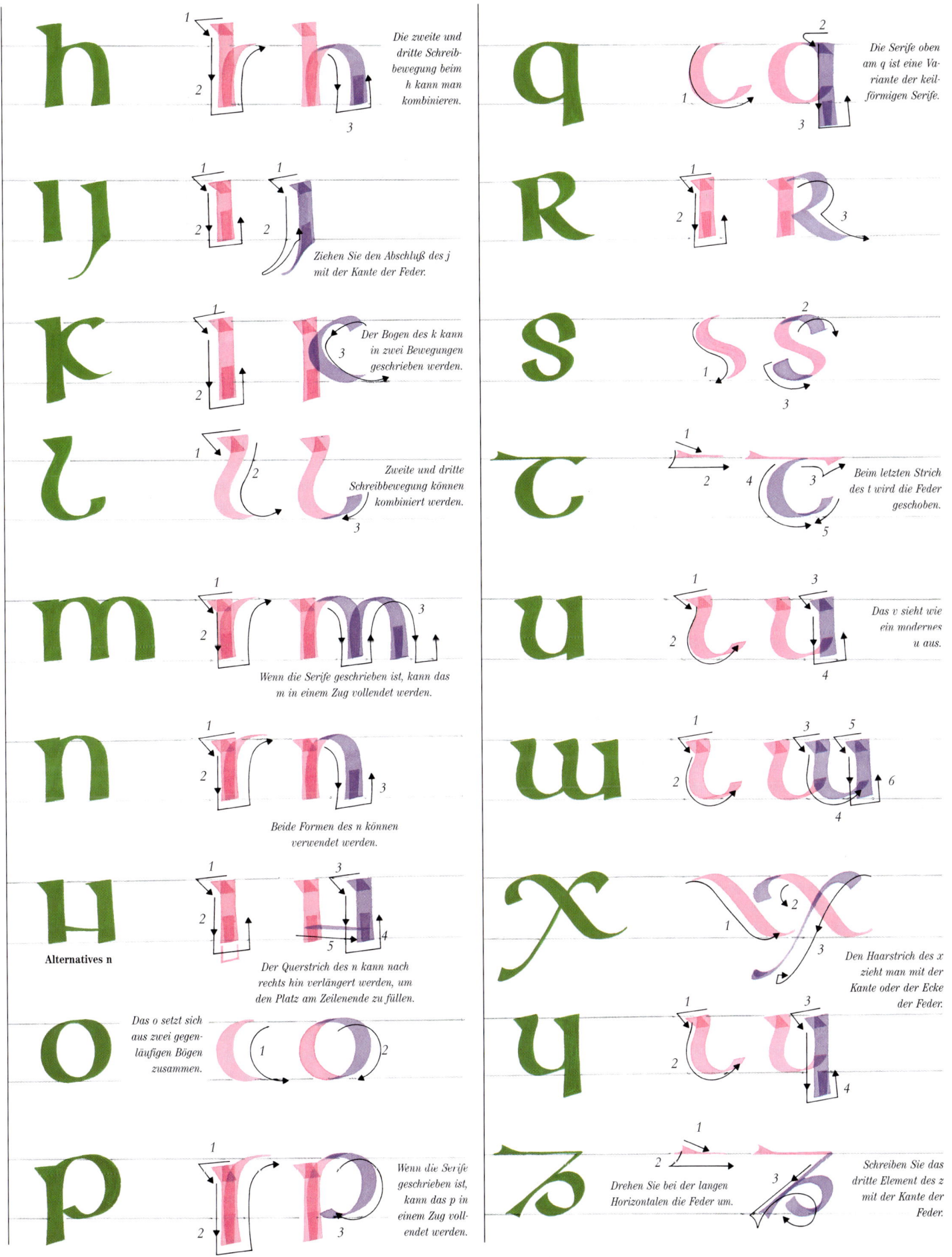

Die zweite und dritte Schreibbewegung beim h kann man kombinieren.

Ziehen Sie den Abschluß des j mit der Kante der Feder.

Der Bogen des k kann in zwei Bewegungen geschrieben werden.

Zweite und dritte Schreibbewegung können kombiniert werden.

Wenn die Serife geschrieben ist, kann das m in einem Zug vollendet werden.

Beide Formen des n können verwendet werden.

Alternatives n

Der Querstrich des n kann nach rechts hin verlängert werden, um den Platz am Zeilenende zu füllen.

Das o setzt sich aus zwei gegenläufigen Bögen zusammen.

Wenn die Serife geschrieben ist, kann das p in einem Zug vollendet werden.

Die Serife oben am q ist eine Variante der keilförmigen Serife.

Beim letzten Strich des t wird die Feder geschoben.

Das v sieht wie ein modernes u aus.

Den Haarstrich des x zieht man mit der Kante oder der Ecke der Feder.

Drehen Sie bei der langen Horizontalen die Feder um.

Schreiben Sie das dritte Element des z mit der Kante der Feder.

Die Insulare Minuskel

PARALLEL ZU JEDER DER repräsentativen Buchschriften hat sich immer eine entsprechende Schrift entwickelt, die im Alltag praktisch war und die auch für Manuskripte verwendet werden konnte, die keine religiösen Texte enthielten. Eine solche Entsprechung zur Insularen Majuskel stellt die Insulare Minuskel dar, die im späten fünften oder frühen sechsten Jahrhundert entstand. Sie wurde in England noch nach der Eroberung durch die Normannen im Jahre 1066 gebraucht, und in Irland verwendet man sie für das Gälische bis zum heutigen Tag. Von den lateinischen Schriften ist sie eine der langlebigsten.

DIE INSULARE MINUSKEL wurde vom hl. Columban aus Irland nach Britannien gebracht, und man lehrte sie in den Klöstern von Iona und Lindisfarne. Genau wie die Insulare Majuskel gelangte diese Schrift durch irische Mönche, die Missionare waren, auf den Kontinent. Der Terminus „insular" wird von den Paläographen verwendet, um auf die gemeinsame Kultur von Irland und Britannien hinzuweisen, die sich unabhängig von kontinentalen Einflüssen entwickelte.

Die angelsächsische Schrift

Nach dem Konzil von Whitby im Jahre 664 ging der Einfluß der keltischen Kirche in England, Schottland und Wales zurück, und es bildete sich eine ausgesprochen angelsächsische Schrift heraus. Vier Merkmale sind charakteristisch: Als eine Mischform enthält sie Elemente der Unziale, aber auch die oc-Form des a. Sie erscheint als sorgfältig ausgeführte formelle Buchschrift, hat aber auch eine Kursivversion als grundlegende Schrift für den praktischen Gebrauch, und es gibt sie als informelle, schnell schreibbare Kurrentschrift. Im Laufe des 9. Jahrhunderts hatte sich die spitze Kursivminuskel zur beliebtesten Schrift im südlichen Britannien entwickelt, und diese ist es, die wir auch als Schriftmuster präsentieren *(S. 36–37).*

DETAIL EINES GEBETBUCHES
AUS MERCIA

DAS P DER SPITZEN MINUSKEL
Der Name bezieht sich auf den langen Schwung der Unterlängen. Diese bilden einen Gegensatz zu den eckigeren Unterlängen der formellen Minuskelschrift.

Die Unterlänge verjüngt sich zu einer Spitze.

LINDISFARNE
Das Kloster von Lindisfarne wurde 1083 auf dem Gelände des früheren angelsächsischen Klosters gegründet.

IN PROVERBIA SALAMONIS
„In Proverbia Salamonis", ein Werk des großen angelsächsischen Historikers Beda, wurde in einer Insularen Minuskel geschrieben, die in Wearmouth-Jarrow bis zum Jahre 750 ihre Vollendung erreicht hatte.

GEBETBUCH AUS MERCIA
Diese Seite eines Gebetbuches aus Mercia wurde wahrscheinlich in Worcester im frühen 9. Jahrhundert in einer Buchminuskel geschrieben. Vergleichen Sie die relativ zurückhaltende Ausschmückung des Anfangsbuchstabens mit der „Historia Ecclesiastica" *(gegenüber)* von Beda, wo Sie spiralförmige, gitter- und knotenartige Verzierungen finden.

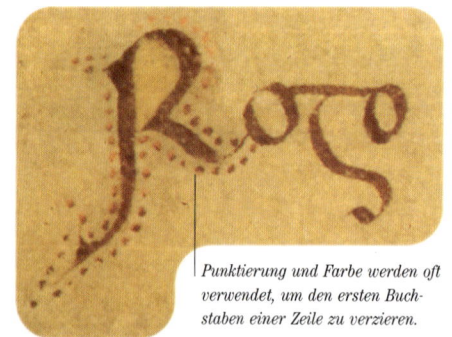

Punktierung und Farbe werden oft verwendet, um den ersten Buchstaben einer Zeile zu verzieren.

Der Querstrich des t wird oft verwendet, um Buchstaben zu verbinden.

Der Mittelstrich des großen e ist gleichzeitig der Beginn des Grundstrichs beim folgenden p.

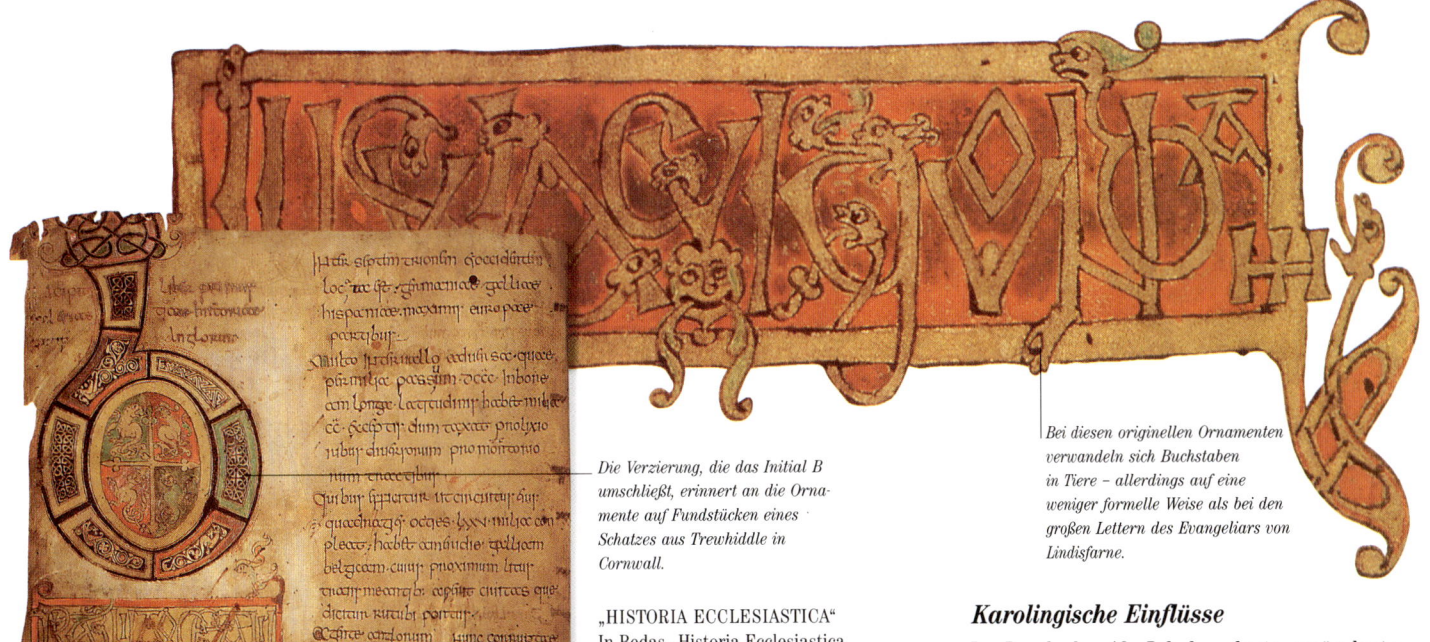

Bei diesen originellen Ornamenten verwandeln sich Buchstaben in Tiere – allerdings auf eine weniger formelle Weise als bei den großen Lettern des Evangeliars von Lindisfarne.

Die Verzierung, die das Initial B umschließt, erinnert an die Ornamente auf Fundstücken eines Schatzes aus Trewhiddle in Cornwall.

„HISTORIA ECCLESIASTICA"
In Bedas „Historia Ecclesiastica Gentis Anglorum", geschrieben um 820 in Südengland, werden die Abstriche in einer Schreibbewegung gesetzt und mit einem Schwung nach oben abgeschlossen. Zwischen einzelnen Schreibbewegungen wird die Feder angehoben.

Die Großbuchstaben zeigen Einflüsse des Runenalphabets.

Das kurze s wird sowohl in der Mitte als auch am Schluß von Wörtern benutzt.

Karolingische Einflüsse

Im Laufe des 10. Jahrhunderts veränderte sich die Insulare Minuskel. Zuerst wurde sie eckiger und gerader und dann – unter dem Einfluß der karolingischen Minuskel (S. 38 – 39) – gerundeter. Im 11. Jahrhundert schließlich wandelte sich die Schrift ein letztes Mal und entwickelte einen quadratischen Charakter.

Wechsel des Ansatzwinkels

In allen Entwicklungsphasen der frühen Insularen Minuskel konnten die Schreiber ihre kalligraphische Virtuosität durch unterschiedlichen Ansatz der Feder entfalten. Dieses spielerische Element trat zurück, als die Schrift eckiger wurde. Unserem heutigen Auge erscheinen die langen, dornenartigen Unterlängen der spitzen kursiven Minuskel bei r und s besonders auffallend (S. 36 – 37). Die anderen Buchstaben sind gerundet und komprimiert; dies verleiht den Schriftseiten eine fließendere Textur als dies bei irgendeiner der späteren insularen Minuskelschriften der Fall ist.

DETAIL DER „HISTORIA ECCLESIASTICA"
Achten Sie auf die beiden unterschiedlichen Formen des r, die am Schluß des ersten und zweiten Wortes in diesem Textausschnitt erscheinen. Das aufrechtstehende d in der zweiten Zeile weicht von der Unzialform ab (S. 24 – 25).

DAS EXETER BOOK
Das Exeter Book enthält eine Anthologie volkssprachlicher Dichtung. Es wurde in der zweiten Hälfte des zehnten Jahrhunderts in einer schönen eckigen angelsächsischen Minuskel geschrieben.

Vergleichen Sie diese a-Form mit der oc-Form in der „Historia Ecclesiastica"

Beim Abschluß des m darf am Ende eines Wortes oder einer Zeile ein dekorativer Schwung erscheinen.

Die Insulare Minuskel

DIE INSULARE MINUSKEL ist mit ihrem Duktus besonders gut zum Schreiben geeignet. Wir zeigen Ihnen hier die angelsächsische Minuskel, deren spitziger Charakter vor allem bei den Unterlängen deutlich wird: hier dreht man beim Schreiben die Feder allmählich in einen immer steileren Winkel. Man setzt die Feder zunächst an der Oberlinie in einem Winkel von 40° an, wenn man das Ende der Unterlänge erreicht hat, steht sie beinahe vertikal. Die Höhe der kleinen Buchstaben beträgt fünf oder sechs Federbreiten.

1. Beginnen Sie an der Oberlinie mit einem kurzen, abwärtsgerichteten, diagonalen Strich und verwenden Sie dabei die Kante einer gerade angeschnittenen Feder.

2. Kehren Sie zur Oberlinie zurück und beginnen Sie den Abstrich, indem Sie die Feder in einem Winkel von 40° ansetzen.

3. Ziehen Sie die Feder weiter abwärts und drehen Sie sie dabei allmählich gegen den Uhrzeigersinn.

4. An der Grundlinie sollte der Federwinkel ungefähr 65°, an der Spitze der Unterlänge schließlich 75° betragen.

5. Wenn sich der Abstrich zu einer Spitze verjüngt hat, führen Sie die Feder nach oben auf dem gleichen Weg zurück. Wenn Sie die Grundlinie erreicht haben, gabelt sich der Strich.

6. Wenn Sie die Oberlinie erreichen, sollte die Feder wieder im ursprünglichen Winkel stehen. Jetzt erfolgt die nächste Schreibbewegung.

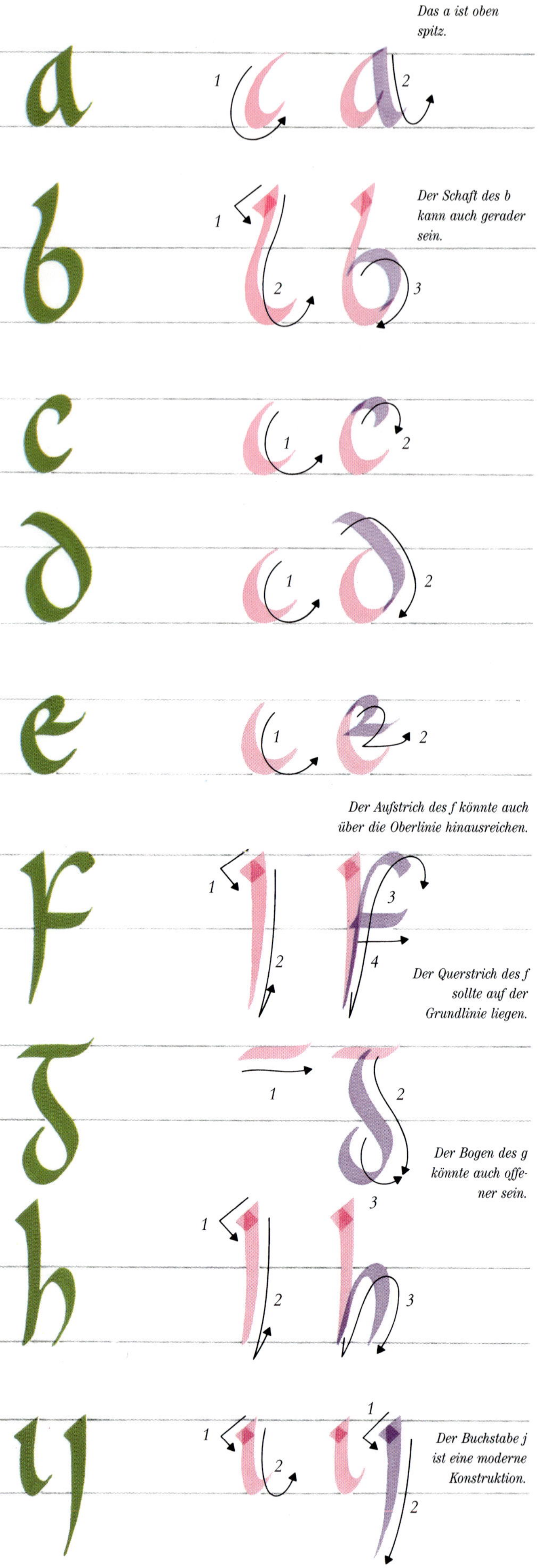

Das a ist oben spitz.

Der Schaft des b kann auch gerader sein.

Der Aufstrich des f könnte auch über die Oberlinie hinausreichen.

Der Querstrich des f sollte auf der Grundlinie liegen.

Der Bogen des g könnte auch offener sein.

Der Buchstabe j ist eine moderne Konstruktion.

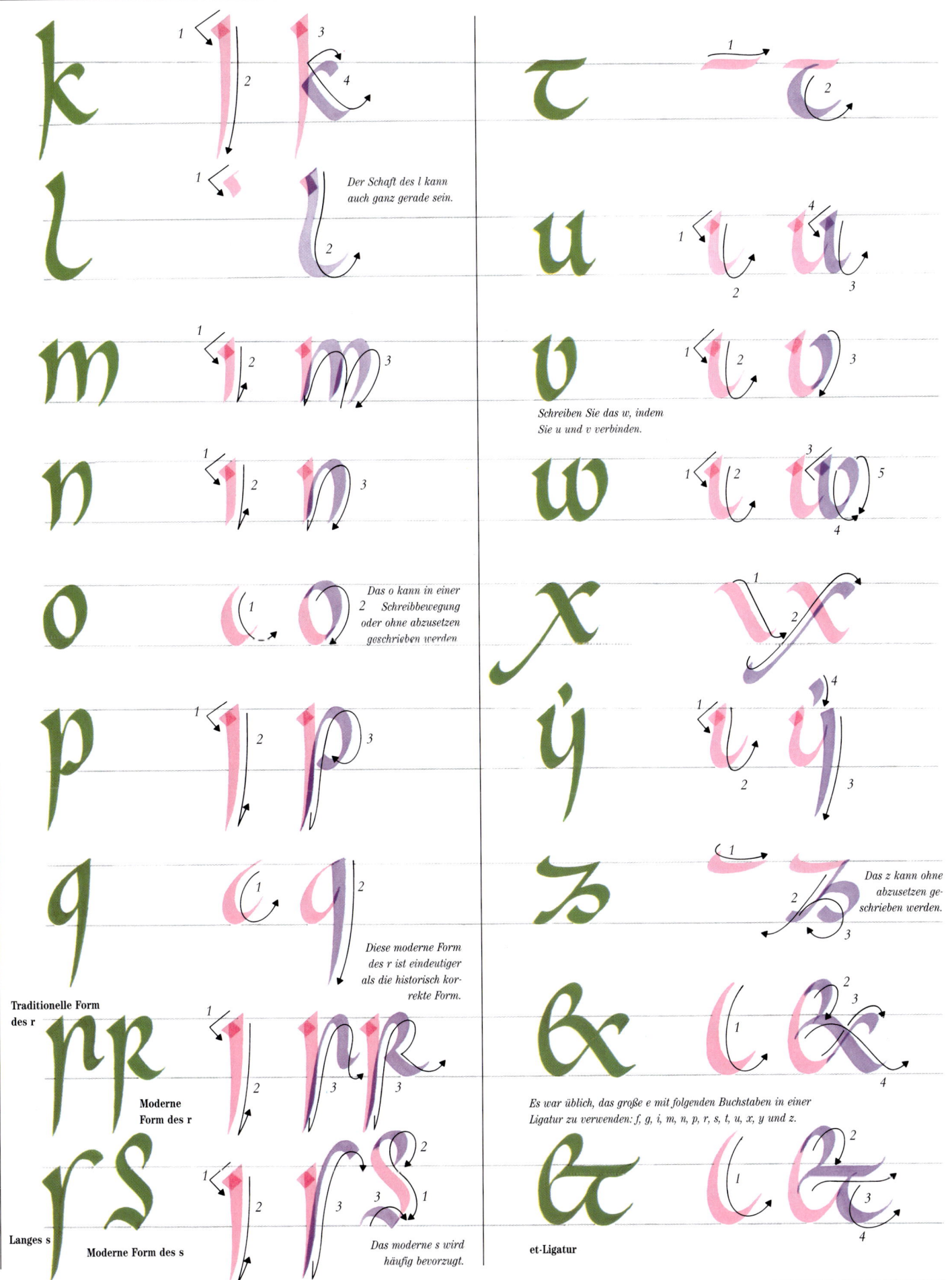

Der Schaft des l kann
auch ganz gerade sein.

Schreiben Sie das w, indem
Sie u und v verbinden.

Das o kann in einer
Schreibbewegung
oder ohne abzusetzen
geschrieben werden

Das z kann ohne
abzusetzen ge-
schrieben werden.

Diese moderne Form
des r ist eindeutiger
als die historisch kor-
rekte Form.

**Traditionelle Form
des r**

**Moderne
Form des r**

Langes s

Moderne Form des s

Das moderne s wird
häufig bevorzugt.

Es war üblich, das große e mit folgenden Buchstaben in einer
Ligatur zu verwenden: f, g, i, m, n, p, r, s, t, u, x, y und z.

et-Ligatur

Die karolingische Minuskel

Die Oberlänge ist genauso hoch wie die Mittellänge.

DAS H DER KAROLINGISCHEN MINUSKEL
Die karolingische Minuskel wird mit einer gerade geschnittenen Feder geschrieben bei einem Federwinkel von 30° *(S. 40–41)*.

Die Mittellänge der Buchstaben berührt immer die Ober- und die Grundlinie. Dadurch entstehen klare, gut lesbare Textzeilen.

AUF DEN ERSTEN BLICK fallen die Unterschiede zwischen der karolingischen Minuskel und der späten Halbunziale *(vgl. Vatican Basilicanus, unten)* nicht auf. Die Feder aber, mit der diese Schriften geschrieben werden, ist jeweils eine andere: für die Halbunziale verwendet man eine „gerade", für die karolingische Minuskel eine „schräge" Feder *(S. 40–41)*. Im 8. Jahrhundert wurde die karolingische Minuskel als eine reformierte Version der Halbunziale entwickelt. In dieser Form wurde sie bis zum 11. Jahrhundert geschrieben; dann gingen aus ihr die frühe gotische Schrift *(S. 46–47)* und die Rotunda hervor *(S. 84–85)*.

ENDE DES 8. JAHRHUNDERTS hatte Karl der Große ein fränkisches Reich geschaffen, das sich vom Baltikum bis nach Norditalien erstreckte. Der Glanz der Antike inspirierte ihn, und er wurde der Initiator einer großen kulturellen Erneuerung. Der berühmte Gelehrte Alkuin von York wurde Abt von St. Martin in Tours, wo er ein Skriptorium und eine Hofschule einrichtete. Hier wurde die Halbunziale zur karolingischen Minuskel umgestaltet.

Eine dominierende Schrift

Die karolingische Minuskel mit ihrer charakteristischen Klarheit und Einheitlichkeit wurde allmählich die dominierende Schrift in ganz Europa. In England faßte sie spät Fuß, aber im 10. Jahrhundert wurde sie für lateinische Texte übernommen, wie zum Beispiel für den Ramsey-Psalter *(S. 42–43)*.

Mehr als vierhundert Jahre später wurde sie von Schreibern der Renaissance wiederentdeckt und von Nicholas Jenson und anderen Gestaltern von Buchschriften in Venedig für ihre ersten Drucktypen bearbeitet *(S. 90–91)*.

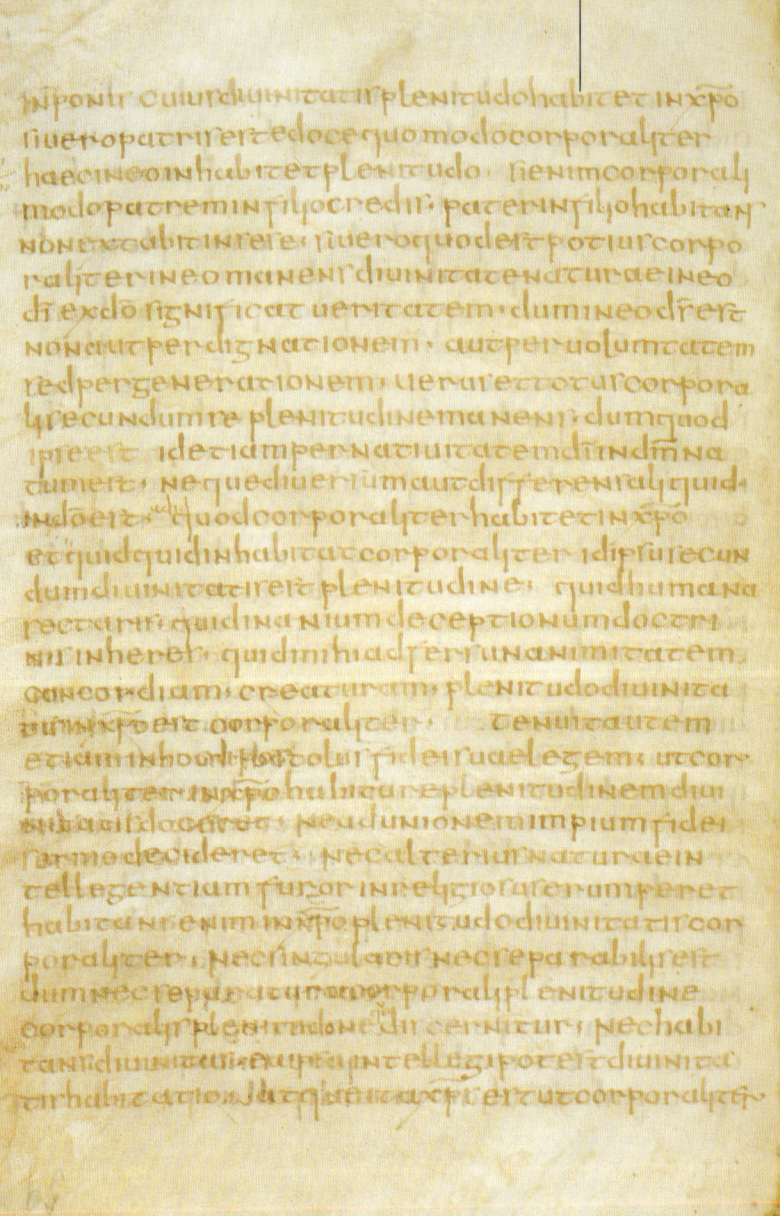

VATICAN BASILICANUS
Typische Kennzeichen der Halbunziale sind das n, das einem Großbuchstaben gleicht, und die schräggeschnittene Feder, mit der diese Schrift geschrieben wird. Dieses frühe Beispiel aus dem späten 5. Jahrhundert ist etwas schlicht, zeigt aber klare und eindeutige Buchstabenformen. Vergleichen Sie, wie senkrecht diese Schrift steht im Verhältnis zur schräger verlaufenden karolingischen Minuskel der Grandval-Bibel *(gegenüberliegende Seite)*.

Hier wurden Großbuchstaben entwickelt, die eine Formverwandtschaft mit der Unziale und mit römischen Schriften zeigen, die zu den Minuskeln passen.

DAS FRANKENREICH

Die rote Linie auf der Landkarte des heutigen Europa zeigt die Ausdehnung des Frankenreichs Karls des Großen im frühen 9. Jahrhundert. Als sich sein Imperium nördlich der Alpen ausdehnte, gelangte auch antike Gelehrsamkeit in den Norden.

CLOUD CONCEPTIONS
FROM ABOVE

THREE WHITE TREES,
equidistant, arise like plumes
From the gray-white floor of mist
Between the mountain chains
In morning sun, which slowly burns
the valley fog away.
The three trees change to sinister mushroom shapes
which stay awhile, and then dissolve.
In morning light, a snowfield I could walk upon.
My trees are gone, miles past,
Returned to parent vapor

SHEILA WATERS

Dieser Text wurde 1990 von der Engländerin Sheila Waters geschaffen. Er ist Teil eines Triptychons mit dem Titel „Cloud Conceptions from Above". Der Text ist asymmetrisch angeordnet und in einer gestreckten, modernen Form der karolingischen Minuskel geschrieben. Die gleichmäßig eingehaltene Höhe der Zeilen und die Geradheit machen bei den Buchstaben leichte Farbvariation möglich, ohne daß die Gestaltung insgesamt zu unruhig wirkt.

INCIPIT LIBER
EXODVS

AECSUNT Cap. I.
NOMINA
FILIORŪ
ISRAHEL
QUIINGRES
SISUNTIN   IJ
AEGYPTŪ
CUMIACOB
SINGULI
CUMDOMI
BUS SUIS
INTROIE
RUNT

Ruben. symeon. leui. Iuda. issachar. zabulon
etbeniamin. danetnephthalim. gad etaser.
Erantigitur omnes animae eorum quae egres
sae sunt defemore iacob. septuaginta quinque
Joseph autem. in aegypto erat. Quomortuo et
uniuersis fratrib; eius omniq; cognatione sua

Eine gerade geschnittene Feder

Der wesentliche Unterschied zwischen der Halbunziale und der karolingischen Minuskel beruht auf dem Zuschnitt der Feder, mit der sie jeweils geschrieben werden. Für die ältere Schrift verwendet man die schräg angeschnittene Feder, die aufrechte Buchstaben mit kontrastierender breiter und schmaler Strichführung hervorbringt. Die karolingische Minuskel wird mit einer gerade angeschnittenen Feder geschrieben, die Buchstaben mit gleicher Strichbreite produziert *(S. 40–41)*.

Struktur

Bei der Betrachtung ganzer Texte in karolingischer Minuskel oder Halbunziale treten die Unterschiede deutlich hervor. Während die Buchstaben der Halbunziale eher statisch wirken, zeigen die der karolingischen Minuskel eine leichte Rechtsneigung, die besonders bei den Ober- und Unterlängen zu erkennen ist. Die Mittellänge orientiert sich exakt an der Ober- und der Grundlinie.

Die gerade geschnittene Feder verleiht den Buchstaben der karolingischen Minuskel eine leichte Neigung nach rechts.

DIE GRANDVAL-BIBEL

Diese beispielhaften Buchstaben der karolingischen Minuskel zeigen eine ganz leichte Rechtsneigung. Sie wurden zwischen vier imaginären Linien geschrieben: die Mittellängen bewegen sich zwischen den beiden inneren Linien, die Oberlängen erreichen die obere, die Unterlängen die untere Linie. Ober- und Unterlängen haben genau dieselbe Höhe wie die Mittellängen.

Die karolingische Minuskel

DIE KAROLINGISCHE MINUSKEL ist für den Kalligraphen eine der leichtesten Schriften. Da ihre Funktion darin bestanden hatte, einen problemlosen schriftlichen Austausch zu ermöglichen, war die Lesbarkeit der entscheidende Aspekt bei ihrer Entstehung gewesen *(S. 38–39)*. Die Buchstaben sind ganz schlicht, die Wortabstände klar, und es gibt nur wenige Ligaturen.

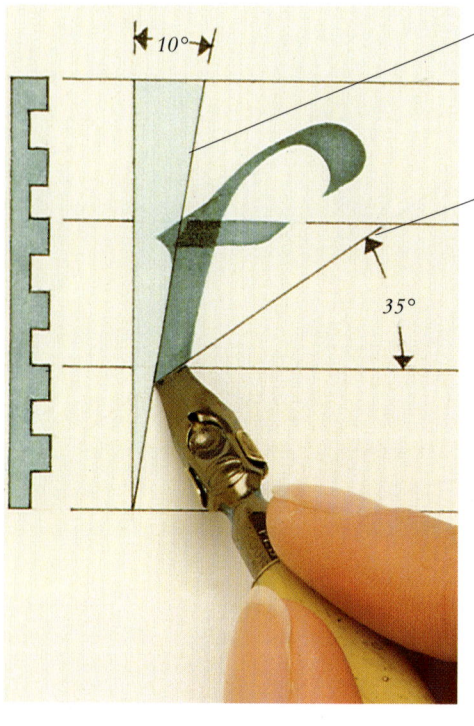

Eine Rechtsneigung von ungefähr 10° ist charakteristisch für die Buchstaben der karolingischen Minuskel.

Der Ansatzwinkel für die Feder beträgt etwa 35°.

Grundelemente

Die Mittellänge der karolingischen Minuskel beträgt zwischen drei und fünf Federbreiten; für die Ober- und Unterlängen kommen noch zwei oder drei hinzu. Das f ist der höchste Buchstabe, und es kann stabilisiert werden, indem man beim Schaft die Schreibbewegung noch einmal rückwärts vollzieht. Die Serifen bei den Oberlängen von b, d, h, k und l wirken keulenförmig. Andere Buchstaben wie i, m und n haben eher keilförmige Serifen.

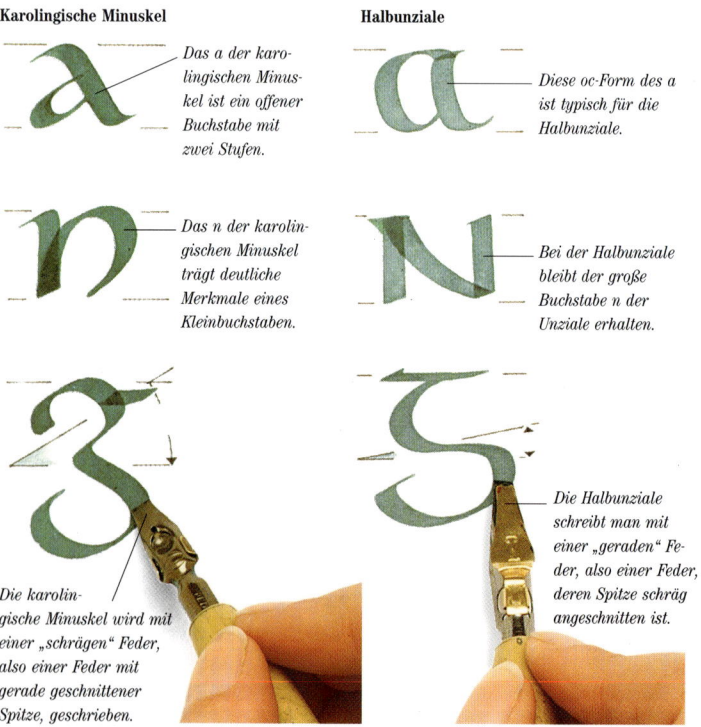

Karolingische Minuskel

Das a der karolingischen Minuskel ist ein offener Buchstabe mit zwei Stufen.

Das n der karolingischen Minuskel trägt deutliche Merkmale eines Kleinbuchstaben.

Die karolingische Minuskel wird mit einer „schrägen" Feder, also einer Feder mit gerade geschnittener Spitze, geschrieben.

Halbunziale

Diese oc-Form des a ist typisch für die Halbunziale.

Bei der Halbunziale bleibt der große Buchstabe n der Unziale erhalten.

Die Halbunziale schreibt man mit einer „geraden" Feder, also einer Feder, deren Spitze schräg angeschnitten ist.

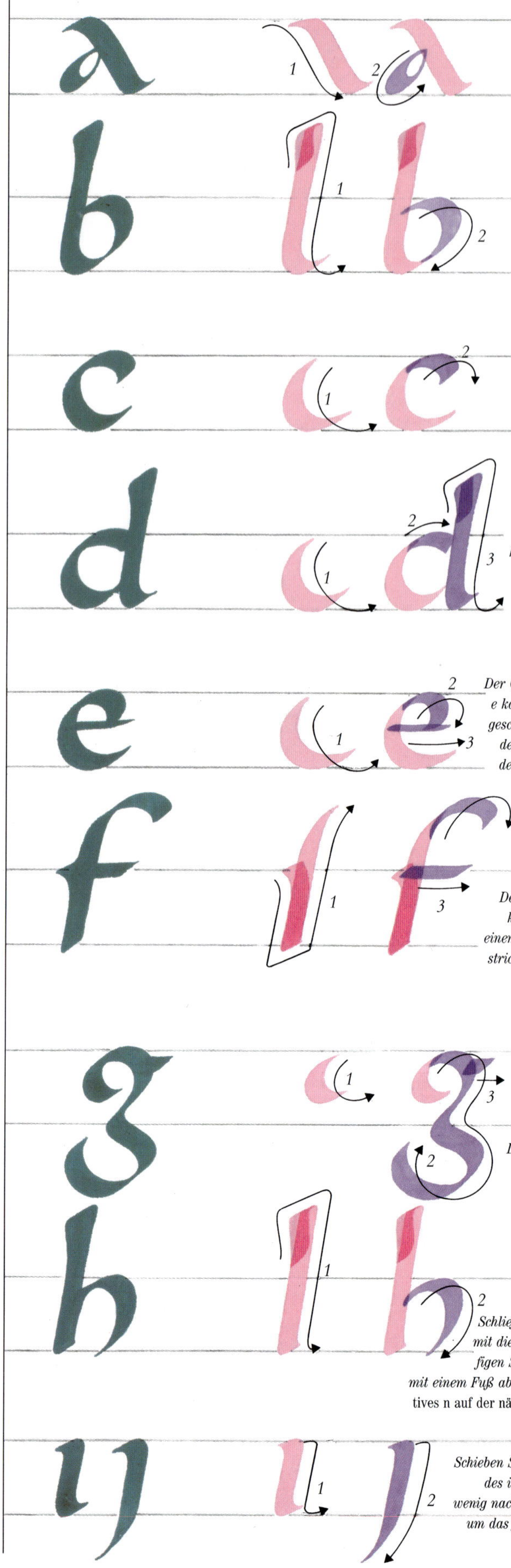

Die dritte Schreibbewegung des d kann die zweite fortsetzen.

Der Querstrich des e kann nach oben geschwungen werden, so daß sich der obere Bogen schließt.

Der Schaft des f kann auch mit einem einzigen Abstrich geschrieben werden.

Der Bogen des g sollte nicht geschlossen werden.

Schließen Sie das h mit diesem linksläufigen Schwung oder mit einem Fuß ab (vgl. alternatives n auf der nächsten Seite).

Schieben Sie am Schluß des i die Feder ein wenig nach links unten, um das j zu erhalten.

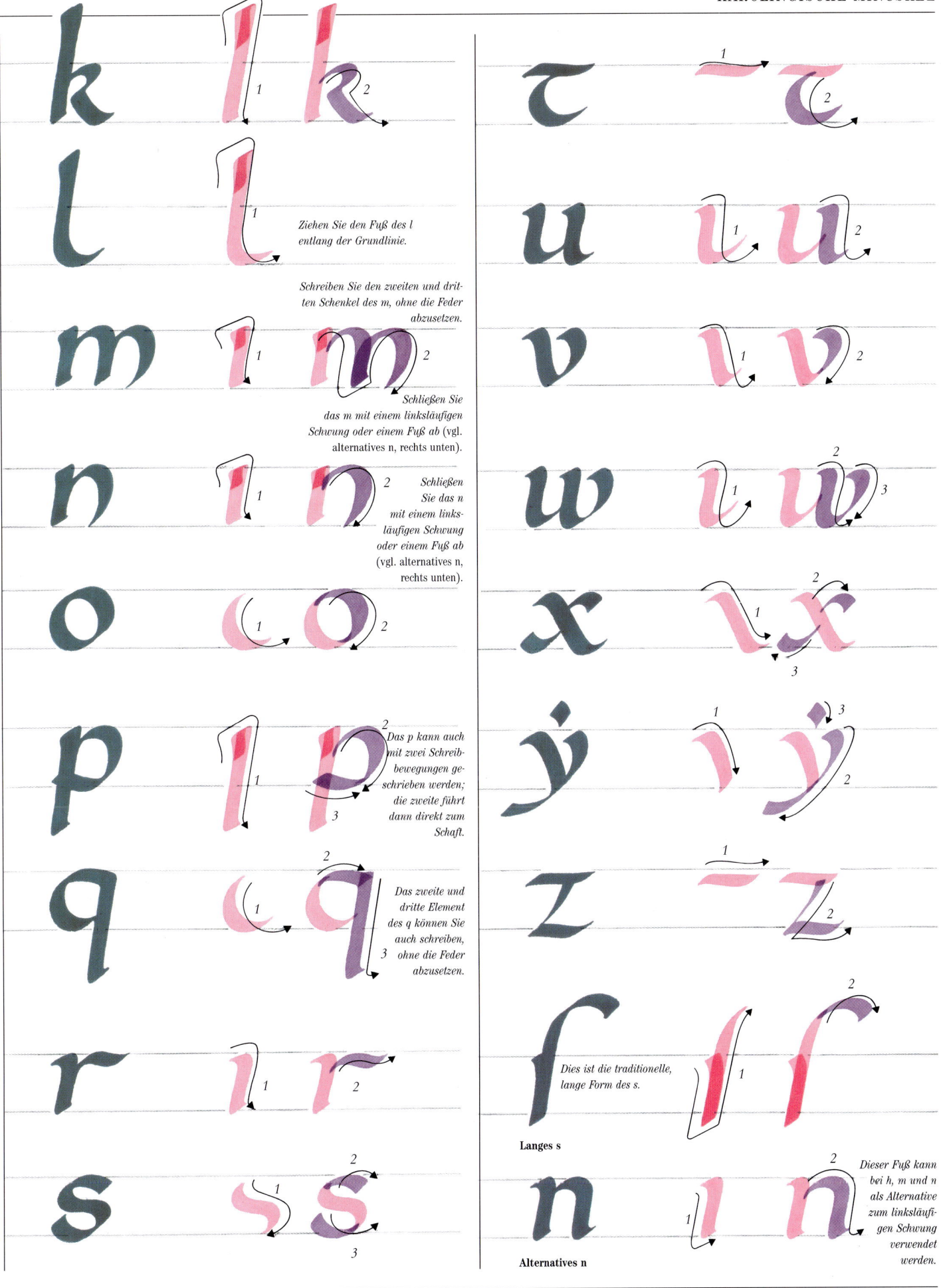

Ziehen Sie den Fuß des l entlang der Grundlinie.

Schreiben Sie den zweiten und dritten Schenkel des m, ohne die Feder abzusetzen.

Schließen Sie das m mit einem linksläufigen Schwung oder einem Fuß ab (vgl. alternatives n, rechts unten).

Schließen Sie das n mit einem linksläufigen Schwung oder einem Fuß ab (vgl. alternatives n, rechts unten).

Das p kann auch mit zwei Schreibbewegungen geschrieben werden; die zweite führt dann direkt zum Schaft.

Das zweite und dritte Element des q können Sie auch schreiben, ohne die Feder abzusetzen.

Dies ist die traditionelle, lange Form des s.

Langes s

Dieser Fuß kann bei h, m und n als Alternative zum linksläufigen Schwung verwendet werden.

Alternatives n

41

„Foundational Hand"

KEIN BUCH ÜBER kalligraphische Techniken wäre vollständig ohne einen Hinweis auf Edward Johnstons „Foundational Hand" mit ihrer Schlichtheit und ihrer Geschlossenheit. Historisch gesehen gehört sie ins 20. Jahrhundert. Ihre Basis ist jedoch ein Manuskript aus dem Jahre 966: der Ramsey-Psalter. Er wurde wahrscheinlich von Schreibern in Winchester geschrieben, und zwar in einer Schrift, die als „Englische karolingische Minuskel" bezeichnet wird. Es handelt sich dabei um eine anglisierte Version der fränkischen karolingischen Minuskel *(S. 38–39)*.

EIN P DER
„FOUNDATIONAL
HAND"
Die Feder wird in einem
Winkel von 30° angesetzt, und daher ist die
Gewichtung bei Vertikalen und Horizontalen bei
jedem Buchstaben der
„Foundational Hand"
sehr ausgeglichen.

Man schreibt mit einer breiten, „schrägen" Feder.

GEGEN ENDE DES 19. Jahrhunderts entstand unter dem Einfluß der „Arts and Crafts"-Bewegung bei Künstlern und Handwerkern eine umfassende, völlig neue Philosophie. Der grundlegende Gedanke dieser Philosophie lautete, daß ein wirkliches Kunstwerk nur dann entstehen könne, wenn Werkzeug und Material entsprechend aufeinander abgestimmt seien. Der Medizinstudent Edward Johnston war von dieser Idee begeistert und begann im Jahre 1897 mit dem Experiment, Buchstaben mit einer breiten Feder zu schreiben. 1899 erregte seine Arbeit die Aufmerksamkeit von W. R. Lethaby, dem Direktor der Central School of Arts and Crafts in London, der ihn einlud, Studenten in Kalligraphie und Illumination zu unterrichten. Ab 1901 hielt Johnston dann auch Vorträge im Royal College of Art in London.

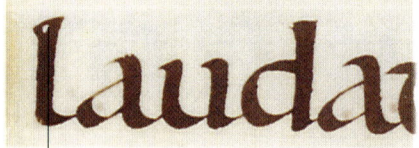

Dieses Detail zeigt, daß die etwas massige Serife des l erst vollendet wurde, nachdem der Schaft bereits geschrieben war.

DER RAMSEY-PSALTER
Die karolingische Minuskel des Ramsey-Psalter war eine der Schriften, auf denen Johnston seine kalligraphische Arbeit aufbaute. In seinem Werk „Writting and Illuminating and Lettering" stellt er fest: „Er *(der Text)* zeigt in hohem Grade alle Qualitäten einer guten Schrift, und insgesamt halte ich dies für das vollendetste und befriedigendste Beispiel der Schreibkunst, das ich je gesehen habe."

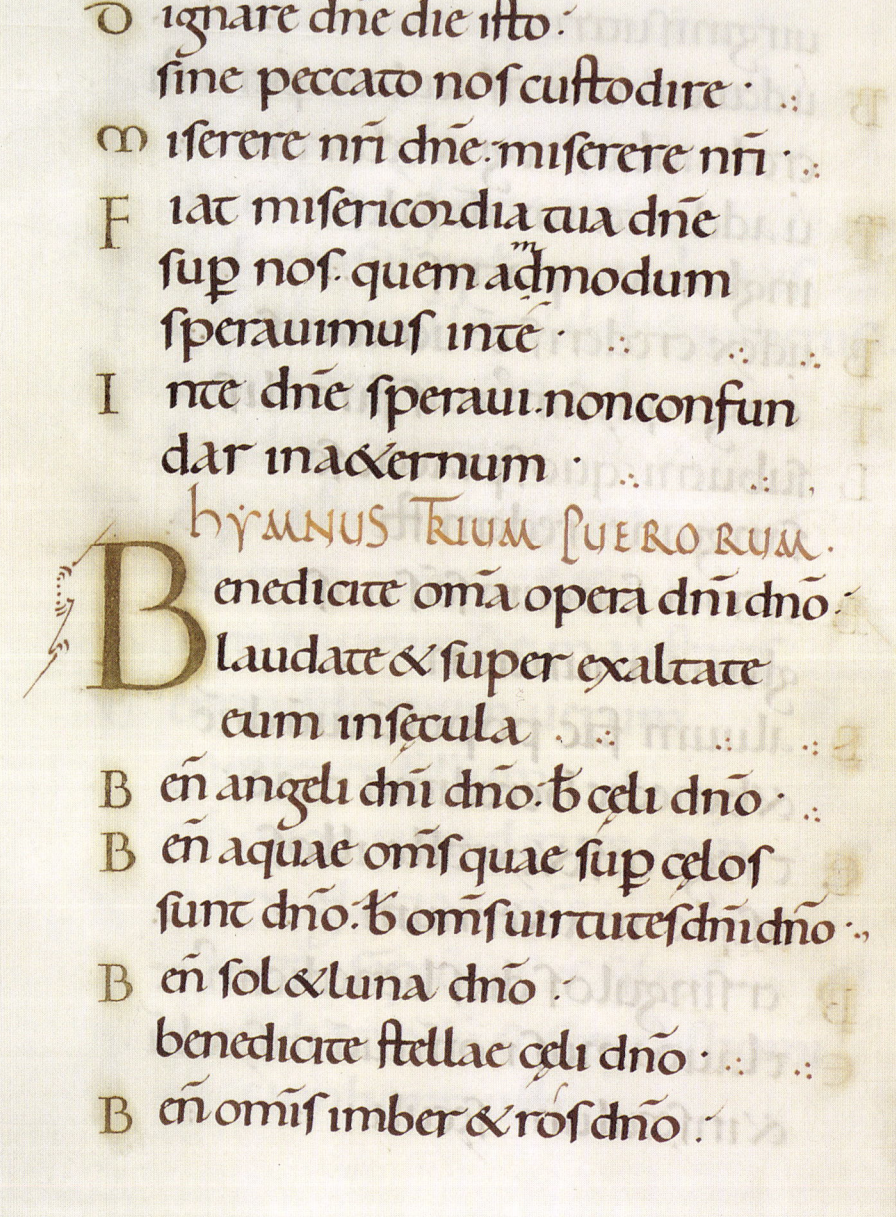

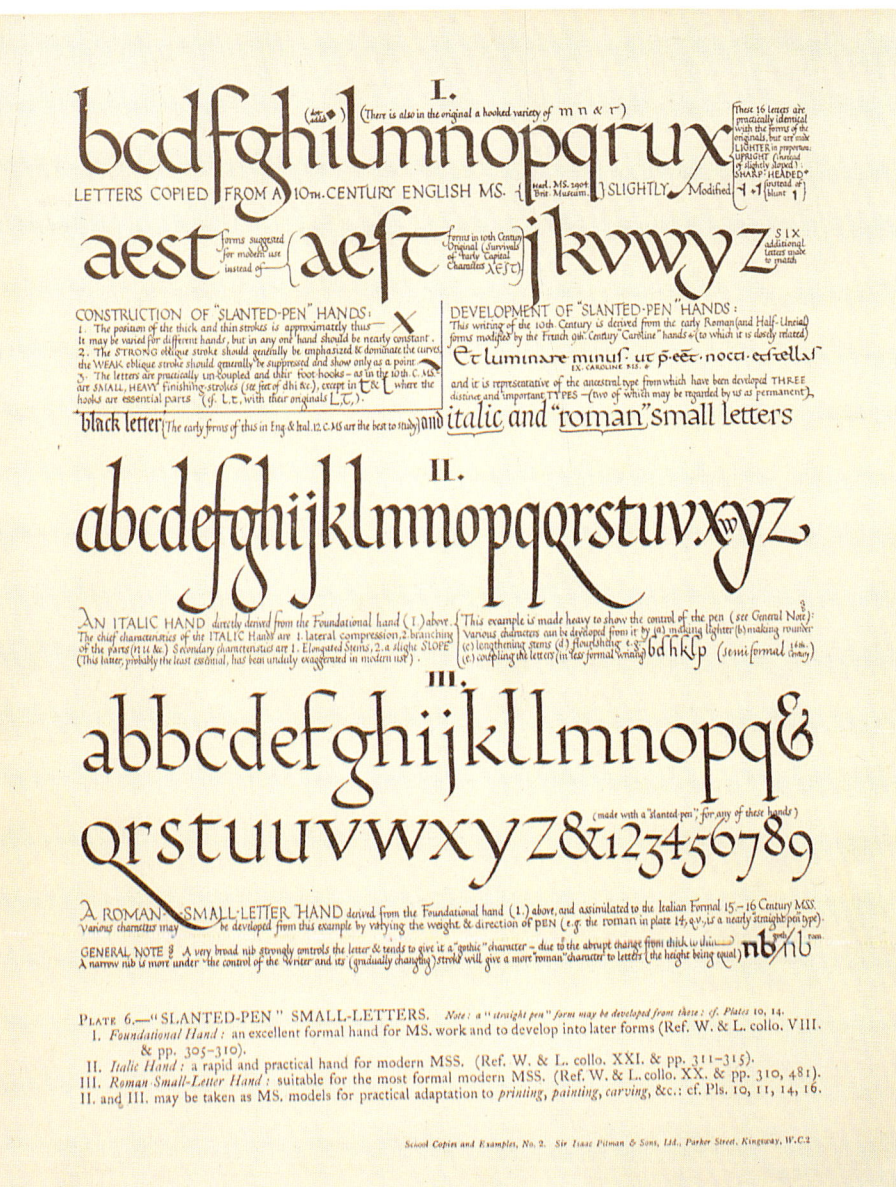

EDWARD JOHNSTON
Seine Kalligraphie, sein Design, seine Schriften und seine
Lehre machten Edward Johnston zu einem der
einflußreichsten Schreiber des frühen 20. Jahrhunderts.

Buchstaben mit „schräger" Feder

Johnston wurde in seiner Arbeit unterstützt vom früheren Sekretär von William Morris, Sidney Cockerell, der ihn auf den Ramsey-Psalter aufmerksam machte. Damals schrieb er an einen Freund: „Und so kam ich auf die Idee – lebendige Buchstaben zu schreiben mit einer formgerechten Feder." In seinem großen Lehrwerk „Writing and Illuminating and Lettering" aus dem Jahre 1906 erklärte er, weshalb er Buchstaben, die mit „schräger" Feder geschrieben wurden – wie die des Ramsey-Psalter, – bevorzugte gegenüber den Buchstaben der Halbunziale, für die eine „gerade" Feder nötig ist *(S. 38 – 39)*. Die „schrägen" Buchstaben, die mit einer breiten Feder im Winkel von 30° geschrieben wurden, waren kraftvoller, besser lesbar, und der Textzusammenhang, der sich daraus ergab, erschien sehr ausgewogen.

Serifen mit „scharfen" Köpfen

Johnston betrachtete die „geschobene" Federführung, die für die verdickten Serifen der karolingischen Minuskel verwendet wurde, als zu gezwungen. Er befürwortete daher den Gebrauch von spitzen Serifen mit „scharfen" Köpfen, bei denen die Feder gezogen wird.

ARBEITSBLATT
Im Jahre 1909 produzierte Johnston gemeinsam mit dem Künstler Eric Gill eine Serie von Arbeitsblättern für Studenten, in denen er die „Foundational Hand" beschrieb als „ausgezeichnet geeignet für formelle Manuskriptarbeit und auch für die Weiterentwicklung von neueren Formen". Auf diesen Arbeitsblättern modifizierte er die Schrift des Ramsey-Psalter, indem er sie leichter und gerader werden ließ, und er verwendete auch seine Serifen mit den „scharfen" Köpfen, die durch „gezogene" Federführung entstehen.

In diesem reifen Werk von Johnston spiegelt sich sorgfältige Berücksichtigung des Textumfangs, der Gewichtung von Buchstaben und Abstände.

STUDIENBLATT
Der zentrale Text dieses Studienblattes von 1919 wurde in Johnstons eigener, voll entwickelter „Foundational Hand" geschrieben. Die Oberlängen sind geordneter und knapper als auf dem älteren Arbeitsblatt *(s. o.)*. Johnstons Meisterschaft der Kursiven *(S. 94 – 95)* wird hier ebenfalls offenbar.

„Foundational Hand"

BEINAHE GENAUSO WICHTIG wie die Form der Buchstaben ist in der Kalligraphie die Art und Weise, wie Wörter auf einem Blatt arrangiert werden und die Wirkung der Struktur, die sich daraus ergibt. Die rhythmische Regelmäßigkeit des Duktus, in dem Bögen, Schwünge, Buchstabenbreite und Negativräume in Beziehung stehen, verleiht der „Foundational Hand" vollendete Ausgewogenheit der Struktur *(vgl. „Buchstabenabstände", unten)*. Der Federwinkel liegt bei 30° und erweitert sich zu 45° bei den Diagonalen.

Der Schlüsselbuchstabe
Wie bei dieser Zusammenstellung von a, d, e, n und q deutlich wird, ist das o der zentrale Buchstabe dieser Schrift. Lassen Sie sich Zeit, wenn Sie die beiden geschwungenen Schreibbewegungen nachvollziehen.

Empfehlenswert ist es, wenn Sie sich die Konstruktion der „Foundational"-Buchstaben vertraut machen, indem Sie die Formen mit zwei zusammengeklebten Bleistiften zeichnen. Die Spitzen der beiden Stifte entsprechen den Ecken der Feder.

Negativräume
Das elegante Oval innerhalb des Buchstabens o ist die Grundform, der alle anderen Negativräume der Schrift im Idealfall entsprechen.

Buchstabenabstände
Die Abstände zwischen den Buchstaben sollten so gleichmäßig wie möglich sein. Viele Schreiber gewöhnen ihre Augen daran, diese Abstände genauso intensiv zu beobachten wie die Formen der Buchstaben selbst.

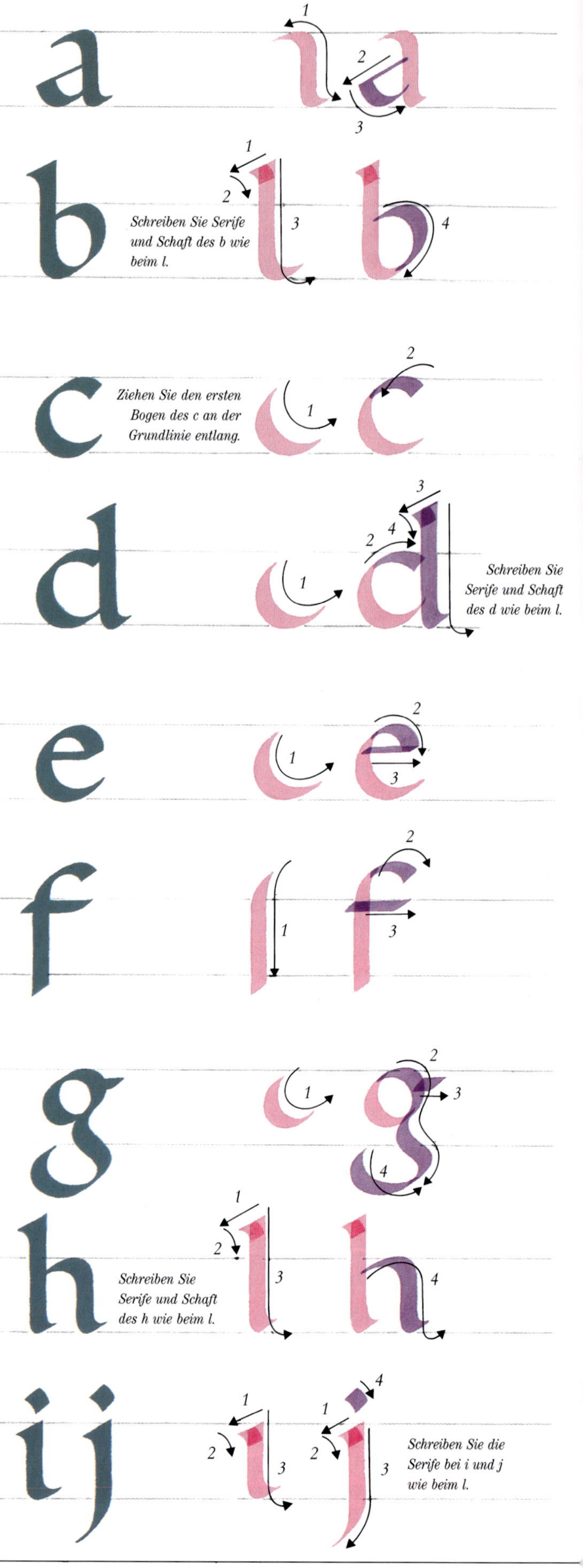

Schreiben Sie Serife und Schaft des b wie beim l.

Ziehen Sie den ersten Bogen des c an der Grundlinie entlang.

Schreiben Sie Serife und Schaft des d wie beim l.

Schreiben Sie Serife und Schaft des h wie beim l.

Schreiben Sie die Serife bei i und j wie beim l.

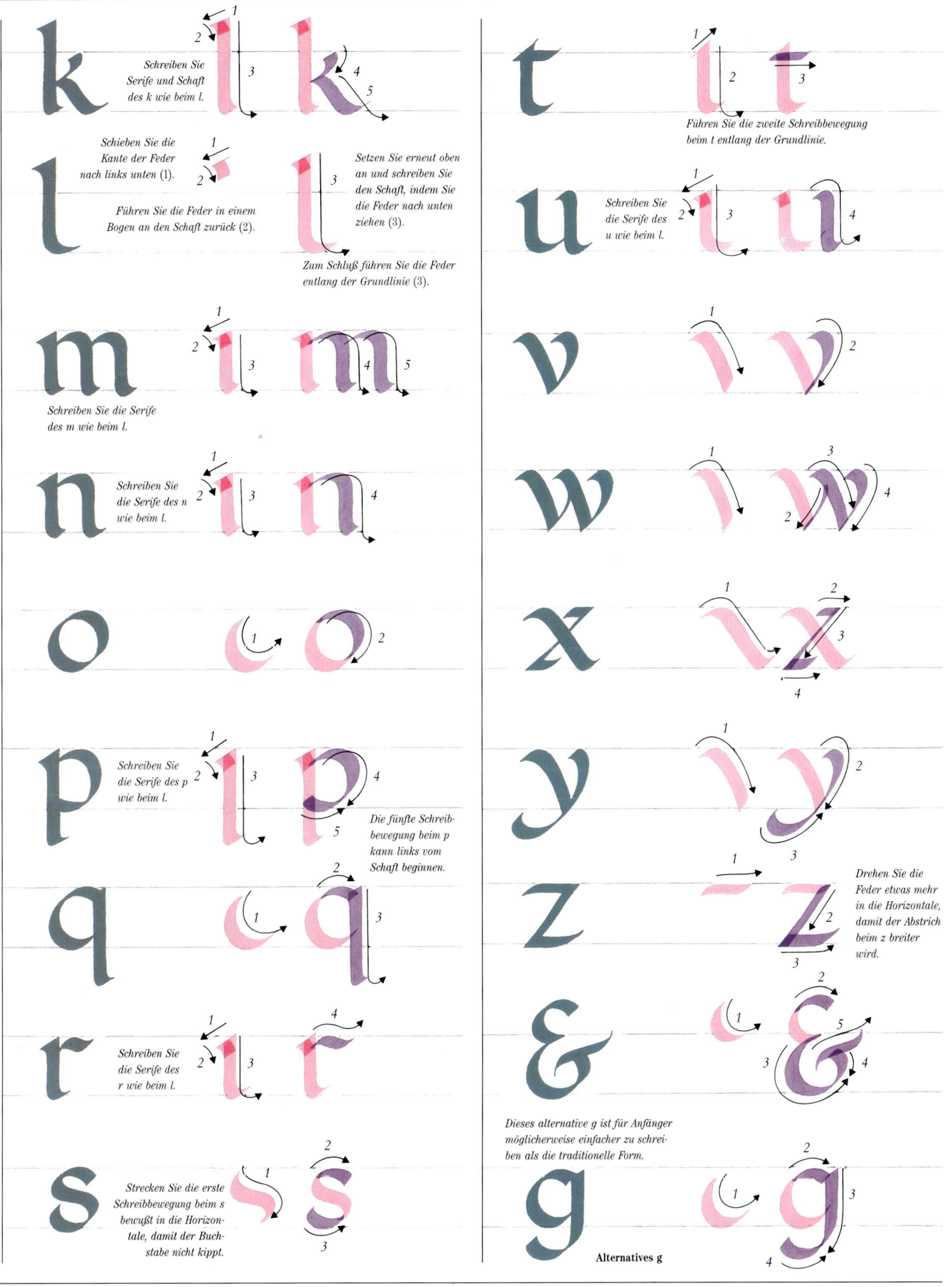

k — Schreiben Sie Serife und Schaft des k wie beim l.

l — Schieben Sie die Kante der Feder nach links unten (1).

Führen Sie die Feder in einem Bogen an den Schaft zurück (2).

Setzen Sie erneut oben an und schreiben Sie den Schaft, indem Sie die Feder nach unten ziehen (3).

Zum Schluß führen Sie die Feder entlang der Grundlinie (3).

m — Schreiben Sie die Serife des m wie beim l.

n — Schreiben Sie die Serife des n wie beim l.

p — Schreiben Sie die Serife des p wie beim l.

Die fünfte Schreibbewegung beim p kann links vom Schaft beginnen.

r — Schreiben Sie die Serife des r wie beim l.

s — Strecken Sie die erste Schreibbewegung beim s bewußt in die Horizontale, damit der Buchstabe nicht kippt.

t — Führen Sie die zweite Schreibbewegung beim t entlang der Grundlinie.

u — Schreiben Sie die Serife des u wie beim l.

z — Drehen Sie die Feder etwas mehr in die Horizontale, damit der Abstrich beim z breiter wird.

Dieses alternative g ist für Anfänger möglicherweise einfacher zu schreiben als die traditionelle Form.

Alternatives g

Frühgotische Schrift

DIE FRÜHGOTISCHE *(spätkarolingische)* Schrift war in der Zeit vom Ende des 11. Jahrhunderts bis zur Mitte des 13. Jahrhunderts, also im Zeitraum zwischen der karolingischen Ära und der Gotik, beinahe im gesamten westlichen Europa weit verbreitet. Im Rückblick kann diese Schrift als Übergang zwischen der karolingischen Minuskel *(S. 38–39)* und den gotischen Texturschriften *(S. 50–57)* betrachtet werden, denn sie zeigt charakteristische Merkmale von beiden: sowohl die gerundeten Bögen der karolingischen Minuskel als auch die gespaltenen Oberlängen der Textura Quadrata.

Die Spitze oben am Grundstrich kann entweder bei der ersten Schreibbewegung entstehen oder später hinzugefügt werden.

Der Bogen ist ziemlich komprimiert und erscheint daher oval.

EIN FRÜHGOTISCHES B
Bei diesem frühgotischen Buchstaben hält man die Feder in einem Ansatzwinkel von 40°.

DIE FRÜHGOTISCHE SCHRIFT ging direkt aus der karolingischen Minuskel hervor. Sie war komprimierter und ovaler als ihre Vorgängerin, und Details wie den Serifen und den Füßen der Kleinbuchstaben widmete man mehr Aufmerksamkeit. Diese Entwicklung ergab sich wahrscheinlich ganz einfach aus dem Umstand, daß die Schreiber die Federn nicht mehr schräg, sondern gerade zuschnitten. Die Buchstaben werden dadurch eckiger, und vertikale Aspekte einer Textseite werden hervorgehoben. Wenn man die Winchester-Bibel mit der Grandval-Bibel *(S. 39)* vergleicht, wird der Unterschied deutlich zwischen Buchstaben, die mit einer gerade geschnittenen Feder geschrieben wurden, und solchen, die man mit der schräg angeschnittenen Feder gestaltete.

Bibel von Winchester

Die Bibel von Winchester ist eines der herausragendsten Bücher der frühen Gotik. Sie entstand ungefähr 1150: Heinrich von Blois, der Bischof von Winchester, hatte sie in Auftrag gegeben. Geschrieben wurde sie mit einer „geraden" Feder, die beinahe horizontal geführt wurde, und die Buchstaben zeigen kurze, klare Ober- und Unterlängen. Der Abstand zwischen den Zeilen ist daher weiter, als dies bei längeren Ober- und Unterlängen der Fall wäre; dies erleichtert die Lesbarkeit. Viele der Lombardischen Versalien der Bibel von Winchester gehören zu den Schönsten ihrer Art *(S. 62–63)*.

Das illuminierte Initial P entspricht in seiner Länge der Höhe der Textkolumne.

ST. AMBROSIUS: DE MISTERIIS I
Diese Seite entstammt einem theologischen Traktat und wurde wahrscheinlich im Jahre 1130 im Priorat von Rochester in England geschrieben. Die frühgotische Schrift, die hier verwendet wurde, steht in starkem Gegensatz zu der Schrift der Bibel von Winchester *(oben)*. Obgleich die Feder gerade zugeschnitten ist, wird sie in einem Winkel von beinahe 40° gehalten. Daraus resultiert eine kräftige Ober- und eine massive Grundlinie.

DIE BIBEL VON WINCHESTER
Die illuminierten Initialen der Bibel von Winchester sind ein Höhepunkt mittelalterlicher Kunstfertigkeit. Sechs verschiedene Illuminatoren haben an diesem Werk gearbeitet. Der Anfangsbuchstabe P aus dem Buch der Könige zeigt, wie Elias von den Botschaftern Ahazias um Rat gefragt wird.

Diese rubrifizierten Versalien erinnern an die der Rustica bei Überschriften (vgl. „Hierarchie der Schriften", S. 16).

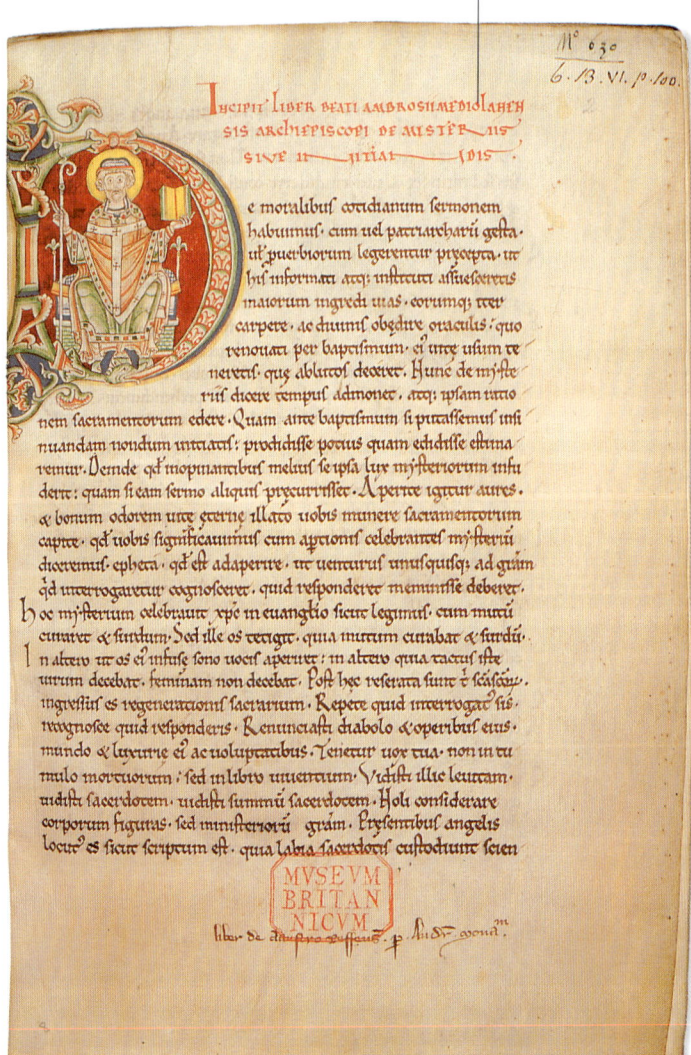

Dieses Initial I ist alles andere als *formell gestaltet und fällt aus dem Rahmen gotischer Konvention heraus.*

Die Feder wird hier in einem flacheren *Winkel als im Ambrosius-Manuskript „De Misteriis" gehalten. Daraus ergeben sich schwerer lesbare Textzeilen.*

Diese Buchstaben sind weniger komprimiert als dies *sonst bei den frühgotischen Schriften üblich ist.*

EXPL LIB·XX·

INCIPIT·XXI·

N'TELLECTVS

PAPIERHERSTELLER

Das früheste Papier wurde in Europa aus Baumwolle- oder Leinenlumpen gemacht, die zerkleinert, eingeweicht und auf ein Sieb gelegt wurden, bevor man sie preßte und trocknete. In England gab es schon im 12. Jahrhundert relativ feines Papier.

MORALIA IN JOB

Die „Moralia in Job"-Bände wurden 1111 von den Schreibern und Illuminatoren in Cîteaux in Frankreich vollendet, bevor der heilige Bernhard sich dort aufhielt und die strenge Disziplin einrichtete, für die der Orden berühmt wurde. Der Humor und die vibrierende Farbe auf der Illustration dieser Manuskriptseite stehen in scharfem Kontrast zu den Arbeiten, die in den darauffolgenden, von Askese geprägten Zeiten entstanden.

Entwicklung der frühgotischen Schrift

Die frühgotische Schrift entwickelte sich vor allem in England und Frankreich und breitete sich dann im nördlichen Deutschland aus, ebenso in Skandinavien, Spanien, Sizilien und einem Teil Italiens. Der Einfluß Englands zeigt sich darin, daß die Füße der Kleinbuchstaben eher formell gehalten wurden – im Gegensatz zu dem kleinen Schwung nach oben, der auf dem Kontinent bevorzugt wurde. Im Laufe ihrer Entwicklung wurden die Kleinbuchstaben immer stärker komprimiert.

Der Niedergang der Schrift

Diese Schrift befindet sich genau in der Mitte zwischen der karolingischen Minuskel mit ihren klar definierten Buchstabenformen einerseits und den gotischen Texturschriften andererseits, bei denen der Effekt eines dichten Gewebes entscheidend war. Die Schreiber, die noch von den karolingischen Formen beeinflußt waren, bemerkten bald, daß sie die Struktur einer Seite verändern konnten, wenn sie die Buchstaben stärker komprimierten. Diese Entwicklung erreichte ihr Extrem in den gotischen Texturschriften, die schnell populär wurden und die frühgotische Schrift verdrängten.

Die frühgotische Schrift

DIE FRÜHGOTISCHE SCHRIFT wird mit einer „geraden" Feder geschrieben und wirkt vom Gesamtcharakter her aufrecht und komprimiert. Die keilförmigen Serifen oben an der Mittellänge der Buchstaben betonen im Textzusammenhang die Horizontale. Die Höhe der Mittellänge bewegt sich zwischen annähernd vier und sechs Federbreiten. Ober- und Unterlängen entsprechen häufig der Mittellänge. Der Ansatzwinkel der Feder variiert zwischen 10° und 40°. Die charakteristischsten sind die gespaltenen Serifen an den Oberlängen der Buchstaben b, d, h, k und l.

Gespaltene Serifen
Schreiben Sie die gespaltene Oberlänge mit einem Federwinkel von 40°, indem Sie zuerst die linke Serife und den Schaft ziehen und dann die schmalere innere Serife hinzufügen *(A)*. Sie können den Schaft aber auch aus der schmalen Serife entwickeln *(B)*.

„Gefüllte" Serifen
Bei einer dritten Methode wird die gespaltene Serife ausgefüllt *(C)*. Die Feder wird durchgehend in einem Winkel von 30° gehalten.

Der Fuß der geraden Abstriche der Mittellängen endet in einer Aufwärtsdrehung der Feder.

Frühgotische Buchstaben sollten mit einer schräg angeschnittenen Feder geschrieben werden.

Flache und keilförmige Serifen
Eine vierte Variation ist die flache Serife *(D)*; sie entsteht durch zwei Schreibbewegungen, die sich überschneiden. Dabei beträgt der Ansatzwinkel 10°. Ein fünfter Typus ist die keilförmige Serife *(E)*, die bei den Buchstaben i, m, n, p, r und u auftaucht, ebenso bei den modernen Buchstaben j, v und w. Diese Serifen entstehen in einer oder in zwei Schreibbewegungen bei einem Ansatzwinkel von ungefähr 40°.

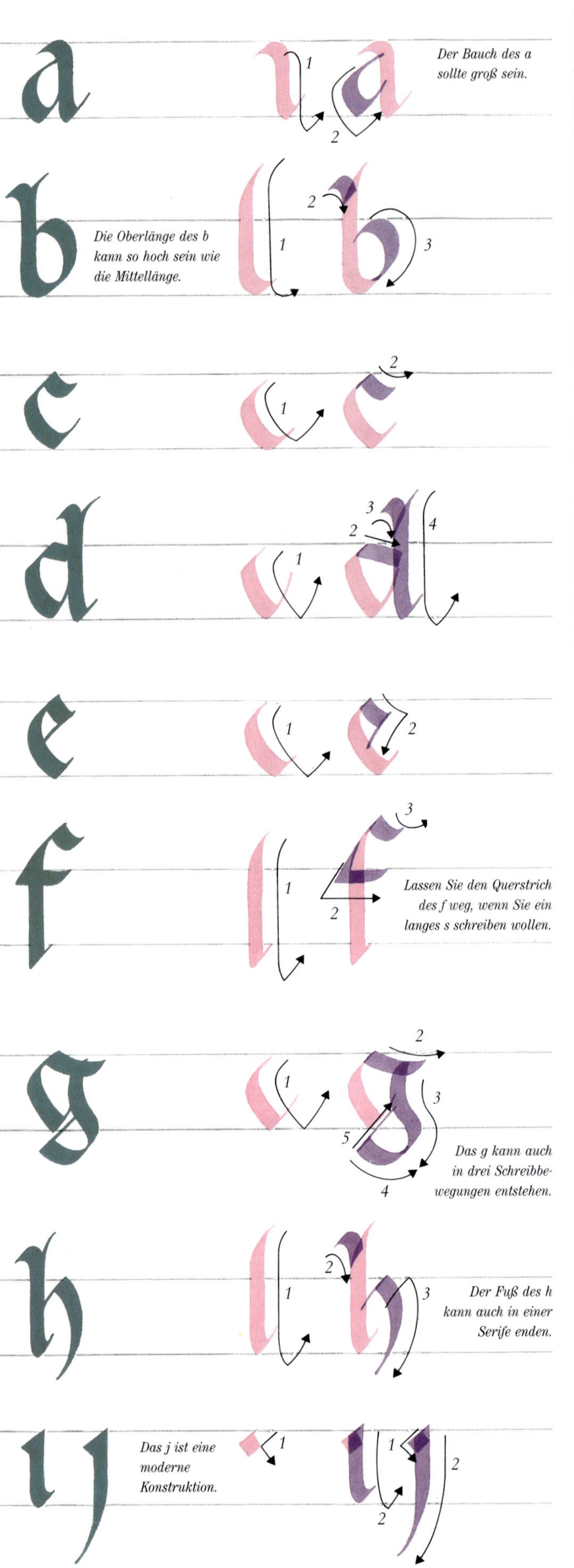

Der Bauch des a sollte groß sein.

Die Oberlänge des b kann so hoch sein wie die Mittellänge.

Lassen Sie den Querstrich des f weg, wenn Sie ein langes s schreiben wollen.

Das g kann auch in drei Schreibbewegungen entstehen.

Der Fuß des h kann auch in einer Serife enden.

Das j ist eine moderne Konstruktion.

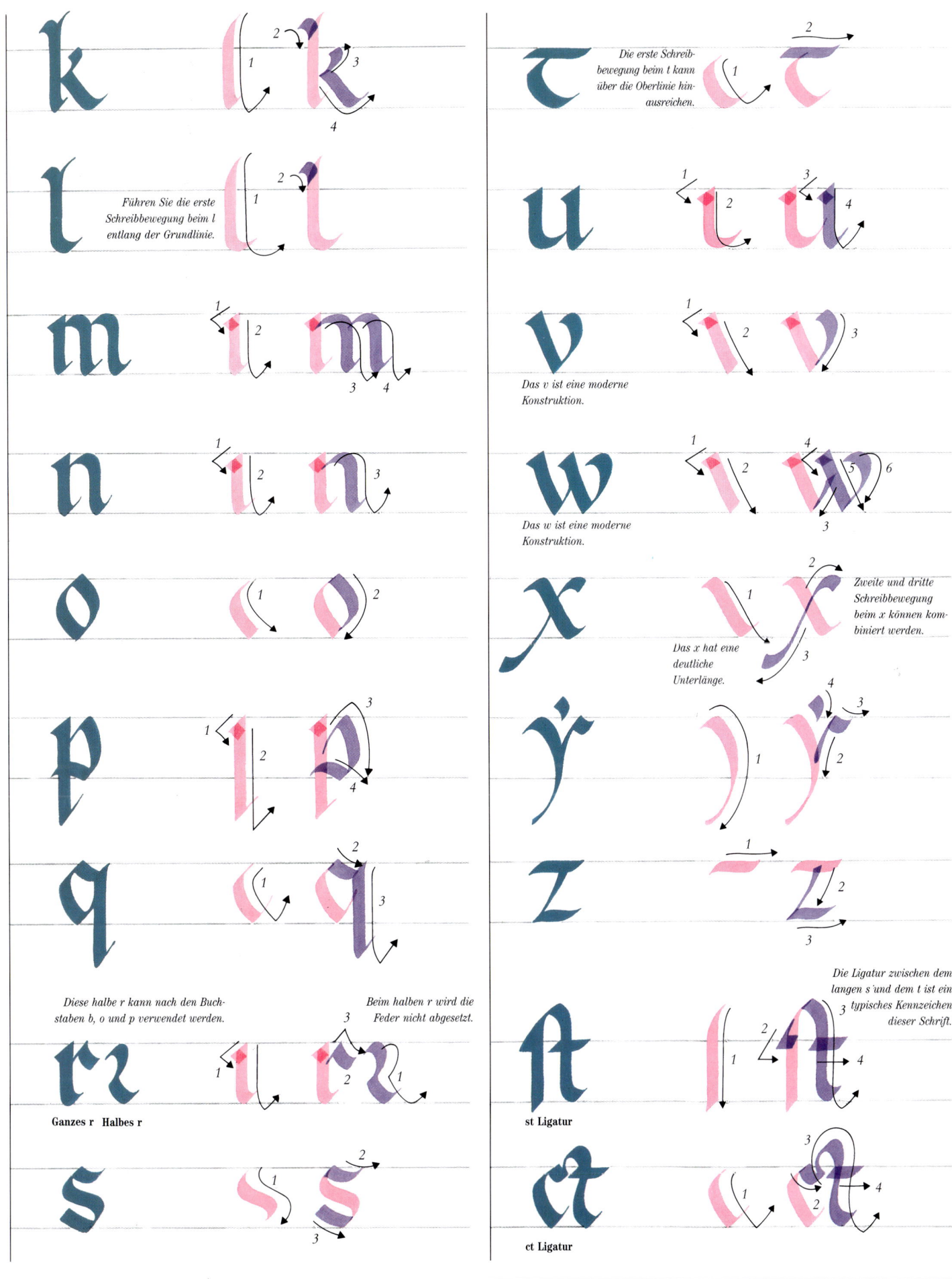

*Die erste Schreib-
bewegung beim t kann
über die Oberlinie hin-
ausreichen.*

*Führen Sie die erste
Schreibbewegung beim l
entlang der Grundlinie.*

*Das v ist eine moderne
Konstruktion.*

*Das w ist eine moderne
Konstruktion.*

*Zweite und dritte
Schreibbewegung
beim x können kom-
biniert werden.*

*Das x hat eine
deutliche
Unterlänge.*

*Diese halbe r kann nach den Buch-
staben b, o und p verwendet werden.*

*Beim halben r wird die
Feder nicht abgesetzt.*

*Die Ligatur zwischen dem
langen s und dem t ist ein
typisches Kennzeichen
dieser Schrift.*

Ganzes r Halbes r

st Ligatur

ct Ligatur

Textura Quadrata

ZU BEGINN des 13. Jahrhunderts hatte sich die frühe gotische Schrift zur Textura Quadrata *(Black Letter)* entwickelt, einer Schriftform, die eckig war und die keine kursiven Elemente mehr enthielt. Der Name weist auf das Erscheinungsbild der Textzeilen hin, die an ein Gewebe erinnern; „Textura" bedeutet „Gleichmäßigkeit eines Gewebes". Die Schrift macht einen revolutionären Wandel innerhalb der Kalligraphie deutlich: nachdem jahrhundertelang immer Wert auf klare Lesbarkeit der Buchstaben gelegt worden war, dienten die einzelnen Lettern jetzt lediglich der gewebeähnlichen Wirkung des gesamten Textes.

EIN N DER TEXTURA QUADRATA
Typisches Kennzeichen der Schrift ist das Quadrat
oder die Raute als Abschluß der Mittellänge.

FÜR VIELE MENSCHEN ist die Textura Quadrata mit ihrer dichten, eckigen Strichführung und den quadratischen Köpfen und Füßen die graphische Verkörperung von „Mittelalter" überhaupt. Im nördlichen Europa wurde sie bis ins 16. Jahrhundert hinein für anspruchsvolle liturgische Manuskripte verwendet. Lediglich die Textura Prescissa *(S. 54–55)* hatte ein höheres Prestige. Den Niedergang der Quadrattextur als repräsentative Buchschrift kann man auf ihre Größe zurückführen; als kleinere Bücher verlangt wurden, die in der Hand gehalten werden konnten, waren dafür auch kleinere Schriften wie zum Beispiel die Schwabacher *(S. 74–75)* und die Humanistische Minuskel *(S. 90–91)* besser geeignet. Man begegnet der Textura Quadrata jedoch auch noch im 20. Jahrhundert in Form von geschnittenen Buchstaben, Buchstaben in der Glasmalerei, auf Urkunden und bei den Titeln von Zeitungen.

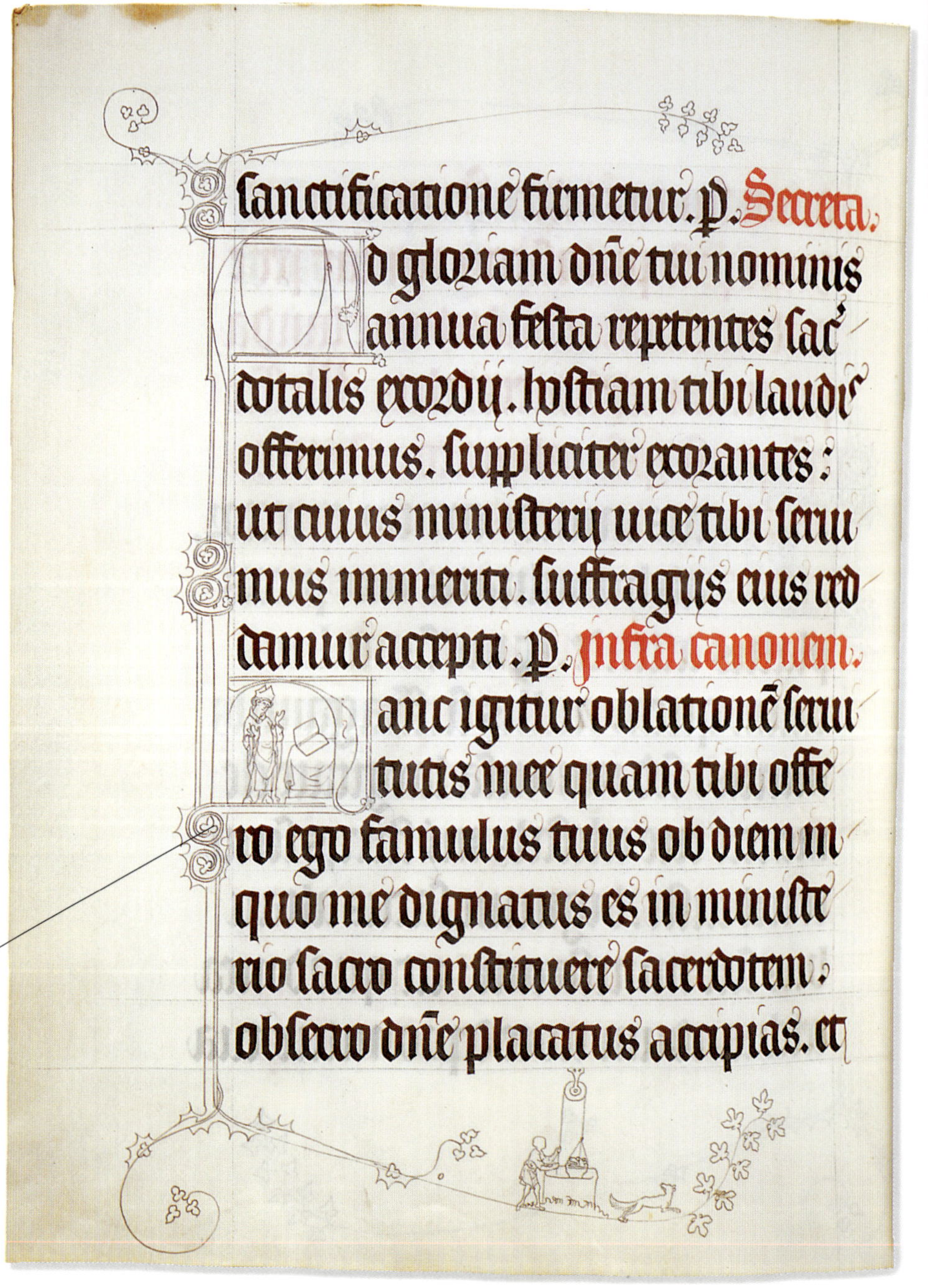

Die Konturen von Versalien und Illustrationen wurden auf die Flächen gezeichnet, die vom Schreiber dafür freigelassen wurden. Hier sind die Umrisse mit dem Silberstift gezogen worden. Gold und Farben sind noch nicht aufgetragen.

DAS PONTIFIKAL VON METZ
Diese schön gearbeitete Seite aus einem französischen Manuskript des frühen 14. Jahrhunderts zeigt eine besonders edle Textur. Die gleichmäßige, gewebeartige Wirkung der Seite entsteht, weil der Schreiber den Abständen und der Höhe der Mittellängen genaueste Beachtung schenkt. Er hat wohl eine schräg angeschnittene Feder benutzt, die das Schreiben feiner Haarstriche besonders leicht macht *(S. 14–15)*. Beachten Sie die rubrifizierten Großbuchstaben S und I, denen das große P vorausgeht. Der Querstrich durch den Schaft des P ist eine Abkürzung, die für „par", „per" oder „por" stehen kann.

GEMÄLDE IN DER KATHEDRALE VON CHICHESTER

Auf diesem Gemälde bittet Bischof Sherbourne König Heinrich VIII., die Gründungsurkunde für die Kathedrale von Chichester zu bestätigen. Zur Entstehungszeit des Bildes im Jahre 1519 wurde die Textur schon nicht mehr als Buchschrift verwendet, sondern erschien nur noch gelegentlich in Form einer Pinselschrift. In der oberen Zeile hat der Künstler den Text mit merkwürdigen Unterbrechungen der Wörter gefüllt. Diese wenig gelungenen Einschübe waren wahrscheinlich nötig, damit das Wort „Rex" direkt über dem Haupt des Königs seinen Platz fand.

Die Spaltung der Ober- und Unterlängen wird hier übertrieben, besonders bei der Unterlänge des p.

Der Text in diesem Buch enthält das alternative gotische a mit seiner doppelten Diagonale quer durch die Öffnung.

DETAIL DES GEMÄLDES IN DER KATHEDRALE VON CHICHESTER

Die gespaltenen Ober- und Unterlängen sind bei dieser Version der Textura Quadrata, die mit dem Pinsel geschrieben wurde, besonders ausgeprägt, aber sie haben dem Künstler Schwierigkeiten bereitet – die Oberlängen der Buchstaben d und t stoßen mit den Unterlängen der p zusammen.

Viele Schreibbewegungen enden in Haarstrichschwüngen: Beweis der Virtuosität des Schreibers.

Die Öffnung des p umschließt das Wappen der Familie d'Orgemont.

EIN GOTISCHES ALPHABET

Diese Seite aus einem Kalender-, Hymnen- und Gebetbuch des Guillaume d'Orgemont stammt aus dem Jahre 1386. Es zeigt uns ein beinahe vollständiges Alphabet der Textura Quadrata mit zwei Versionen von a, r und s. Bei genauer Betrachtung der Buchstaben wird erkennbar, daß die Feder wohl schräg angeschnitten war. Dies würde die relative Breite der Schäfte im Vergleich zu den Diagonalen und den Quadraten erklären.

Der Punkt über i und j

Der charakteristische, gleichförmige Verlauf der Texturbuchstaben brachte eine interessante Neuerung hervor, die bis heute in Gebrauch ist. Da das i leicht mit anderen Buchstaben verwechselt werden konnte, wurde es von ihnen durch einen kurzen Strich unterschieden, der sich bis zum ausgehenden 14. Jahrhundert zu einem Punkt entwickelte. Der Buchstabe i verwandelte sich aber auch zu einem j, indem er eine Unterlänge erhielt. Diese Veränderung führte schließlich – zusammen mit dem w, das im späten Mittelalter hinzukam, und mit der Unterscheidung von v und u – zu unserem heutigen Alphabet mit seinen sechsundzwanzig Buchstaben.

Schriftstatus

Der Status einer Schrift ist im allgemeinen festgelegt durch die Anzahl der einzelnen Schreibbewegungen und das Absetzen der Feder. Bei der Textura Quadrata erweist sich eine solche Unterscheidung als besonders plausibel.

Je eckiger und komprimierter Buchstaben sind, um so mehr Schreibbewegungen sind bei ihrer Konstruktion nötig gewesen. Beim Bauch des a kam die Variationsbreite von der kursiven Form auf niedrigem Status *(Chichester, oben)* bis zur geometrischen Form auf hohem Status reichen *(links)*.

Textura Quadrata

WESENTLICHES KENNZEICHEN der Textura Quadrata ist der formelle, senkrechte Buchstabe mit gleichbleibender Strichbreite. Es gibt keine Rundungen; der formelle Gesamtcharakter wird nur durch die Haarstriche durchbrochen wie bei den Buchstaben a, e und r. Die nasse Tinte wird hier mit der Ecke der Feder ausgezogen. Das zweite Kennzeichen der Textura Quadrata sind die gespaltenen Oberlängen und die quadratförmigen Füße der Mittellängen.

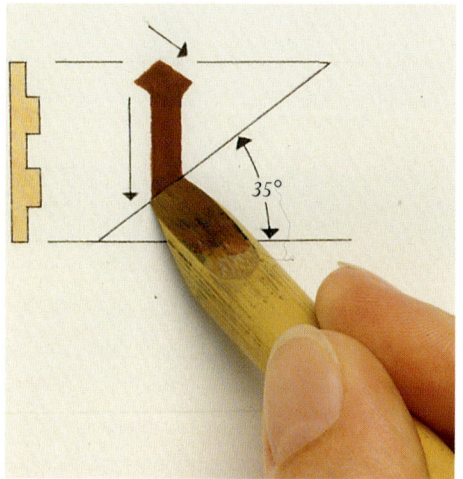

Grundlegende Elemente
Für die Quadrata verwendet man eine „schräge" *(gerade geschnittene)* Feder. Bei den Grundstrichen wird die Feder in einem Winkel zwischen 35° und 45° gehalten, dieser wird aber bei den jeweils folgenden Schreibbewegungen etwas verringert. Die Mittellänge entspricht etwa fünf Federbreiten. Da die Buchstaben relativ groß sind, ist eine Rohrfeder das ideale Schreibwerkzeug.

Die rechte Serife
Für die gespaltene Oberlänge sind zwei Schreibbewegungen nötig. Beginnen Sie die Serife über der oberen Linie, ziehen Sie die Feder nach links unten und schreiben Sie den Schaft, ohne die Feder abzusetzen.

Die linke Serife
Die spitze linke Serife sollte etwas kürzer als die rechte sein. Drehen Sie die Feder auf die linke Ecke und verwenden Sie die nasse Tinte vom vorausgegangenen Strich.

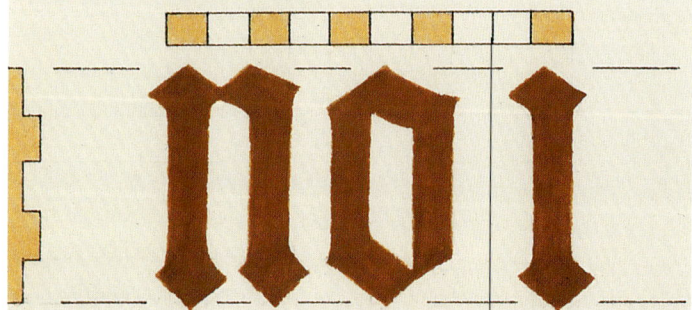

Das „Gewebe"
Um den Effekt des „Gewebes" zu erreichen, entsprechen im Idealfall Negativräume und Buchstabenabstände einer Strichbreite.

Die Wortabstände sollten zwei Federbreiten entsprechen.

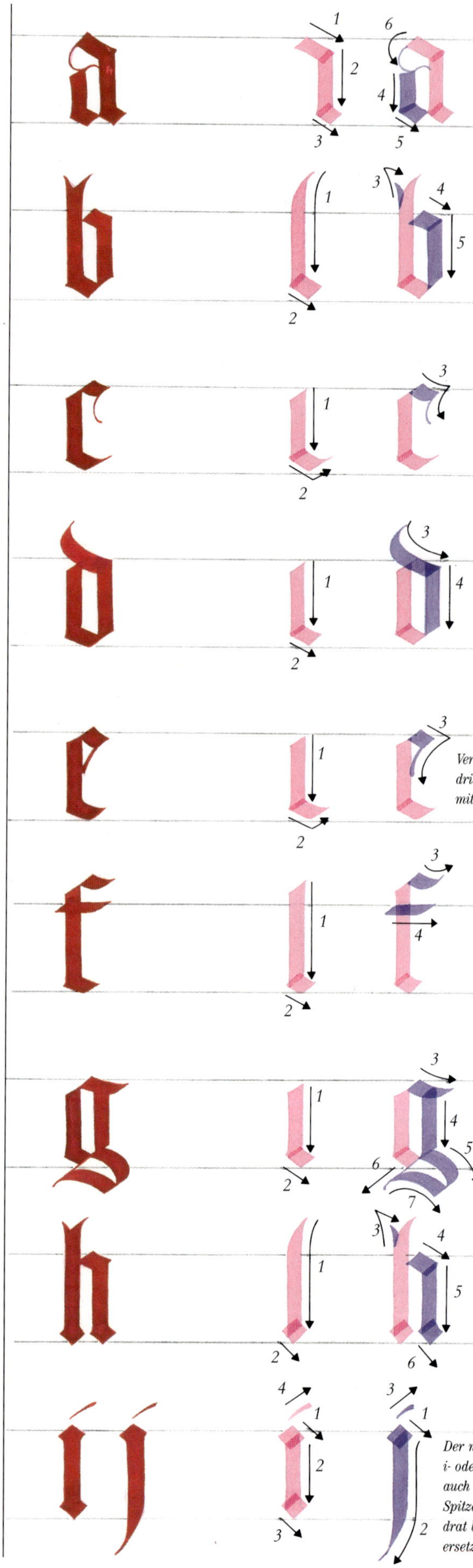

Der Bauch des a kann gerundeter sein.

Die letzte Schreibbewegung kann beim c in einem Haarstrich enden.

Verbinden Sie das dritte Element des e mit dem Schaft.

Das „Ohr" des g könnte auch in einer separaten Schreibbewegung hinzugefügt werden.

Der nach oben geführte i- oder j-Strich kann auch durch ein auf die Spitze gestelltes Quadrat bzw. eine Raute ersetzt werden.

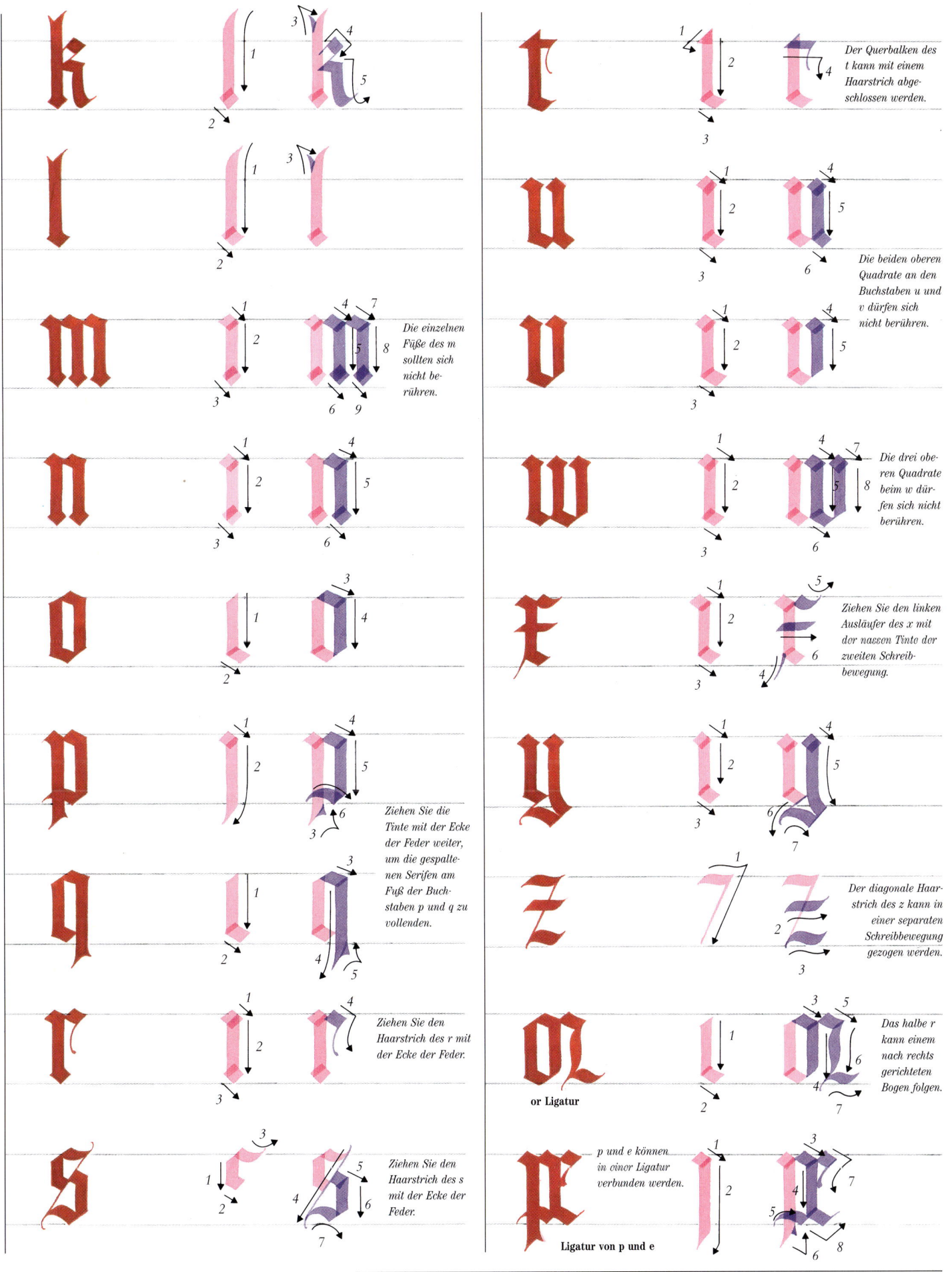

Die einzelnen Füße des m sollten sich nicht berühren.

Ziehen Sie die Tinte mit der Ecke der Feder weiter, um die gespaltenen Serifen am Fuß der Buchstaben p und q zu vollenden.

Ziehen Sie den Haarstrich des r mit der Ecke der Feder.

Ziehen Sie den Haarstrich des s mit der Ecke der Feder.

Der Querbalken des t kann mit einem Haarstrich abgeschlossen werden.

Die beiden oberen Quadrate an den Buchstaben u und v dürfen sich nicht berühren.

Die drei oberen Quadrate beim w dürfen sich nicht berühren.

Ziehen Sie den linken Ausläufer des x mit der nassen Tinte der zweiten Schreibbewegung.

Der diagonale Haarstrich des z kann in einer separaten Schreibbewegung gezogen werden.

Das halbe r kann einem nach rechts gerichteten Bogen folgen.

or Ligatur

p und e können in einer Ligatur verbunden werden.

Ligatur von p und e

53

in consilio impiorum: & in via pec
catorum non stetit: & in cathedra pe
stilentie non sedit:

Sed in lege domini voluntas eius:
& in lege eius meditabitur die ac nocte.
Et erit tanquam lignum qd plan
tatum est secus decursus aquarum:

Textura Prescissa

DER GEBRAUCH DER TEXTURA PRESCISSA *(Textualis Prescissa, Black Letter)* entspricht dem der Quadrata *(S. 50–51)*, und zwar sowohl in der Zeitspanne ihrer Verwendung als Buchschrift als auch in der Entwicklung ihrer Struktur. Für beide Schriften wurden sogar dieselben Großbuchstaben und Initialen benutzt *(S. 58–59)*. Der Hauptunterschied wird in der Beifügung der Prescissa ausgedrückt: „vel sine pedibus", d. h. „ohne Füße". Dies bezieht sich auf den geraden, sozusagen „beschnittenen" Abschluß von Mittellängen und Unterlängen.

Die eckigen Füße der Prescissa stehen im Gegensatz zu den quadratischen der Textura Quadrata.

EIN M DER TEXTURA PRESCISSA
Typisches Merkmal der Prescissa sind die geraden Füße.

DER WINDMÜHLEN-PSALTER
Der Windmühlen-Psalter entstand um 1290 in England. Die feine, filigrane Ornamentik auf diesem Folioblatt aus dem „Urteil des Salomon" wurde mit einer spitzen Feder gezeichnet. Beim Text bedingt der steile Ansatzwinkel der Feder die typischen eckigen Buchstaben mit kräftigen Quadraten und dicht nebeneinandergesetzten Mittellängen. Strichbreite und Negativräume innerhalb der Buchstaben entsprechen einander.

DER ORMESBY-PSALTER
Der Ormesby-Psalter wurde um 1300 in East Anglia geschrieben. Die Textura Prescissa wird hier etwas lockerer gestaltet als im Luttrell-Psalter.

DER LUTTRELL-PSALTER
Der Luttrell-Psalter wurde ungefähr um 1325–35 für einen reichen Grundherren in Lincolnshire geschrieben. Die meisterhafte Textur zeigt völlig regelmäßige, dichte Zeilen; jeder Strich ist klar und präzise. Die Mittellängen werden zur Basis hin breiter; dies könnte auf eine Drehung der Feder hinweisen *(S. 56–57)*.

BEIDE, DIE QUADRATA und die Prescissa, entwickelten sich aus der frühgotischen Schrift *(S. 46–47)* und stammen aus dem späten 12. Jahrhundert. Die Paläographen können nicht eindeutig feststellen, welche Form zuerst auftauchte. Es ist möglich, daß die Prescissa im südlichen England entstand und dann nach Frankreich gelangte, wo ihre Formen die Schreiber dazu inspirierten, die Quadrata zu entwickeln. Die Prescissa aber verdankt ihre Entstehung höchstwahrscheinlich dem kreativen Ausbruch eines kalligraphischen Virtuosen. Aus welchem Ursprung auch immer sie hervorgegangen sein mag: bald schon hatte diese Schrift ein höheres Prestige als die der frühen Gotik.

Eine exakte Schrift
Unter dem Gesichtspunkt des Schreibens war die Prescissa eine kühne Glanzleistung, denn ein Schreiber mußte außerordentlich geschickt sein, wenn er mit einer „schrägen" Feder Füße gestalten wollte, die in dieser Form eigentlich nur entstehen können, wenn man eine „gerade" Feder verwendet *(S. 56–57)*. Diese Schrift war sehr zeitaufwendig; das bedeutet, daß sie großformatigen, repräsentativen Büchern vorbehalten war.

Das halbe r wird verwendet, wenn es einem Bogen folgt.

Die quadratischen Köpfe sind für beide Texturschriften typisch.

DETAIL AUS DEM LUTTRELL-PSALTER.

piopter nomen tuum: quia fua

Textura Prescissa

DER HAUPTUNTERSCHIED zwischen der Quadrata und der Prescissa besteht darin, daß der Prescissa die quadratischen Füße bei den Buchstaben a, f, h, i, k, l, m, n, r, t und u fehlen. Die gespaltenen Oberlängen von b, h, k und l sind zurückgenommen oder gerade und eckig. Bei einer extremen Form der Schrift fehlt den Buchstaben a, c, d und e sogar die Basis. Der Verlauf der Grundlinie ist bei der Prescissa ausgeprägter als bei der Quadrata.

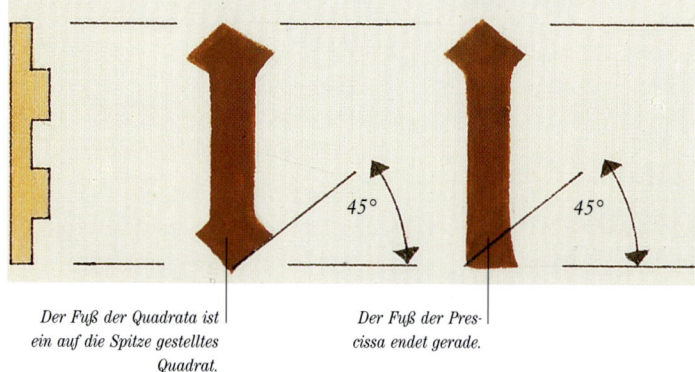

Der Fuß der Quadrata ist ein auf die Spitze gestelltes Quadrat.

Der Fuß der Prescissa endet gerade.

Gemeinsame Elemente

Einige Elemente sind der Quadrata und der Prescissa gemeinsam. Bei beiden hat die Mittellänge eine Höhe von ungefähr fünf Federbreiten, und beide werden mit einer „schrägen" *(gerade angeschnittenen)* Feder geschrieben. Für beide ist ein Ansatzwinkel von 45° üblich.

Ziehen Sie die Kontur des Fußes entlang der Grundlinie und dann nach oben zum Schaft.

Drehen Sie die Feder am unteren Ende des Schaftes um 45°.

Drehen Sie die Feder schon am oberen Ende des Schaftes.

Ausgefüllte Füße

Bei dem eckigen Fuß schreiben Sie den Schaft in einem Ansatzwinkel von 45°, dann zeichnen Sie die Kontur des Fußes, indem Sie die Tinte mit der Ecke der Feder weiterziehen.

Drehung der Feder

Eine zweite Methode besteht darin, die Feder in einer kurzen, schnellen Bewegung von 45° in die Horizontale zu drehen *(oben).*

Viele Schreibwerkzeuge sind für die Buchstaben der Prescissa geeignet, auch die Rohrfeder.

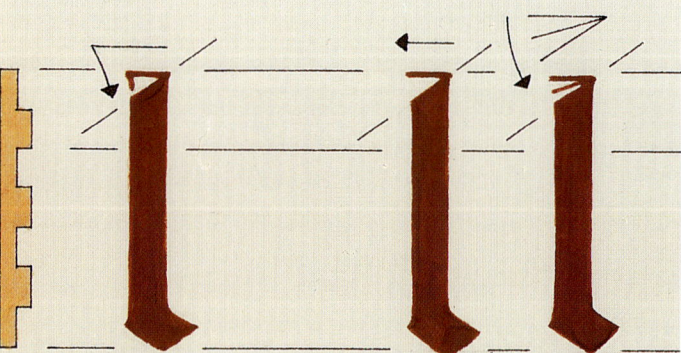

Gerade Serifen

Wie die eckigen Füße, so werden die geraden Serifen mit der Ecke der „schrägen" Feder gezeichnet. Man kann die Kontur der Serife mit der Ecke der Feder ziehen und dann mit Tinte ausfüllen *(oben links).* Man kann die Serife aber auch anfügen, indem man die Feder aus der Horizontalen auf der Höhe der Oberlänge zum 45°-Winkel des Schaftes hin dreht.

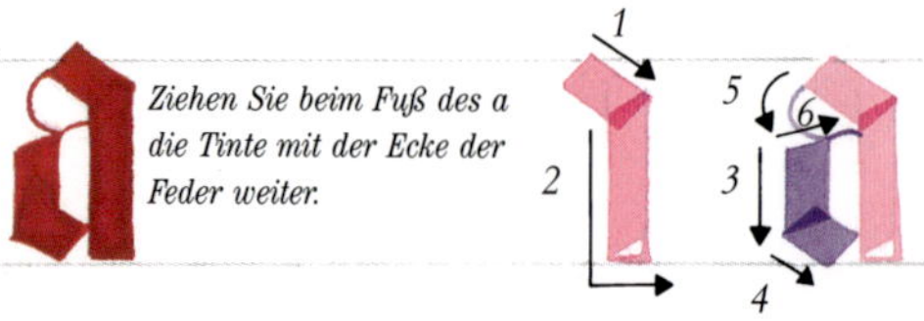

Ziehen Sie beim Fuß des a die Tinte mit der Ecke der Feder weiter.

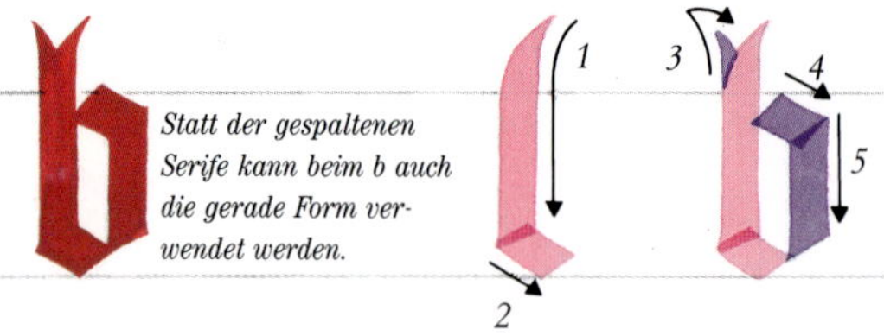

Statt der gespaltenen Serife kann beim b auch die gerade Form verwendet werden.

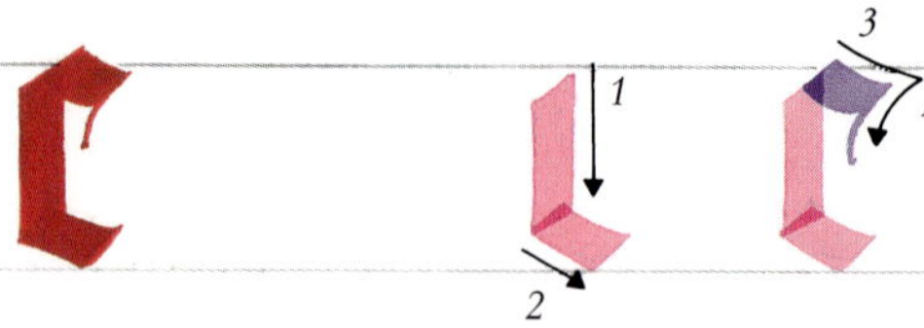

Das c kann mit einem Haarstrich abgeschlossen werden.

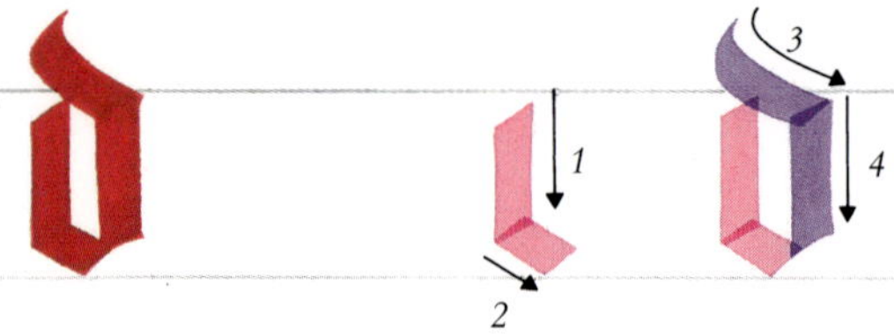

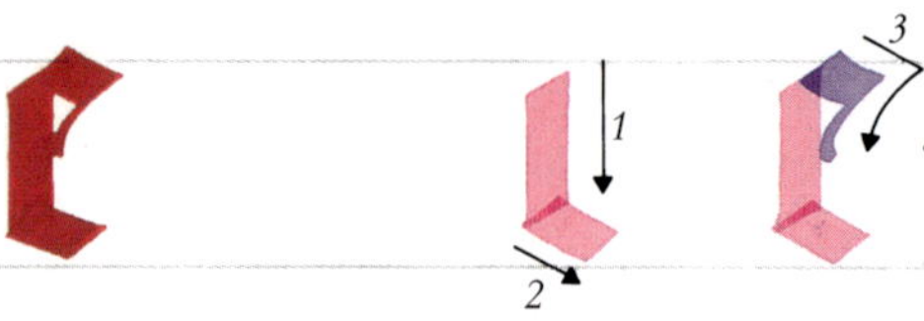

Der Haarstrich des e sollte den Grundstrich berühren.

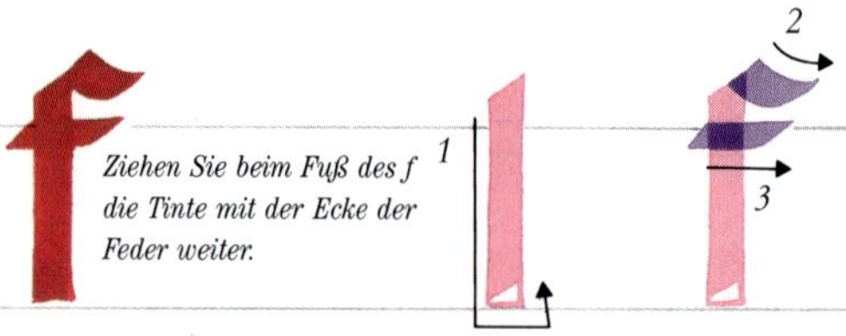

Ziehen Sie beim Fuß des f die Tinte mit der Ecke der Feder weiter.

Wenn Sie den Querstrich weglassen, erhalten Sie das lange s.

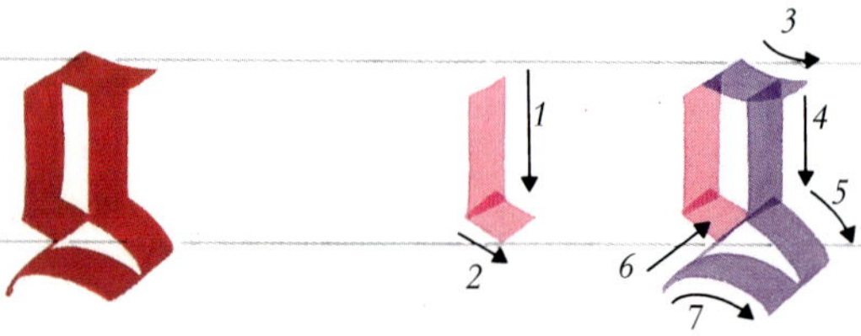

Der sechste und siebte Strich kann in einer Schreibbewegung erfolgen.

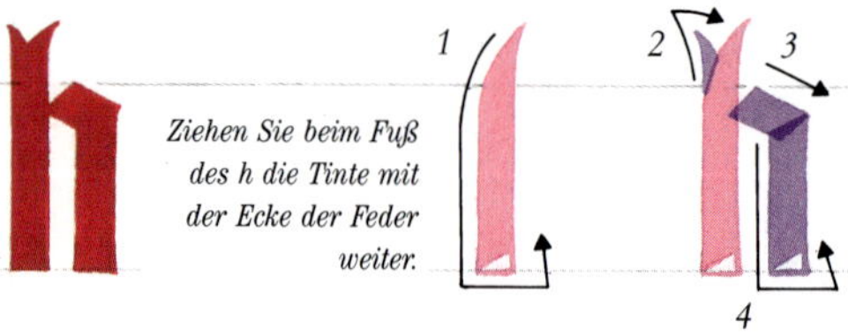

Ziehen Sie beim Fuß des h die Tinte mit der Ecke der Feder weiter.

Vollenden Sie die gespaltene Oberlänge des h mit der Ecke der Feder.

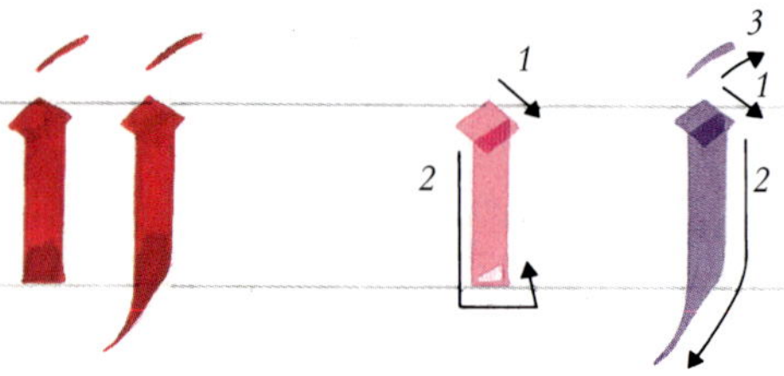

Als Alternative kann auch eine Raute als i- oder j-Punkt verwendet werden.

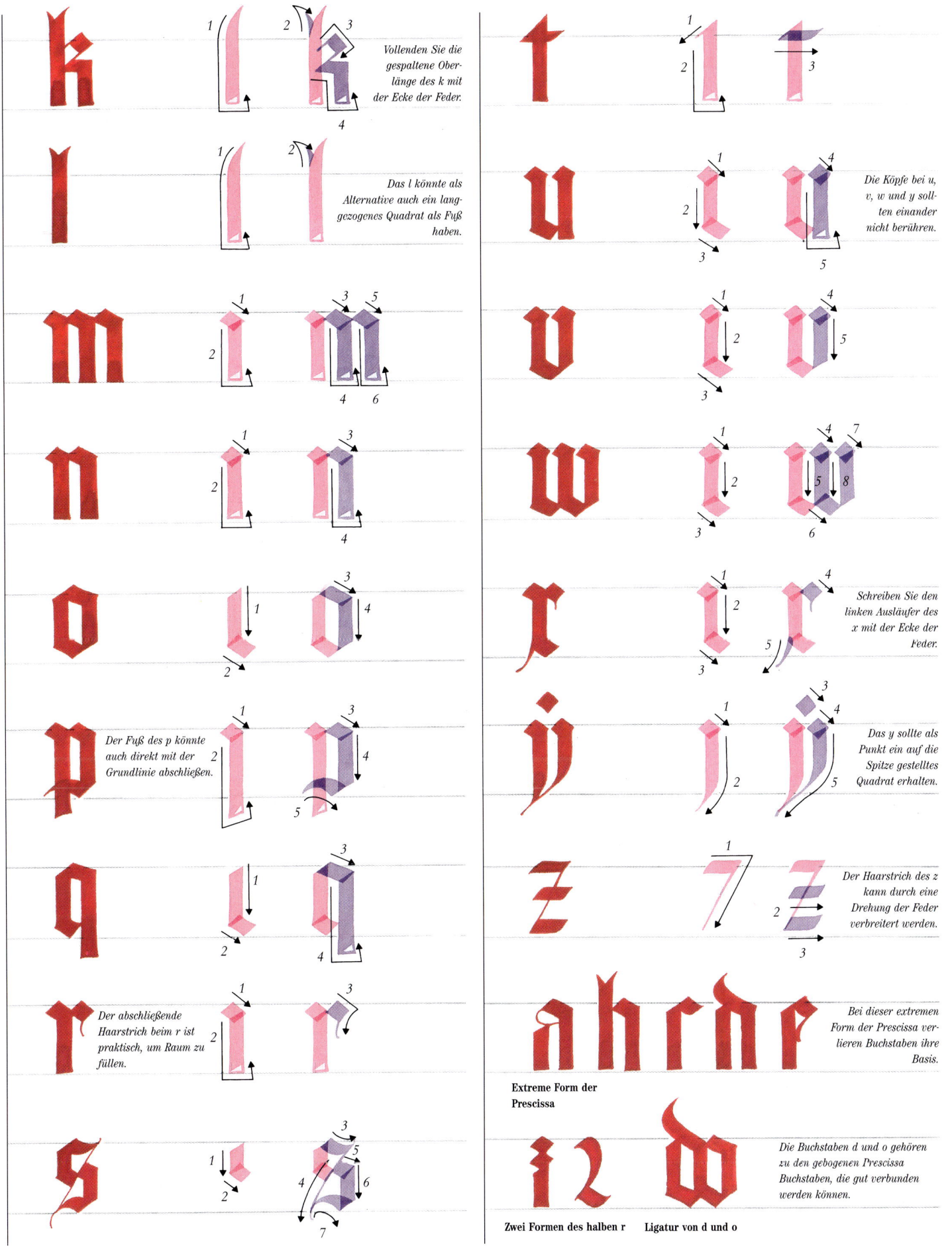

Vollenden Sie die gespaltene Ober-länge des k mit der Ecke der Feder.

Das l könnte als Alternative auch ein lang-gezogenes Quadrat als Fuß haben.

Die Köpfe bei u, v, w und y soll-ten einander nicht berühren.

Schreiben Sie den linken Ausläufer des x mit der Ecke der Feder.

Das y sollte als Punkt ein auf die Spitze gestelltes Quadrat erhalten.

Der Fuß des p könnte auch direkt mit der Grundlinie abschließen.

Der Haarstrich des z kann durch eine Drehung der Feder verbreitert werden.

Der abschließende Haarstrich beim r ist praktisch, um Raum zu füllen.

Bei dieser extremen Form der Prescissa ver-lieren Buchstaben ihre Basis.

Extreme Form der Prescissa

Die Buchstaben d und o gehören zu den gebogenen Prescissa Buchstaben, die gut verbunden werden können.

Zwei Formen des halben r   **Ligatur von d und o**

Gotische Großbuchstaben und Initialen

DER HAUPTUNTERSCHIED zwischen gotischen Großbuchstaben und Initialen besteht in ihrer Konstruktion: gotische Großbuchstaben werden in einzelnen Schreibbewegungen gestaltet, während Initialen aus mehreren Elementen regelrecht „aufgebaut" werden. Mit „Initial" wird hier ein einzelner Buchstabe bezeichnet, der größer ist als die Schrift im Text und der verwendet wird, um Überschriften, Kapitel oder den Beginn von Textabschnitten zu kennzeichnen. Die Größe des Initials und die Menge an Gold und Farbe, mit der es verziert wird, weisen auf den Rang hin, den ein solcher Buchstabe innerhalb des Textes einnimmt. Gotische Großbuchstaben sind zwar kleiner als Initialen, aber keineswegs schlichter mit ihrem reichen Schmuck an senkrechten und diagonalen Haarstrichen.

Wuchernde Verzierungen dieser Art bleiben auf Anfangsbuchstaben beschränkt oder auf Buchstaben in der ersten Zeile einer Textseite.

EIN GOTISCHES GROSSES P
Dekorative Diagonale und Haarstriche strukturieren die weiße Fläche in der Öffnung des Buchstabens und heben seinen Rang auf der Textseite. Bei diesem P wird die breite Diagonale durch zwei parallele Haarstriche darüber und darunter ergänzt.

IN GOTISCHEN TEXTEN erschienen zum ersten Mal Großbuchstaben und Minuskeln ein und derselben Schrift gemeinsam. Gotische Großbuchstaben, die dem gleichen Duktus folgten wie die Minuskeln *(S. 50–57)*, wurden innerhalb des Textes, am Satzanfang oder bei Eigennamen verwendet.

Bei wichtigen Sätzen oder Verszeilen wurden gotische Großbuchstaben häufig durch Initialen ersetzt. In ihrer einfachsten Form kann ein Initial aus der Kontur des Buchstabens bestehen, die mit Farbe ausgemalt ist. Raffiniertere Varianten erzählen Geschichten *(vgl. Bibel von Winchester, S. 46)*, enthalten tierähnliche Wesen *(vgl. Book of Kells, S. 28–29)* oder Pflanzenornamente *(vgl. Stundenbuch, S. 84)*. Die Verzierungen können aber auch abstrakt sein: Spiralen, Gitterwerk, ineinander verschlungene Knoten *(vgl. Lindisfarne-Evangeliar, S. 30–31)*.

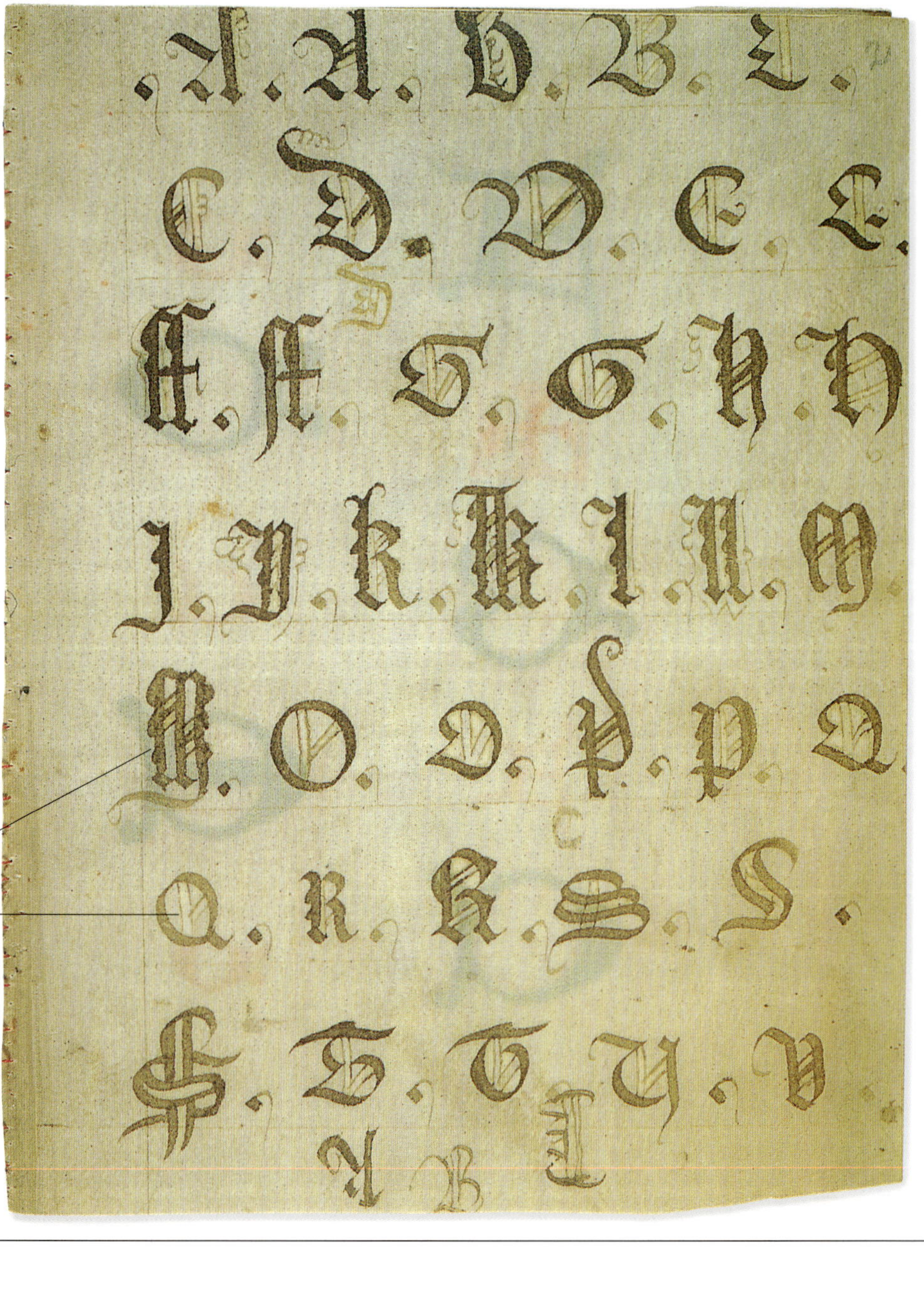

Vorstehende Wölbungen am Schaft heben den Buchstaben hervor.

Die Öffnung jedes Buchstabens ist mit vertikalen und diagonalen Haarstrichen verziert.

SCHRIFTMUSTER
Zwei Arten gotischer Großbuchstaben erscheinen in diesem unvollständigen Schriftmuster aus dem Jahre 1400. Obgleich diese Lettern nicht gerade die besten Beispiele für gotische Großbuchstaben sind, geht jede Schreibbewegung klar daraus hervor, und der heutige Kalligraph erhält nützliche Anhaltspunkte. Beachten Sie, wie der Schreiber einige der geschwungenen Buchstaben besonders betont, indem er einen extra Strich hinzufügt.

DIE BIBEL VON ST. VAAST

Die Bibel von St. Vaast entstand im nördlichen Frankreich im frühen elften Jahrhundert und ist ein Werk der franko-sächsischen Schule, die seit der Mitte des 9. Jahrhunderts Bücher von höchster Vollendung schuf. Auf den ersten Blick sieht es so aus, als sei das Manuskript zu einem späteren Zeitpunkt entstanden, so raffiniert ist die Gestaltung der Seite. Die Ornamentik von Flechtwerk und Knoten um das Initial herum verrät jedoch die sächsische Herkunft des Manuskripts.

Die Andeutung von Serifen mit Ecken zeigt, daß diese Großbuchstaben auf Formen der römischen Capitalis zurückgehen (S. 108–109).

Bei diesem Initial wurden E und T verbunden. (Diese Verbindung ist der Ursprung unseres modernen &-Zeichens.)

EINFACHES INITIAL

Diese Initialen sind wohl ausschlaggebend gewesen für das Schriftmuster *(gegenüber)*. Sie sind frei geschrieben: erst entstanden die Buchstaben, dann wurden die Ornamente hinzugefügt

Vorbilder für Initialen

Über Jahrhunderte hinweg wurden Initialen immer wieder auf der Basis unterschiedlicher Buchstabenformen gestaltet. Während der Gotik bildeten die Lombardischen Versalien *(S. 62–63)* die Grundlage. Sowohl in der Karolingischen Zeit als auch in der Renaissance war die Capitalis Monumentalis *(S. 108–109)* häufig das Vorbild. Die kunstvollsten Initialen, die es je gegeben hat, waren jene in den repräsentativen Manuskripten aus Northumbria im frühen Mittelalter *(S. 28–31)*. Diese Buchstaben basieren auf römischen und griechischen Formen und dem Runenalphabet.

„Cadels" – mit der Feder gezeichnete Zierbuchstaben

Ein zweites Vorbild spielte für Initialen eine wichtige Rolle: die Großbuchstaben der Bastarda *(S. 78–79)*. Sie wurden vergrößert und mit vielen Schnörkeln verziert, die man mit der Feder zeichnete. Im Englischen werden sie „Cadels" genannt.

MUSTERBUCH

Der Auftraggeber suchte sich aus solch einem Musterbuch – dieses stammt aus dem 12. Jahrhundert – die Initialen aus, die ihm gefielen. Diese Seite zeigt schon sehr genau ausgearbeitete Vorlagen.

Gotische Großbuchstaben

GOTISCHE GROSSBUCHSTABEN entsprechen in ihrem Duktus den Minuskeln *(S. 52–53, 56–57)* und werden ebenfalls mit der „schrägen" Feder geschrieben. Die Großbuchstaben sind jedoch offener und gerundeter als die streng formellen Minuskeln. Wenn beide Formen zusammen erscheinen, ergibt sich ein auffallender Kontrast. Die verzierten gotischen Großbuchstaben eignen sich nicht für ganze Wörter oder vollständige Textseiten.

Buchstabenhöhe
Die Höhe der gotischen Großbuchstaben beträgt ungefähr sieben Federbreiten, zwei mehr als die Höhe der Minuskeln.

Haarstriche
Der Negativraum innerhalb der Buchstaben wird durch den Gebrauch von Haarstrichen strukturiert, die man mit der Ekke der Feder zieht. Es gibt gewöhnlich einen oder zwei vertikale Haarstriche und jeweils einen diagonalen Haarstrich.

Die Wölbungen entstehen, wenn Sie die Feder in einer Schlangenlinie nach unten führen.

Die spitzen Formen ergeben sich, wenn Sie eine gezackte Linie nach unten ziehen.

Wölbungen und Zacken
Die Vertikalen der gotischen Buchstaben können durch Wölbungen und Zacken stärker betont und hervorgehoben werden, die an der linken Seite des Schaftes hervortreten. Verwenden Sie immer nur eine der beiden Formen und gestalten Sie sie möglichst gleichmäßig. Kalligraphen verwenden im allgemeinen drei Wölbungen oder Zacken.

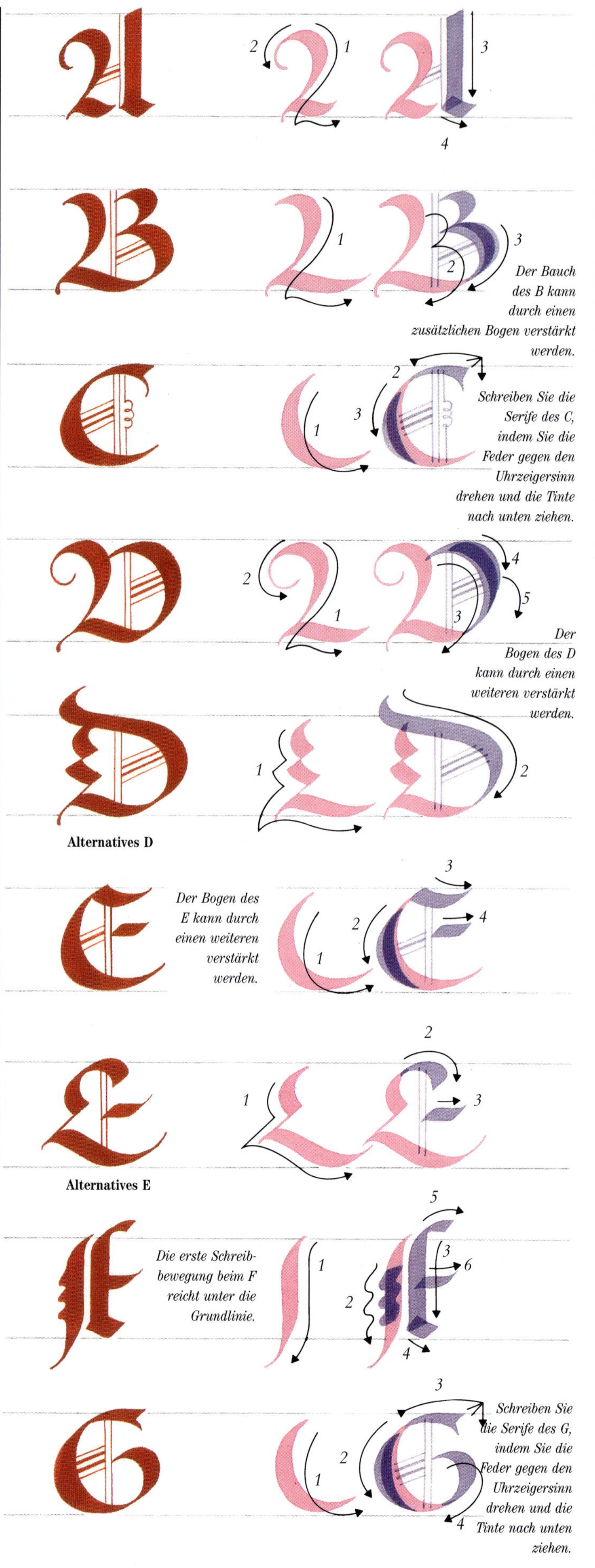

Der Ansatzwinkel für die spitzen, gezackten Formen beträgt 35°.

Der Bauch des B kann durch einen zusätzlichen Bogen verstärkt werden.

Schreiben Sie die Serife des C, indem Sie die Feder gegen den Uhrzeigersinn drehen und die Tinte nach unten ziehen.

Der Bogen des D kann durch einen weiteren verstärkt werden.

Alternatives D

Der Bogen des E kann durch einen weiteren verstärkt werden.

Alternatives E

Die erste Schreibbewegung beim F reicht unter die Grundlinie.

Schreiben Sie die Serife des G, indem Sie die Feder gegen den Uhrzeigersinn drehen und die Tinte nach unten ziehen.

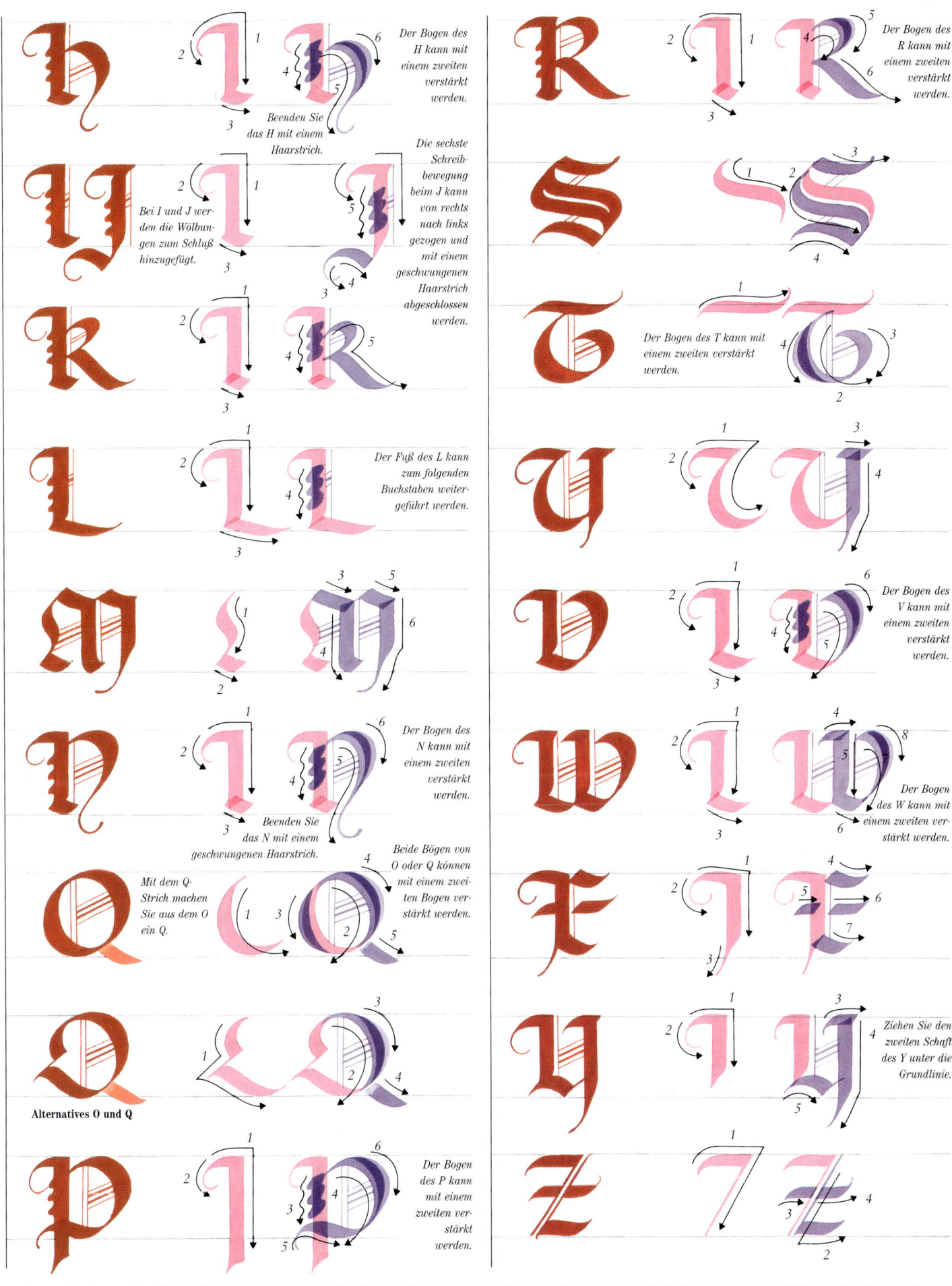

Der Bogen des H kann mit einem zweiten verstärkt werden.

Beenden Sie das H mit einem Haarstrich.

Bei I und J werden die Wölbungen zum Schluß hinzugefügt.

Die sechste Schreibbewegung beim J kann von rechts nach links gezogen und mit einem geschwungenen Haarstrich abgeschlossen werden.

Der Fuß des L kann zum folgenden Buchstaben weitergeführt werden.

Der Bogen des N kann mit einem zweiten verstärkt werden.

Beenden Sie das N mit einem geschwungenen Haarstrich.

Mit dem Q-Strich machen Sie aus dem O ein Q.

Beide Bögen von O oder Q können mit einem zweiten Bogen verstärkt werden.

Alternatives O und Q

Der Bogen des P kann mit einem zweiten verstärkt werden.

Der Bogen des R kann mit einem zweiten verstärkt werden.

Der Bogen des T kann mit einem zweiten verstärkt werden.

Der Bogen des V kann mit einem zweiten verstärkt werden.

Der Bogen des W kann mit einem zweiten verstärkt werden.

Ziehen Sie den zweiten Schaft des Y unter die Grundlinie.

61

Lombardische Versalien

LOMBARDISCHE VERSALIEN werden nicht in einem Zug geschrieben, sondern „aufgebaut" – ihre charakteristischen Kennzeichen sind gebogene Schäfte und lineare Serifen *(S. 58–59)*. Lombardische Lettern konnten im Zusammenhang ganzer Wörter und Sätze verwendet werden. Sie eigneten sich für die geschriebene Schrift ebensogut wir für Zierbuchstaben, und sie wurden auch in Stein gemeißelt. Bis zur Mitte des 11. Jahrhunderts hatte diese Schrift zunehmend an Beliebtheit gewonnen, und sie wurde erst durch die humanistischen Großbuchstaben im 16. Jahrhundert verdrängt *(S. 98–99)*. Während der Neogotik im 19. Jahrhundert jedoch erlebte sie in England unter dem Einfluß des Architekten und Designers A. W. N. Pugin eine Renaissance, und zwar vor allem als Inschrift bei Monumenten.

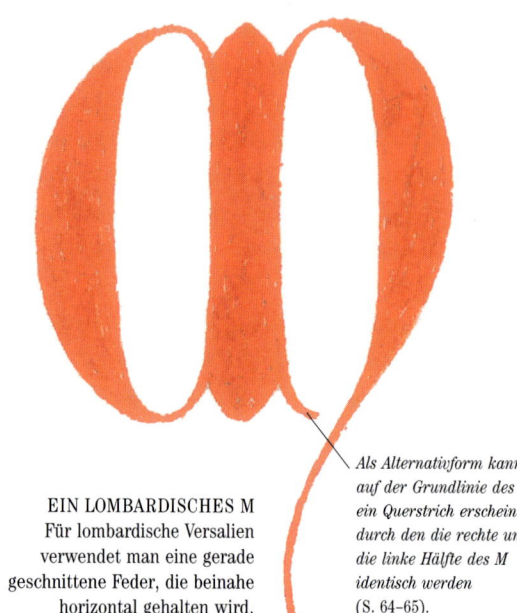

EIN LOMBARDISCHES M
Für lombardische Versalien verwendet man eine gerade geschnittene Feder, die beinahe horizontal gehalten wird.

Als Alternativform kann auf der Grundlinie des M ein Querstrich erscheinen, durch den die rechte und die linke Hälfte des M identisch werden (S. 64–65).

BEI MANCHEN FACHLEUTEN besteht ein gewisser Vorbehalt, diese Schrift als „lombardisch" zu bezeichnen, denn die Buchstaben haben eigentlich wenig mit der Lombardei im Norden Italiens zu tun. Über die Jahrhunderte hinweg aber wurde der Begriff von Kalligraphen, Typographen und Schriftexperten allgemein akzeptiert und für diesen besonderen Typus von Großbuchstaben verwendet, bei denen sich Elemente der Capitalis Monumentalis und der Unziale verbinden.

Eine vereinfachte Capitalis Monumentalis

Man kann die Lombardischen Versalien als vereinfachte, geschriebene Version der römischen Capitalis Monumentalis betrachten. Die vielfältigen Schreibbewegungen der Capitalis *(S. 110–119)* sind auf ein Minimum reduziert; dabei entstehen Buchstaben, die relativ leicht ausgeführt werden können *(S. 64–65)*. Die lombardische Schrift enthält gewöhnlich Unzialformen bei A, D, E, M und T *(S. 24–25)*.

Beim N werden Punkte verwendet, um den einzelnen Elementen mehr Gewicht zu verleihen.

Dieser Text ist in einer sehr schönen frühgotischen Schrift geschrieben (S. 46–47).

DIE BIBEL VON WINCHESTER
Die „Vision des Ezechiel", ein Text aus der Bibel von Winchester *(S. 46–47)*, enthält eine ganze Reihe sehr sorgfältig geschriebener Lombardischer Versalien. In Übereinstimmung mit anderen Werken aus der Mitte des 12. Jahrhunderts hat der Schreiber am Ende der Zeilen Wörter mit einer gewissen Sorglosigkeit getrennt; so wird zum Beispiel aus „INCIPIT EZECHIEL" „INCIPIT EZE/CHIEL". Die illuminierte Initiale zeigt den Traum des Ezechiel am Fluß Chobar. Die vier ineinandergreifenden Räder symbolisieren die vier Evangelisten.

Bei diesem frühen Beispiel eines historisierten Initials (S. 58/59) hat der Großbuchstabe I die Gestalt der Jungfrau Maria.

Dieser Text in Zierbuchstaben lautet: „IN NM DNI NRI IHU PS INCPT LIB SACRAMTR". Dies ist eine Abkürzung von: „IN NOMINE DOMINI NOSTRI JESU CHRISTI INCIPIT LIBER SACRA MATRIS".

DAS SAKRAMENTAR VON GELLONE

Dieser Text der Christmette stammt aus dem Norden Frankreichs und wurde im 8. Jahrhundert geschrieben. Die Buchstaben der Überschrift zeigen erste grobe Anfänge Lombardischer Versalien. Der Schreiber hat die Capitalis Monumentalis als Vorbild verwendet, und mit einer schmalen Feder zieht er den Umriß jedes Buchstabens in einem Strich. Die Buchstaben in den ersten drei Zeilen sind mit Verzierungen ausgefüllt. Die Wörter der Überschrift wurden beträchtlich verkürzt. In der zweiten Zeile wird die Abkürzung DNI für DOMINI mit einer Meerjungfrau gekennzeichnet statt mit dem üblichen horizontalen Strich.

„Aufgebaute" Buchstaben

Im Unterschied zu den meisten anderen Kapitalschriften, die in diesem Buch präsentiert werden, sind die Lombardischen Versalien nicht das Ergebnis der natürlichen Bewegung der Hand. Während jedes grundlegende Element der gotischen Großbuchstaben zum Beispiel in einer einzigen Schreibbewegung entsteht *(S. 60–61)*, geht ein Element der Lombardischen Versalien aus mehreren zusammengesetzten Schreibbewegungen hervor. Die Seiten der Schäfte biegen sich nach innen; hier führt man die Feder in der Horizontalen. Auch die linearen Serifen ergeben sich aus der horizontalen Federhaltung; sie sind im allgemeinen ein wenig konkav und werden dem Schaft hinzugefügt, ohne mit ihm so zu verwachsen, wie dies bei der Capitalis Monumentalis der Fall ist.

Verzierungen

Die Lombardischen Lettern bilden die Ausgangsbasis für viele Versalien *(S. 58–59)*, und nur die Phantasie des Schreibers ist es, die dann der Menge der Verzierungen Grenzen setzt *(S. 64)*. Werden die Lombardischen Versalien in Stein gemeißelt, so erfährt ihre Form – je nach Beschaffenheit der Oberfläche – eine Veränderung: die schmalen Serifen werden zum Beispiel verbreitert oder ganz weggelassen.

Unterhalb der Großbuchstaben des Titels beginnt das Kapitel mit rubrifizierten Unzialbuchstaben (S. 24–25).

Unter dem Kapitelanfang wurde der Text in einer Halbunziale geschrieben (S. 38–39), für die eine senkrechte Stellung der Buchstaben kennzeichnend ist.

Lombardische Versalien

ES GIBT KEIN HISTORISCHES Beispiel für ein vollständiges Alphabet Lombardischer Versalien. Die Buchstaben, die hier gezeigt werden, entstammen mehreren Quellen. Im Gegensatz zu den gotischen Großbuchstaben *(S. 60–61)* werden sie zum Schreiben ganzer Wörter und Sätze verwendet, daher ist es bei ihnen sehr wichtig, auf Einheitlichkeit zu achten.

Die konkave Linie der Serifen kann an jedem Ende mit einer dekorativen Rundung abgeschlossen werden.

Geschwungene Schäfte

Geschwungene Schäfte entstehen, wenn man zwei breite, geschwungene Vertikalen so setzt, daß sie einander überschneiden. Dann werden die horizontalen Haarstriche oben und unten hinzugefügt *(oben links)*. Präziser ist es, mit schmaler Feder die gesamte Kontur zeichnen und mit Tinte ausfüllen *(oben, Mitte).*

Verwenden Sie eine schmale Feder, um die dekorativen Rundungen an den Enden der Serifen hinzuzufügen.

Gerundete Buchstaben

Legen Sie bei den gerundeten Buchstaben zuerst die Form fest, indem Sie entweder den äußeren oder den inneren Bogen zuerst ziehen. Oft erweist es sich als günstiger, mit dem inneren zu beginnen *(vgl. Buchstabe O, gegenüber).*

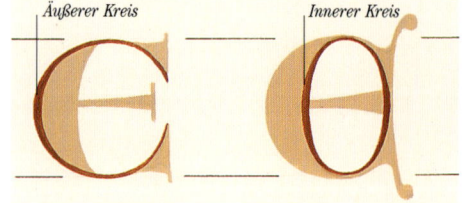

Äußerer Kreis   *Innerer Kreis*

Erweiterte und komprimierte Buchstaben

Wenn Sie entschieden haben, wie weit oder komprimiert die Buchstaben sein sollen, können Sie die innere Negativform als Anhaltspunkt benutzen. Komprimierte Buchstaben haben kürzere Serifen als weite Buchstaben. Bögen können völlig gerundet oder spitz sein.

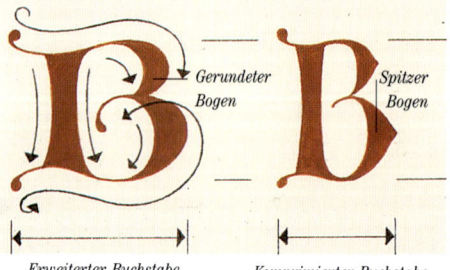

Gerundeter Bogen   *Spitzer Bogen*

Erweiterter Buchstabe   *Komprimierter Buchstabe*

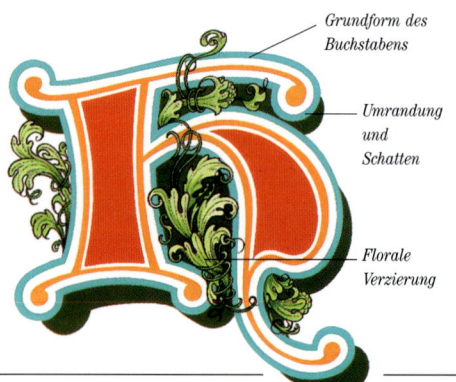

Grundform des Buchstabens

Umrandung und Schatten

Florale Verzierung

Zierbuchstaben

Seit dem 12. Jahrhundert wurden die Lombardischen Versalien häufig reich verziert, wenn man sie als Schmuckbuchstaben verwendete. Dabei reicht die Skala der Möglichkeiten von einfachen, zusätzlichen Linien bis hin zu aufwendigen vergoldeten und farbigen Illustrationen.

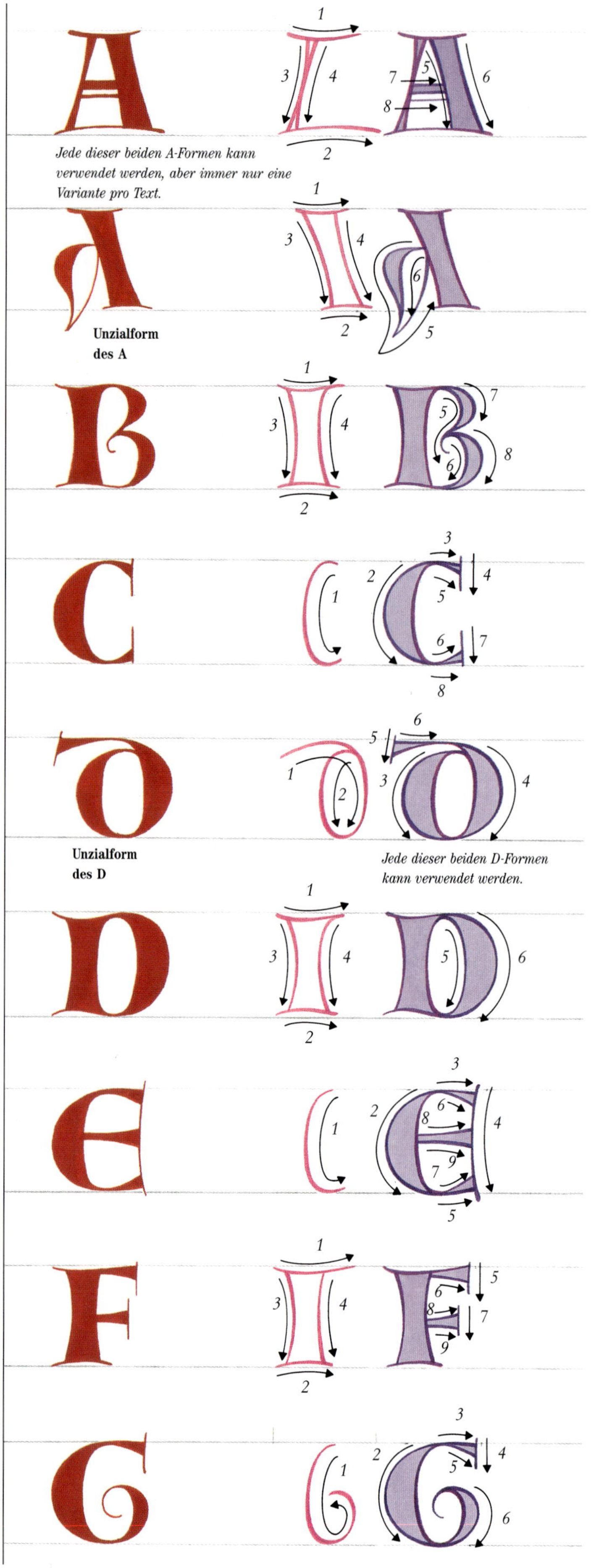

Jede dieser beiden A-Formen kann verwendet werden, aber immer nur eine Variante pro Text.

Unzialform des A

Unzialform des D

Jede dieser beiden D-Formen kann verwendet werden.

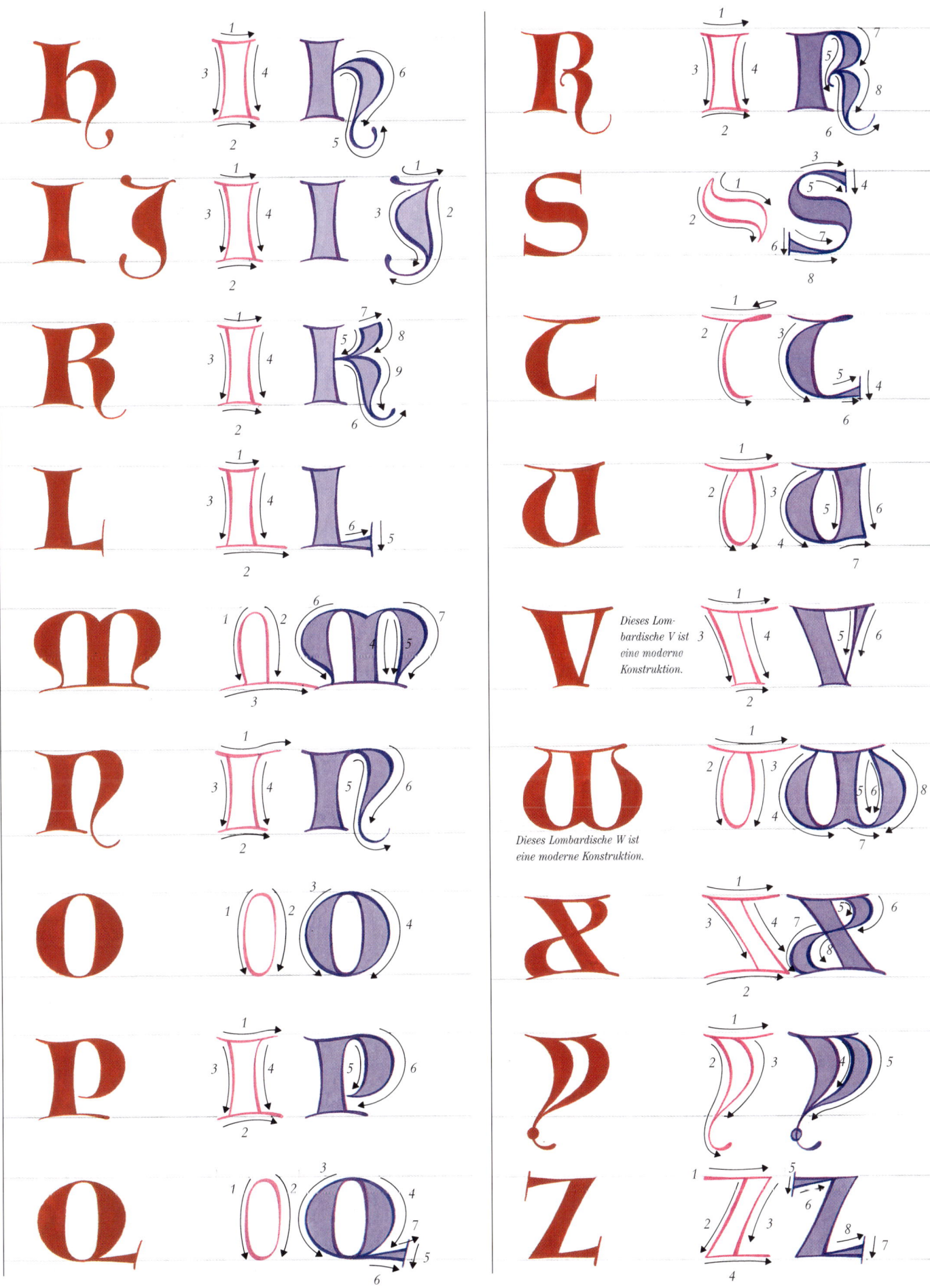

Dieses Lom-
bardische V ist
eine moderne
Konstruktion.

Dieses Lombardische W ist
eine moderne Konstruktion.

Bastarda

JE FORMELLER EINE Buchschrift ausgeprägt war, um so größer ist in der Geschichte immer das Bedürfnis nach einer praktischen Schreibschrift als Ergänzung gewesen. So, wie im 8. Jahrhundert die Insulare Majuskel die Insulare Minuskel hervorbrachte (S. 28–37), so bedingten die repräsentativen Texturschriften des 13. Jahrhunderts (S. 50–57) die Entstehung von Parallelschriften für die weniger anspruchsvollen Alltagsgeschäfte. Eine Reihe von komplementären – sowohl regionalen als auch nationalen – Kursivvarianten entstand, und diese entwickelten sich bald zu ausgeformten, selbständigen Schreibschriften. Sie werden unter dem Oberbegriff „Bastarda" zusammengefaßt; diese Bezeichnung weist auf ihre Herkunft sowohl aus der Kursiven als auch aus der Textur hin.

Der obere Schwung des W sollte nicht die Höhe der Mittellänge überschreiten.

EIN W DER BASTARD SECRETARY
Das w erreicht die Höhe der Oberlänge; Groß- und Kleinbuchstabe sind hier identisch.

DIE GOTISCHE KURSIVSCHRIFT

(S. 34–35) war in England gegen Ende des 12. Jahrhunderts für den Gebrauch bei Dokumenten wiederentdeckt worden. Obgleich die Geschwindigkeit der wesentliche Aspekt war, sollte die Schrift auch eindrucksvoll aussehen: die Bögen und die verbundenen Buchstaben lassen dies deutlich werden. Die französische Form der Kursiven, die sogenannte „Kanzleischrift", gelangte am Ende des 14. Jahrhunderts nach England und Deutschland. Als dann Elemente der Textur einbezogen wurden, entstand daraus die Mischform der „Bastarda".

Illuminierter Rand und Versalie sind typisch für englische Manuskripte aus dem 15. Jahrhundert.

Diese abwärts geneigte Form ist als „Elefantenrüssel" bekannt.

Die Füße der Mittelhöhen sind nach oben gerichtet.

Der horizontale Strich über dem Et-Zeichen weist auf die Abkürzung eines Wortes hin.

MITTELALTERLICHES KANE-MANUSKRIPT
Diese frühere Übersetzung von „Meditations on the Life of Christ" des hl. Bonaventura stammt auch von Nicholas Lowe. In dieser Version von 1430 verwendet der Schreiber beim Wort „the" sowohl das angelsächsische „Thorn"-Zeichen als auch das moderne „th". Die Serifen am Fuß der Mittelhöhen sind nach oben gerichtet und nicht gebrochen, wie dies bei der Bastarda des „Adam und Eva"-Textes der Fall ist (gegenüber).

MEDITATIONEN ÜBER DAS LEBEN CHRISTI
Diese Manuskriptseite zeigt die mittelenglische Übersetzung, die Nicholas Lowe von einem populären lateinischen Werk des 13. Jahrhunderts angefertigt hat, das dem hl. Bonaventura zugeschrieben wird. Die Seite stammt von etwa 1450 und ist eine von 49 Versionen des Textes, die bekannt sind. Die Schrift enthält das angelsächsische „Thorn"-Zeichen: ein Buchstabe, der einem y ähnelt und dem als Laut das „th" entspricht (S. 68–69). Dieses Zeichen war bis ins 16. Jahrhundert in Gebrauch.

Das angelsächsische „Thorn"-Zeichen wird im gesamten Text verwendet.

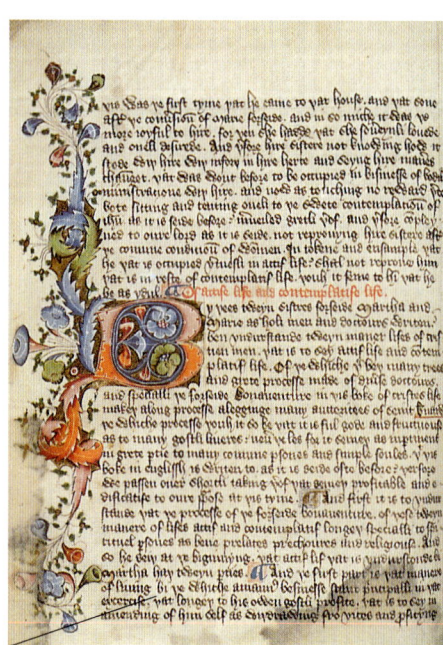

Französische und deutsche Varianten

Es gibt bestimmte Kennzeichen, aufgrund derer man Bastarda-Schriften im Hinblick auf ihre Nationalität identifizieren kann. Bei der französischen Variante zum Beispiel fallen besonders das f und das lange s auf – sozusagen als kalligraphische Leckerbissen (S. 70 – 71). Für die frühen deutschen Kursivschriften sind kräftige, weite Mittelhöhen und hohe Ober- und Unterlängen typisch. Als in diese Schriften im ausgehenden 15. Jahrhundert Züge der Textur integriert wurden, gingen daraus die Fraktur und die Schwabacher mit ihren „gebrochenen" Buchstabenformen hervor (S. 74 – 75).

Englische Charakteristika

In englischen Vorlagen ist es der Buchstabe w, der besonders auffällt – bei Groß- und Kleinbuchstaben wird dieselbe eindrucksvolle geschwungene Form verwendet (gegenüber). Ein weiteres Kennzeichen ist der lange, nach unten gerichtete Abschluß der Oberlängen, der manchmal auch als „Elefantenrüssel" bezeichnet wird. Im allgemeinen hat die englische Bastarda eine eher ruhige und nüchterne Tendenz – ohne die subtilen Verschiebungen des Federwinkels, die ihr französisches Gegenstück charakterisieren. Daher war sie sehr praktisch in der Anwendung und hielt sich lange als Urkundenschrift. Sie wurde bis ins 18. Jahrhundert hinein verwendet.

ADAM UND EVA
Dieser Text der Geschichte von Adam und Eva wurde um 1415 auf englisch geschrieben. Die feinen, senkrechten Buchstaben lassen vermuten, daß sie mit einer schräg angeschnittenen Feder geschrieben wurden. Das deutlich hervorgehobene w und die „Elefantenrüssel" mit ihrem kühnen Schwung entsprechen bester englischer Bastarda-Tradition.

Der Text enthält eine Reihe von Großbuchstaben, deren Duktus mit dem der übrigen Schrift identisch ist.

Die beeindruckende Höhe und die geschwungene Form machen das Bastarda-„W" zum auffallendsten Buchstaben der Textseite.

DETAIL AUS „ADAM UND EVA"
Bei diesem aufschlußreichen Detail ermöglicht es uns ein Spalt in der Feder, die beiden Seiten jedes Strichs genau zu erkennen. Beachten Sie besonders den Buchstaben f, der in einer einzigen Schreibbewegung entsteht; die Feder beginnt in der Vertikalen, wird dann in der Mitte des Schaftes um 30° gedreht, bevor sie bei der Unterlänge wieder in die vertikale Position zurückkehrt.

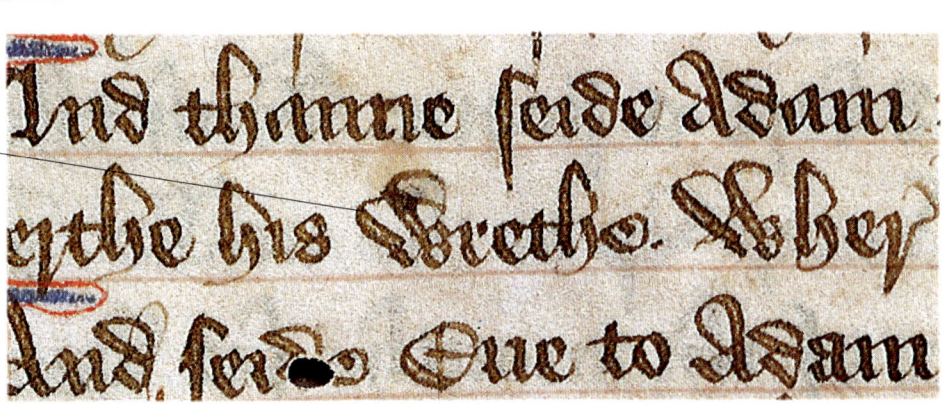

Bastarda

BEIM SCHREIBEN DER BASTARDA wird die Feder nur selten abgesetzt, und Buchstaben können miteinander verbunden werden. Die Oberlängen werden ergänzt durch kräftige, diagonal nach unten geführte Elemente, die sogenannten „Elefantenrüssel". Sie werden zur rechten Seite des Schaftes in einem Winkel von 45° angesetzt. Sie entsprechen den nach unten gerichteten diagonalen Elementen beim Fuß der Mittelhöhen.

Der Federwinkel für die „Elefantenrüssel" sollte den gesamten Text hindurch derselbe sein.

Der Fortsatz des h wird gewöhnlich zur linken Seite des Buchstabens, beinahe parallel zur Grundlinie, hinübergezogen.

Schlüsselbuchstabe
Es empfiehlt sich, beim Üben der Bastarda mit dem h zu beginnen. Es hat sowohl den „Elefantenrüssel", der von der Oberlänge beinahe bis an die Mittelhöhe heranreicht, als auch den charakteristischen Abstrich am Fuß des Schaftes.

Nach oben verlaufender Bogen
Mit seinem geschwungenen Haarstrich ist das d einer der auffallendsten Buchstaben dieser Schrift. Wenn Sie die untere Rundung vollendet haben, beschreiben Sie einen großen Bogen, indem Sie die Feder mit Schwung nach oben schieben.

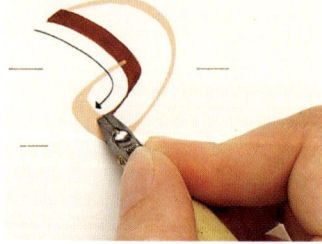

Die abwärts gerichtete Diagonale
Ziehen Sie – ohne dabei die Feder abzusetzen – eine abwärts gerichtete Diagonale und schwingen Sie sie nach links, wo sie auf die Mitte der unteren Rundung trifft. Diese Form entspricht der Rundung des oberen Bogens.

Grundelemente
Der Federwinkel für diese Schrift beträgt ungefähr 40°–45°, und im allgemeinen verwendet man eine gerade geschnittene Feder. Die Mittelhöhe beträgt vier Federbreiten, für die Oberlängen kommen vier weitere hinzu.

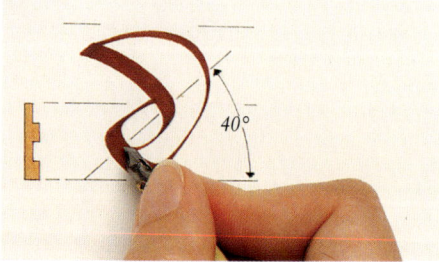

40°

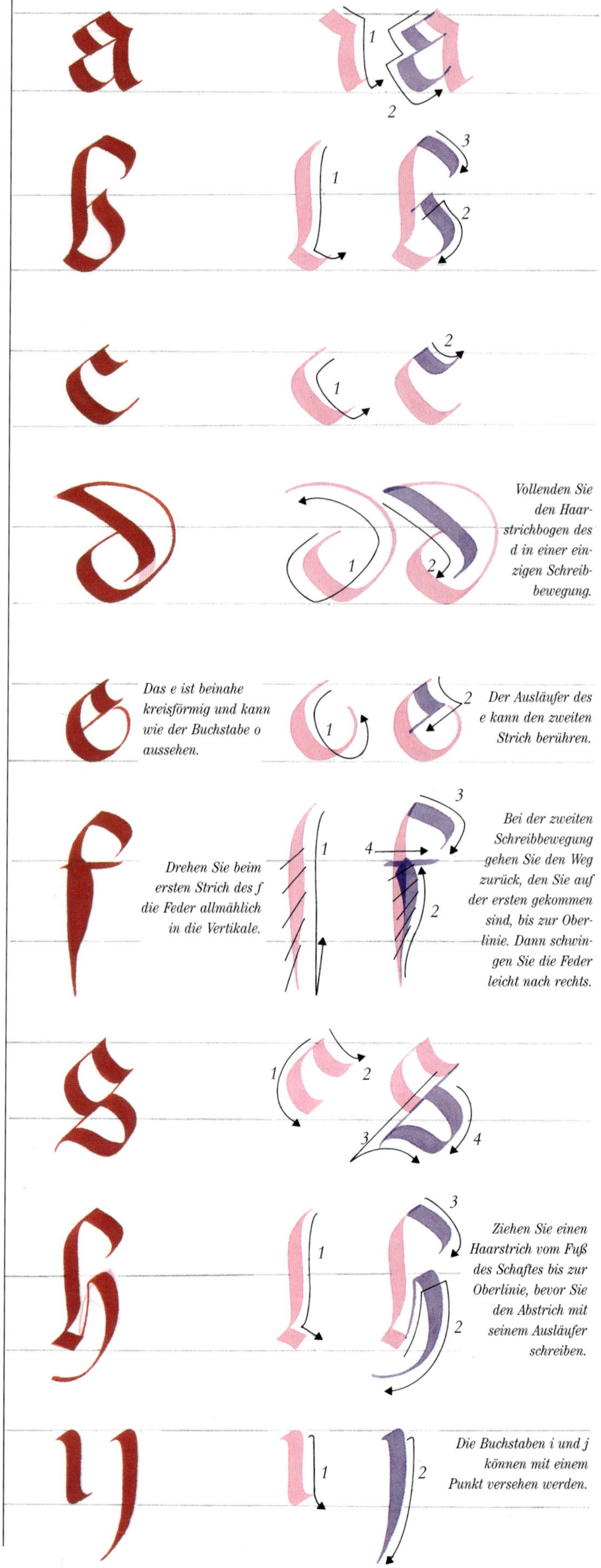

Vollenden Sie den Haarstrichbogen des d in einer einzigen Schreibbewegung.

Das e ist beinahe kreisförmig und kann wie der Buchstabe o aussehen.

Der Ausläufer des e kann den zweiten Strich berühren.

Drehen Sie beim ersten Strich des f die Feder allmählich in die Vertikale.

Bei der zweiten Schreibbewegung gehen Sie den Weg zurück, den Sie auf der ersten gekommen sind, bis zur Oberlinie. Dann schwingen Sie die Feder leicht nach rechts.

Ziehen Sie einen Haarstrich vom Fuß des Schaftes bis zur Oberlinie, bevor den Abstrich mit seinem Ausläufer schreiben.

Die Buchstaben i und j können mit einem Punkt versehen werden.

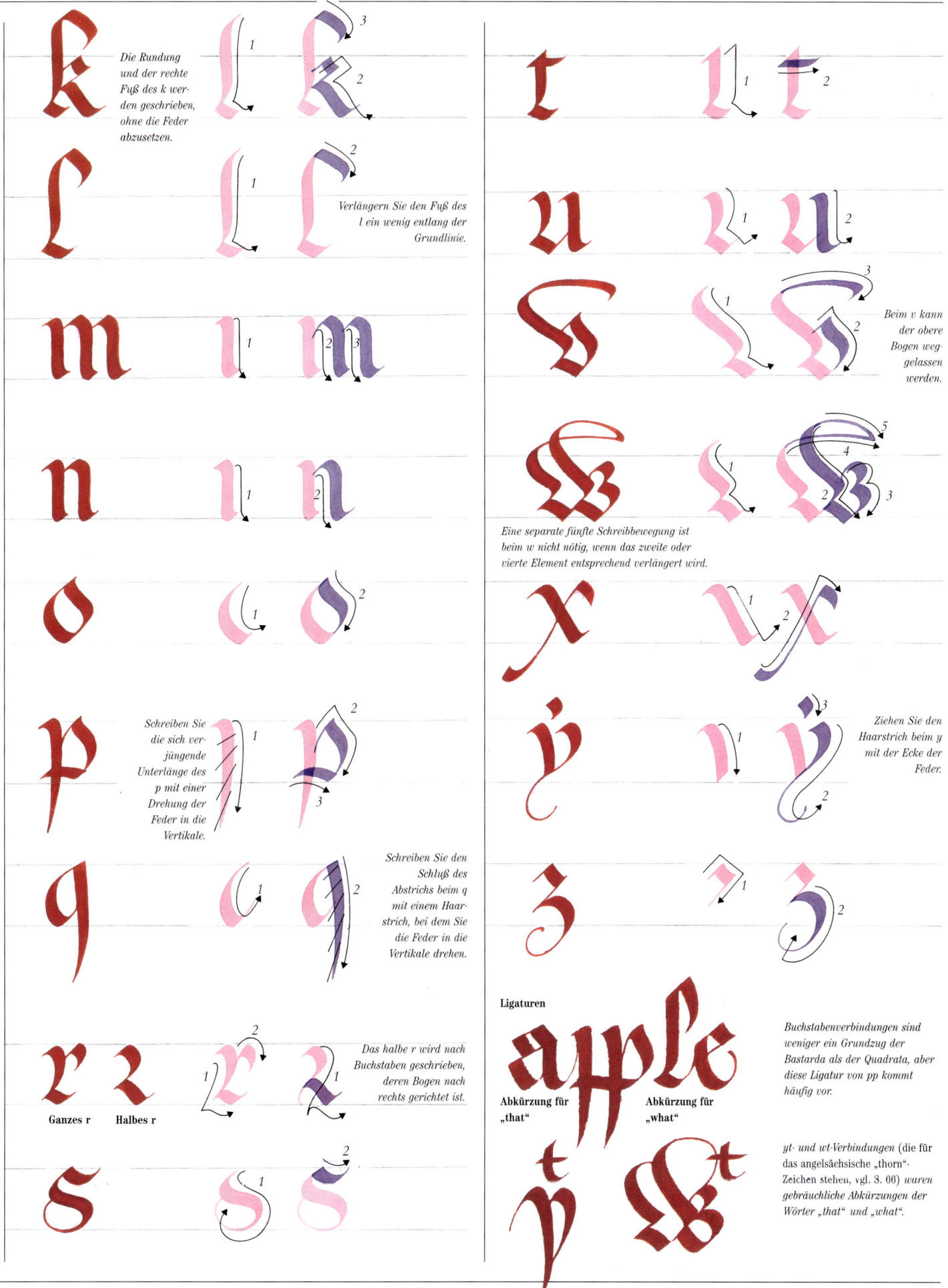

Die Rundung und der rechte Fuß des k werden geschrieben, ohne die Feder abzusetzen.

Verlängern Sie den Fuß des l ein wenig entlang der Grundlinie.

Schreiben Sie die sich verjüngende Unterlänge des p mit einer Drehung der Feder in die Vertikale.

Schreiben Sie den Schluß des Abstrichs beim q mit einem Haarstrich, bei dem Sie die Feder in die Vertikale drehen.

Das halbe r wird nach Buchstaben geschrieben, deren Bogen nach rechts gerichtet ist.

Ganzes r   **Halbes r**

Beim v kann der obere Bogen weggelassen werden.

Eine separate fünfte Schreibbewegung ist beim w nicht nötig, wenn das zweite oder vierte Element entsprechend verlängert wird.

Ziehen Sie den Haarstrich beim y mit der Ecke der Feder.

Ligaturen

Abkürzung für „that"   **Abkürzung für „what"**

Buchstabenverbindungen sind weniger ein Grundzug der Bastarda als der Quadrata, aber diese Ligatur von pp kommt häufig vor.

yt- und wt-Verbindungen (die für das angelsächsische „thorn"-Zeichen stehen, vgl. S. 00) waren gebräuchliche Abkürzungen der Wörter „that" und „what".

Bâtarde

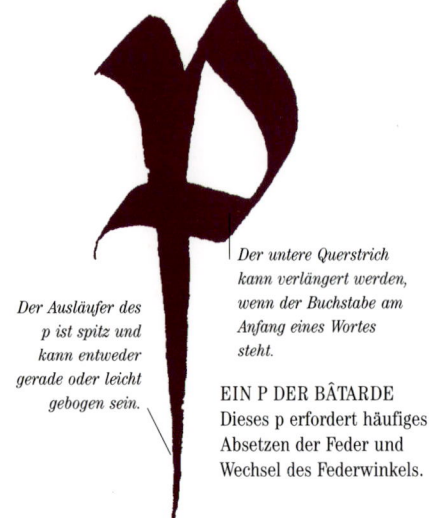

DIE BÂTARDE *(Lettre Bourguignonne)* ist die französische Entsprechung der englischen „Bastard Secretary“ *(S. 66–67)*. Sie entstand Ende des 13. Jahrhunderts und wurde bis zur Mitte des 16. Jahrhunderts verwendet. Aus einer – von der Hierarchie der Schriften her gesehen – niedrigstehenden kursiven Mischform entwickelte sie sich zu einer anspruchsvollen, selbständigen Formalschrift. Um die Mitte des 15. Jahrhunderts erreichte die Bâtarde ihre raffinierteste Ausprägung, und dies zu einer Zeit, da die Popularität des gedruckten Buches bei einer neuen Gruppierung im Gefüge der damaligen Gesellschaft zunahm. In dieser Form war sie am Hofe von Burgund besonders beliebt; daher auch als „Lettre Bourguignonne“ bekannt.

Der Ausläufer des p ist spitz und kann entweder gerade oder leicht gebogen sein.
Der untere Querstrich kann verlängert werden, wenn der Buchstabe am Anfang eines Wortes steht.

EIN P DER BÂTARDE
Dieses p erfordert häufiges Absetzen der Feder und Wechsel des Federwinkels.

MITTE DES 15. JAHRHUNDERTS wandte sich die Buchillustration in Frankreich von den mittelalterlichen, stilisierten Formen ab und wurde naturalistischer. Die Bastarda, die für handgeschriebene Bücher verwendet wurde, entfernte sich von der gotischen Tradition – die Buchstaben wurden leichter und schienen auf der Seite zu tanzen. Zum Teil wurde diese Wirkung dadurch erreicht, daß man den Federwinkel beim Schreiben eines jeden Buchstabens mehrfach veränderte. Nach jedem Wechsel kehrte der Schreiber zum grundlegenden Duktus zurück und konnte auf diese Weise eine rhythmische Harmonie auf der gesamten Textseite erreichen. Dies wird in der Froissard-Chronik *(gegenüber)* besonders deutlich. Bei anderen Varianten der Bâtarde jedoch – wie bei dem Stundenbuch *(rechts)* – entsteht die Harmonie des Textes statt dessen dadurch, daß der gleiche Federwinkel immer beibehalten wird.

36

Gloria patri. ps leuaui
Euaui oculos meos i
montes unde ueniet
auxilium michi
Auxilium meũ a dño
qui fecit celum et terram
Non det in commotione
pedem tuum neq; dormitet
qui custodit te
Ecce nõ dormitabit neq;
dormiet qui custodit israel
Dñs custodit te dñs ptectio
tua sup manũ dexterã tuã.
Per diem sol non uret te
neq; luna per noctem

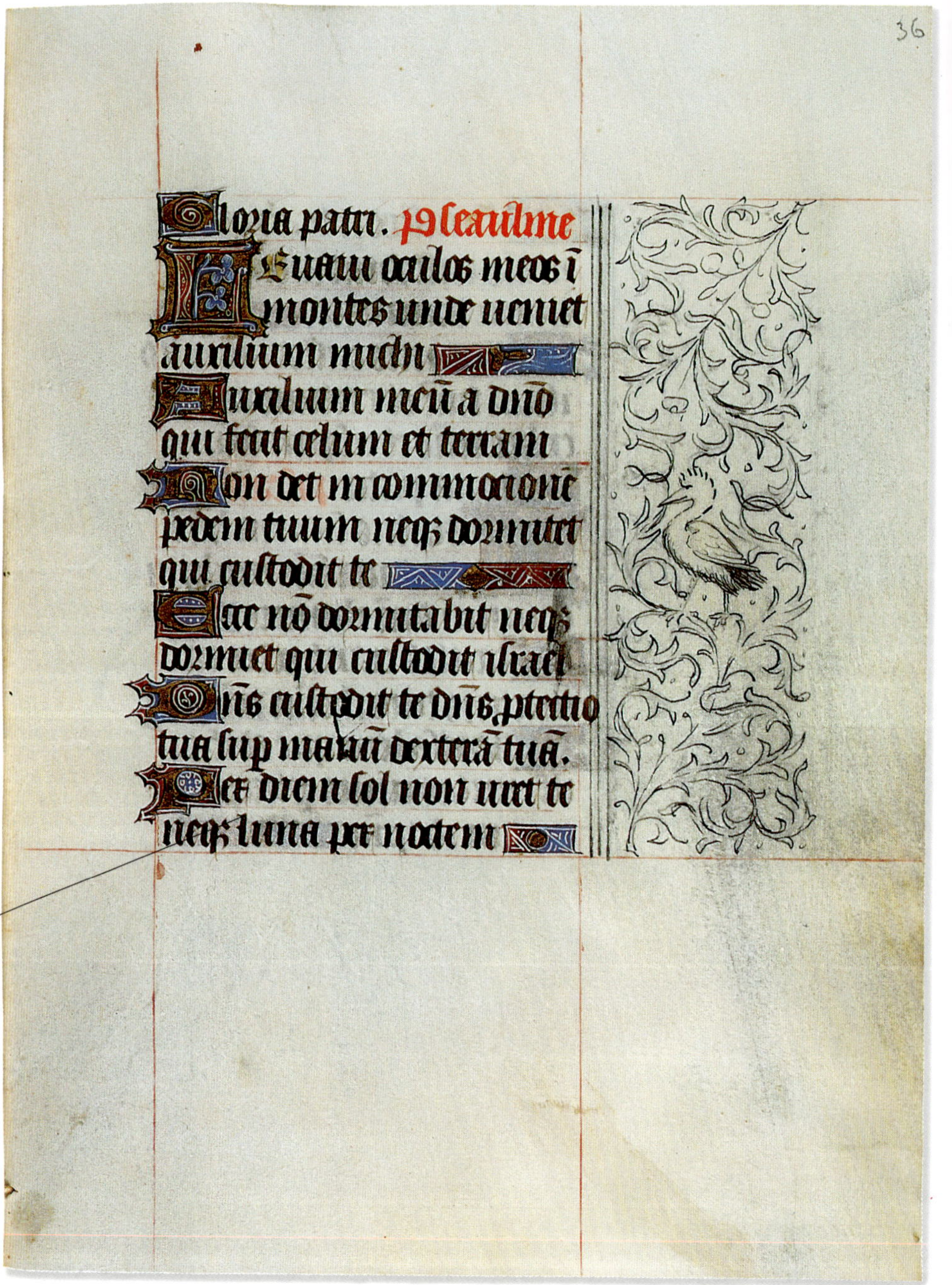

Die gespaltenen Oberlängen gehören zu den Merkmalen der gotischen Textur, die sich in dieser Bastarda gehalten haben.

STUNDENBUCH
Diese Seite stammt aus einem kleinen Gebetbuch, das um 1470 für die wohlhabende Familie der Poligny geschrieben wurde. Die gotische Herkunft der Schrift ist offensichtlich: die Oberlängen sind gespalten, die Unterlängen gemäßigt und die Mittellängen enden mit einem Fuß, der an die Abschlüsse der Quadrata erinnert *(S. 50–51)*. Die Gesamtstruktur steht dem dichten Gewebe der gotischen Textur näher als der lichten Harmonie einer reinen Bâtarde, so wie zum Beispiel die Schrift der Chronik von Froissart *(gegenüber)*.

DIE FROISSART-CHRONIK

Dies ist eine Kopie der Chronik von Jean Froissart aus dem 14. Jahrhundert. Ein hinreißendes Buch – es hat ein modernes Erscheinungsbild, das teilweise auf die Proportionen von Text und Rand zurückzuführen ist, teilweise aber auch auf die Zurückhaltung in der Ausschmückung. Die Füße der Mittellängen enden ganz schlicht, und die Schrift ist insgesamt kursiver gehalten als die, die im Stundenbuch verwendet wurde *(gegenüber)*.

DETAIL AUS DER FROISSART-CHRONIK

Das Initial C ist mit einem sogenannten „Cadel“, einem Schmuckbuchstaben, verziert *(S. 80–81)*. Die Spitzen oben am g, die wie Hörner aussehen, ähneln denen bei einem g einer weiteren gotischen Schrift, der Fraktur *(S. 76–77)*. Sowohl das halbe als auch das ganze r werden im Text verwendet..

Die Rechtsneigung des Buchstabens f ist eines der typischsten Kennzeichen der Bâtarde.

VITA CHRISTI-SEITE

Diese Seite aus „La Vengeance de la Mort Ihesa“ beinhaltet den rubrifizierten Prolog zum Haupttext, der mit einem Initial beginnt. Das Buch stammt von 1479 und wurde von David Aubert aus Gent geschrieben, dem Schreiber Philipps des Guten, Herzog von Burgund. Die Illustration stellt dar, wie der Schreiber seinem Auftraggeber das Buch überreicht.

Vita Christi

Der Schreiber der Vita Christi-Seite aus „La Vengeance de la Mort Ihesa“ *(links)* verfügte offenbar über eine geringere Begabung als seine beiden Zeitgenossen, die hier vorgestellt werden. Er erreicht weder die Harmonie der Froissart-Chronik noch die des Stundenbuches, und der Winkel, in dem er die Feder führt, ist uneinheitlich und wechselt ständig.

Allgemeine Merkmale

Bei einigen Formen der Bâtarde neigen sich f und langes s auffallend nach rechts. Wenn der Schreiber diesen Winkel durchgehend beibehält, so ergibt sich daraus ein Kontrapunkt zur Geschlossenheit des übrigen Textes. Dieser Effekt innerhalb der Struktur ist ein grundlegendes Merkmal der Bâtarde. Andere Charakteristika der „Lettre Bourguignonne“ sind die sich überschneidenden Buchstabenelemente, die an die Fraktur erinnern *(S. 74–75)*, und die feinen Haarstriche, mit denen Buchstabenelemente verbunden werden; diese scheinen der Textseite eine noch lebendigere Bewegung zu verleihen.

Die Bâtarde

MIT EINER VOGELFEDER kann man die Buchstaben der Bâtarde am besten schreiben. Die Feder muß scharf und schräg angeschnitten sein für die sehr feinen Haarstriche. Das keulenförmige f und das lange s sind häufig länger als die anderen Buchstaben und haben eine Neigung nach rechts. Die Grundform beider Buchstaben ist gleich; beim f kommt lediglich der Querstrich hinzu.

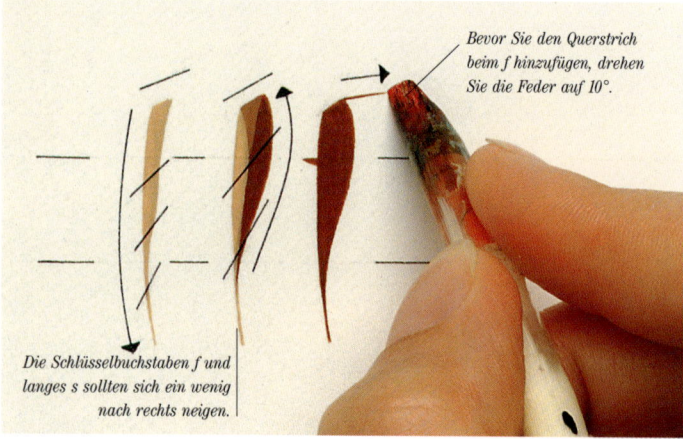

Bevor Sie den Querstrich beim f hinzufügen, drehen Sie die Feder auf 10°.

Die Schlüsselbuchstaben f und langes s sollten sich ein wenig nach rechts neigen.

f und langes s
Der häufige Wechsel des Federwinkels bei f und langem s der Bâtarde sind typisch für diese hochentwickelte Schrift. Beginnen Sie ungefähr eine halbe Mittellänge über der Oberzeile, drehen Sie die Feder auf dem Weg nach unten allmählich von 30° in die Vertikale und schließen Sie die Schreibbewegung mit einem Haarstrich ab. Gehen Sie denselben Weg zurück und ziehen Sie in einem Bogen nach rechts einen breiteren Strich. Kehren Sie dann zu dem ursprünglichen Federwinkel von 30° zurück.

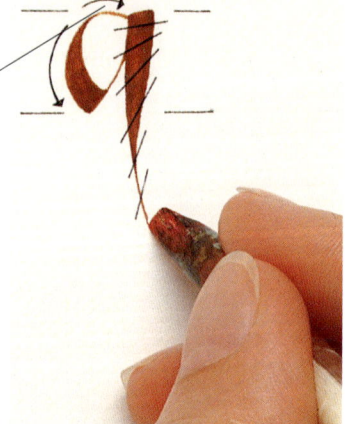

Der gebogene Haarstrich oben am Buchstaben q kann gleich mit dem Abstrich fortgesetzt werden.

Abstriche
Bei den Abstrichen der Buchstaben p und q dreht man die Feder gegen den Uhrzeigersinn von der Horizontalen in die Vertikale und schließt die Bewegung mit einem Haarstrich ab. Die Abstriche können auch nach links geneigt sein als Entsprechung zu der Rechtsneigung des f *(oben)* und des langen s.

Die Mittellängen der Bâtarde beträgt ungefähr vier Federbreiten.

Abgeflachte Füße
Abgeflachte Füße erscheinen überall an den senkrechten Grundstrichen der Mittellängen, z.B. am Schaft des t und dem ersten Schaft des n. In einer kursiveren Version der Bâtarde können die Mittellängen am Schluß des Abstrichs auch mit einem Schwung nach oben enden, wie z.B. hier beim zweiten Schaft des n.

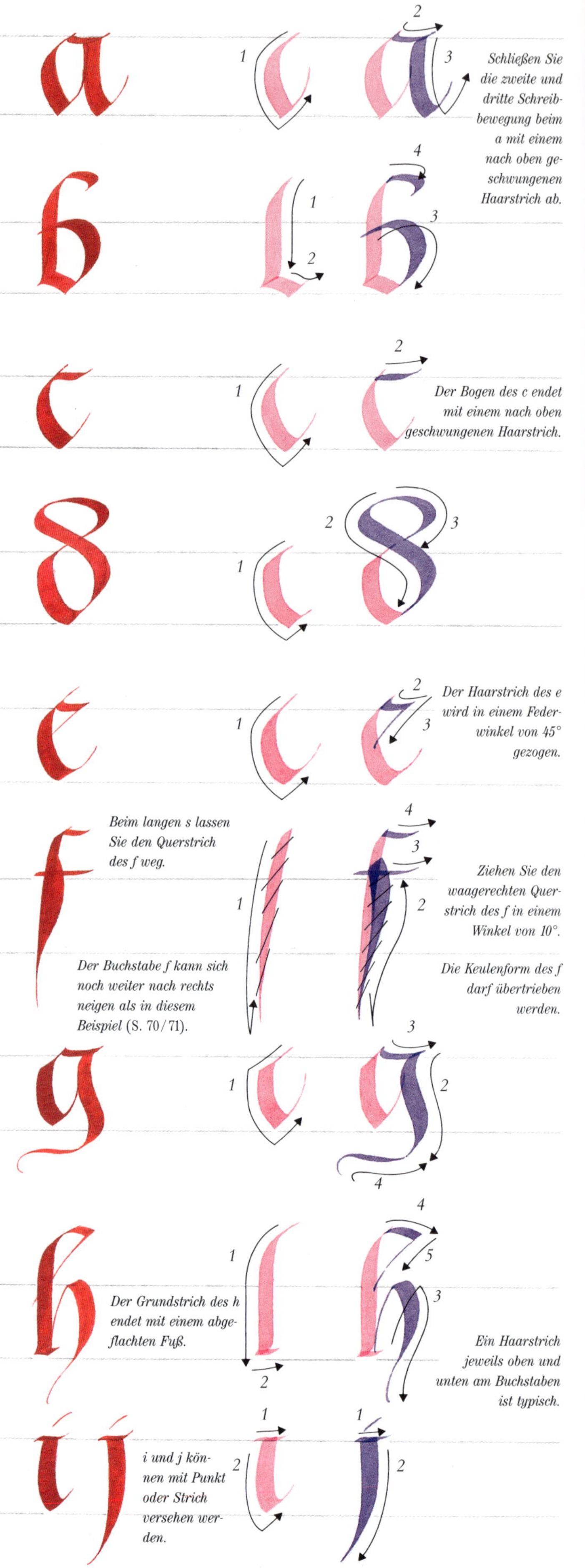

Schließen Sie die zweite und dritte Schreibbewegung beim a mit einem nach oben geschwungenen Haarstrich ab.

Der Bogen des c endet mit einem nach oben geschwungenen Haarstrich.

Der Haarstrich des e wird in einem Federwinkel von 45° gezogen.

Beim langen s lassen Sie den Querstrich des f weg.

Der Buchstabe f kann sich noch weiter nach rechts neigen als in diesem Beispiel (S. 70/71).

Ziehen Sie den waagerechten Querstrich des f in einem Winkel von 10°.

Die Keulenform des f darf übertrieben werden.

Der Grundstrich des h endet mit einem abgeflachten Fuß.

Ein Haarstrich jeweils oben und unten am Buchstaben ist typisch.

i und j können mit Punkt oder Strich versehen werden.

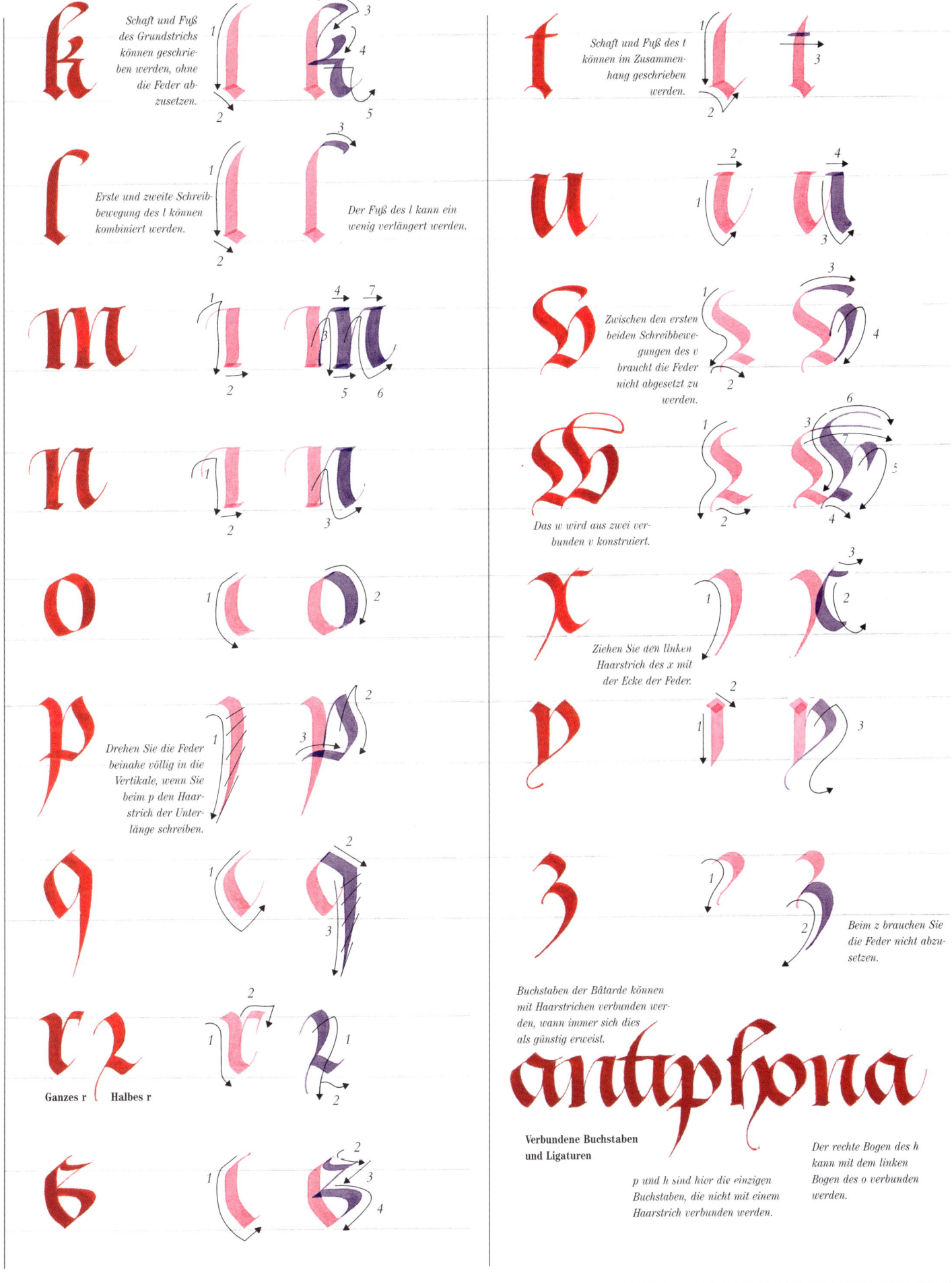

k — Schaft und Fuß des Grundstrichs können geschrieben werden, ohne die Feder abzusetzen.

l — Erste und zweite Schreibbewegung des l können kombiniert werden.

Der Fuß des l kann ein wenig verlängert werden.

p — Drehen Sie die Feder beinahe völlig in die Vertikale, wenn Sie beim p den Haarstrich der Unterlänge schreiben.

Ganzes r   Halbes r

t — Schaft und Fuß des t können im Zusammenhang geschrieben werden.

v — Zwischen den ersten beiden Schreibbewegungen des v braucht die Feder nicht abgesetzt zu werden.

Das w wird aus zwei verbunden v konstruiert.

x — Ziehen Sie den linken Haarstrich des x mit der Ecke der Feder.

z — Beim z brauchen Sie die Feder nicht abzusetzen.

Buchstaben der Bâtarde können mit Haarstrichen verbunden werden, wann immer sich dies als günstig erweist.

Verbundene Buchstaben und Ligaturen

p und h sind hier die einzigen Buchstaben, die nicht mit einem Haarstrich verbunden werden.

Der rechte Bogen des h kann mit dem linken Bogen des o verbunden werden.

Fraktur und Schwabacher

DIE FRAKTUR IST eine Verbindung deutscher Kursivschriften und der Textura Quadrata *(S. 50–51)*. Erste Beispiele von Manuskripten in dieser Schrift gibt es ungefähr seit 1400, und etwa ein Jahrhundert später erschien sie als Druckschrift. Die frühen Varianten der Fraktur im Buchdruck und ihre kursivere Verwandte, die Schwabacher, orientierten sich eng an ihrem handgeschriebenen Vorbild. Sie wurden von den führenden Kalligraphen der damaligen Zeit entworfen; dazu gehörte auch Johann Neudörffer der Ältere. Bis in die Mitte des 20. Jahrhunderts hinein haben diese beiden Schriften sowohl die Kalligraphie als auch die Typographie beeinflußt, und sie haben die Arbeit des bedeutenden Graphikers Rudolf Koch geprägt.

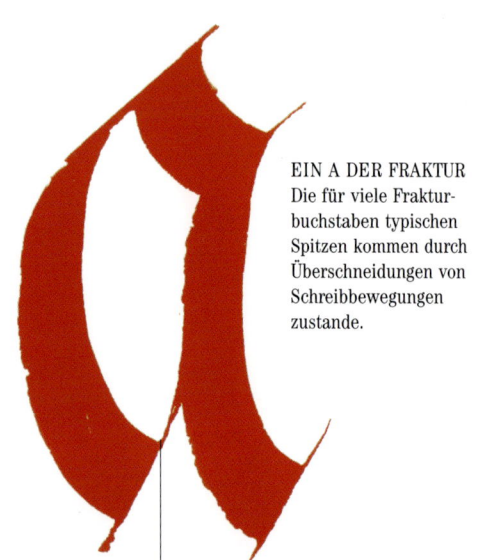

EIN A DER FRAKTUR
Die für viele Frakturbuchstaben typischen Spitzen kommen durch Überschneidungen von Schreibbewegungen zustande.

Das Fraktur-a ist immer ein „einstöckiger" Buchstabe mit geschlossenem Bauch.

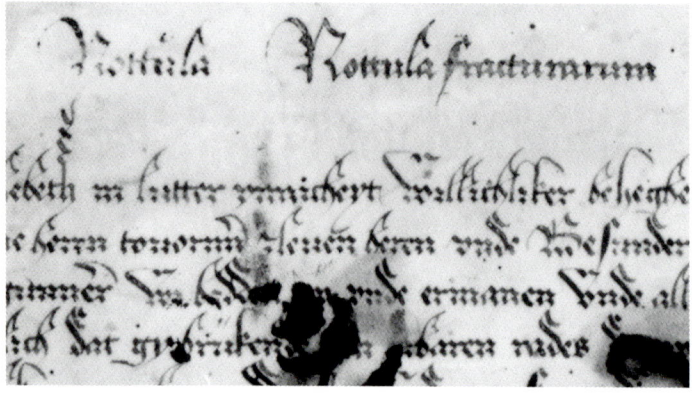

ES IST SCHWIERIG, die Unterschiede zwischen Fraktur und Schwabacher genau zu definieren. Beide zeigen bei f und langem s die Verdickung des Schaftes und die spitze Unterlänge *(S. 70–71)*, ebenso wie Bögen – und keine geraden Formen – bei a, b, c, d, e, g, h, o, p und q. Auf die Spitze gestellte Quadrate, die an die Textur erinnern, sind ein typisches Merkmal dieser Schrift, aber insgesamt besteht die Tendenz, Schlußstriche in Bögen enden zu lassen. Alle Buchstaben halten streng die Senkrechte ein.

Insgesamt hat die Schwabacher einen breiteren, kursiveren Charakter als die Fraktur und besitzt nicht deren gespaltenen Oberlängen und die exzessiven Verzierungen. Einige der eindrucksvollsten Versionen der Schwabacher wurden Jahrhunderte später von dem Kalligraphen Rudolf Koch *(gegenüber)* mit der Hand geschrieben.

ARBEITSBLATT
Dieser Ausschnitt aus einem Arbeitsblatt *(oben)* ist möglicherweise das älteste erhaltene Beispiel einer frakturverwandten Schrift. Es wurde um 1400 von Johannes vom Hagen geschrieben, der die Schrift als „Nottula Fracturarum" *(gebrochene Schriftzeichen)* bezeichnet. Man nimmt an, daß der Begriff „Fraktur" von dieser Bezeichnung abgeleitet wird.

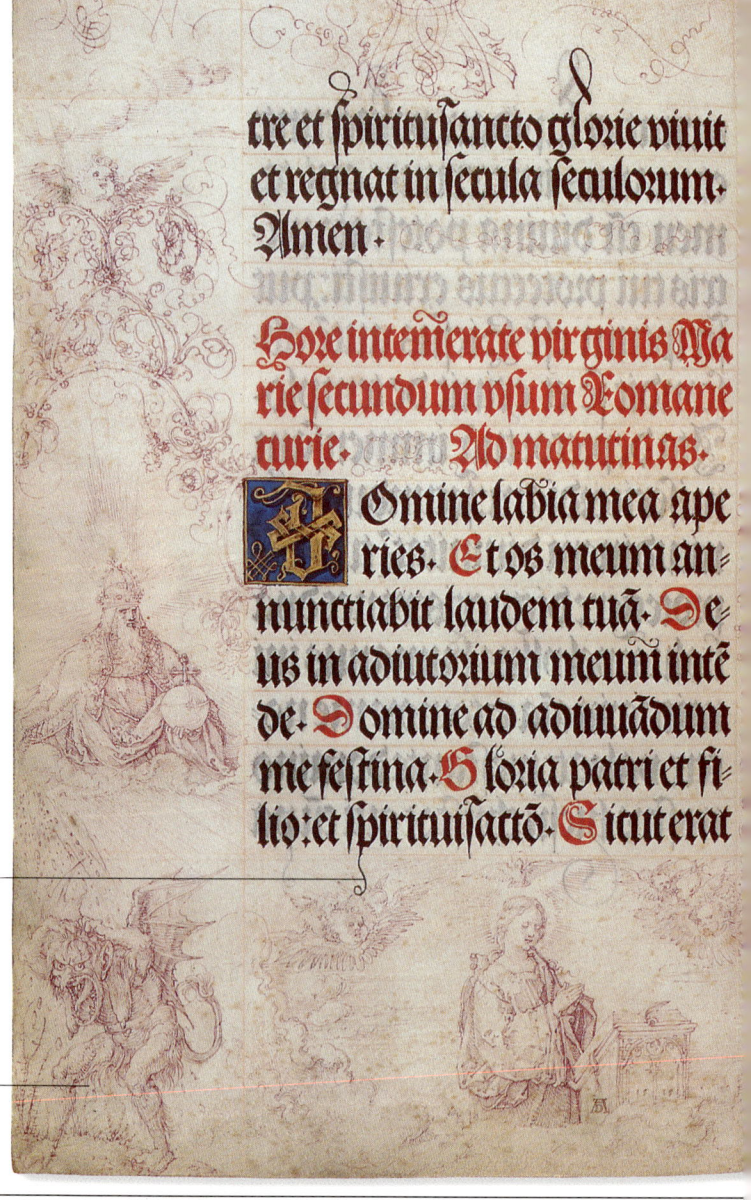

Die Unterlänge des p und die anderer Buchstaben in der letzten Textzeile sind möglicherweise handschriftlich hinzugesetzt worden, nachdem das Buch bereits gedruckt worden war.

Die Illustrationen und Initialen wurden hinzugefügt, nachdem der Text fertiggestellt war.

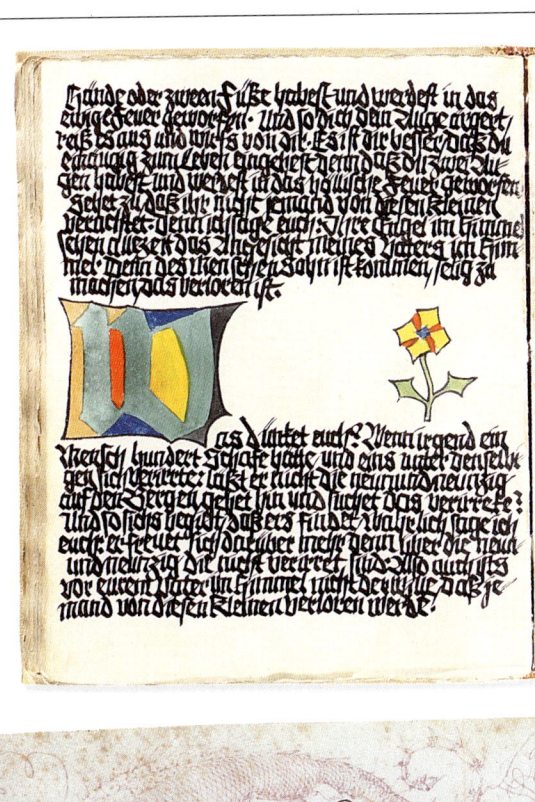

MATTHÄUSEVANGELIUM
In diesem deutschen Text aus dem Matthäusevangelium von 1921 verbindet Rudolf Koch die Fraktur und die Textura Quadrata zu einer Einheit – es sieht aus, als seien die Textzeilen tatsächlich ein Gewebe. Koch klassifizierte diesen Schreibstil als eine Version der Schwabacher und erklärte, die Textzeilen sollten sich auf der Seite häufen; der Wortabstand dürfe nicht breiter sein als der Zeilenabstand. Die Initialen werden in ähnlich kraftvoller Weise behandelt, und so entstehen zwei wunderbar gestaltete Textseiten.

In Kochs Text wird der Abstand zwischen den Zeilen beinahe aufgegeben; es bleibt gerade so viel weiße Fläche übrig, daß das Auge den horizontalen Verlauf der Zeilen wahrnehmen kann.

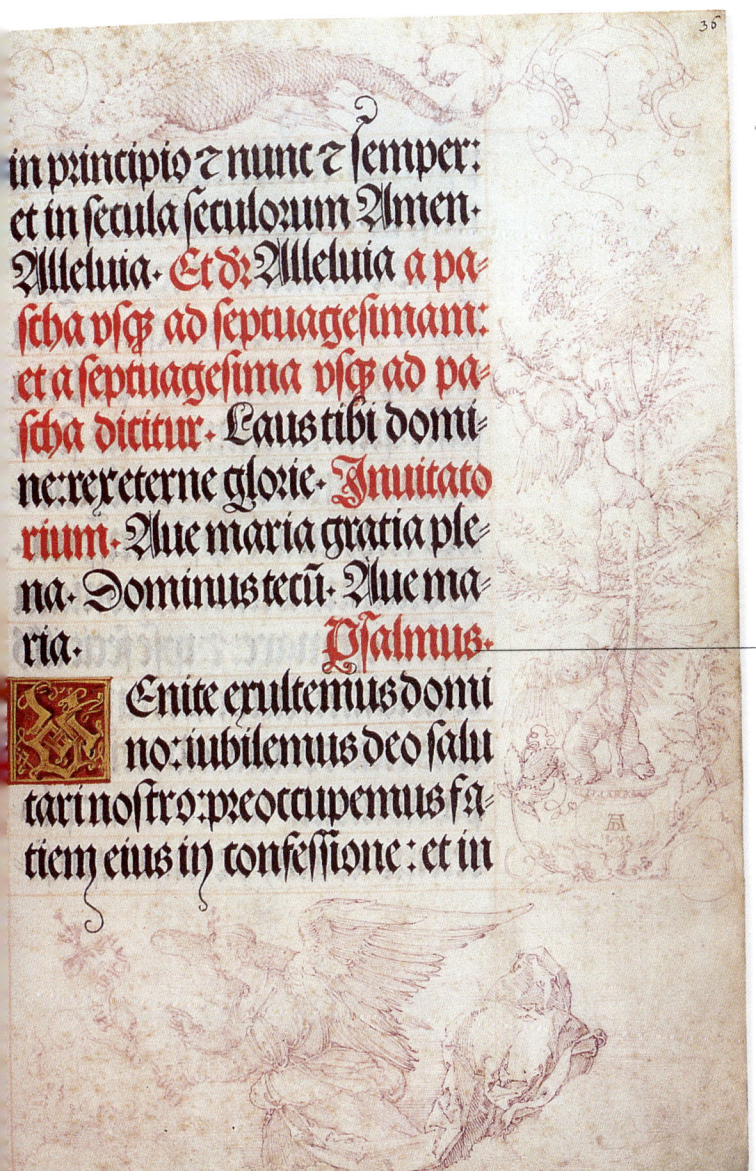

DETAIL AUS DEM MATTHÄUSEVANGELIUM
Die disziplinierte Feinheit der Buchstaben Kochs wird in diesem Detail aus dem Matthäusevangelium deutlich *(oben)*. Diese – für die damalige Zeit – radikale Form der Gestaltung gab dem Begriff „Black Letter" eine neue Bedeutung *(S. 50–51)*.

Der senkrechte, komprimierte Aspekt der Schrift weist auf die Textur als Ursprung hin; sogar der Buchstabe f steht gerade.

GEBETBUCH
Diese Seiten aus dem Gebetbuch von Kaiser Maximilian wurden von Schönsperger aus Nürnberg im Jahre 1514 gedruckt. Die Fraktur-Type war ein Entwurf von Johann Neudörffer dem Älteren, dem Stammvater dreier Generationen von Kalligraphen. Die Verzierungen am Rand sind ebenfalls hervorragend – ein Werk Albrecht Dürers.

Deutsche Schrift

Im frühen 16. Jahrhundert hatte sich eine weitere Ausprägung von Fraktur und Schwabacher entwickelt, die seitdem kennzeichnend für deutsche Schriften geworden ist. „Gebrochene" Buchstaben, die durch Überschneidungen von Schreibbewegungen entstehen, sind typisch dafür *(S. 76–77)*. Da solche Buchstaben nur in deutschsprachigen Ländern vorkommen, bezeichnet man dieses Alphabet häufig als „Deutsche Schrift" *(German Letter)*.

Die Ablehnung italienischer Schriften

Im frühen 20. Jahrhundert zeigte die Hälfte der gedruckten Bücher noch immer eine Typographie, der die Fraktur zugrunde lag. Dies hat seinen Grund darin, daß in Deutschland italienische und humanistische Schriften abgelehnt wurden *(S. 90–101)*. Zwei wesentliche Faktoren spielten dabei eine Rolle: zum einen war es eine politische Geste der Reformation, daß die Protestanten die italienischen Schriften ablehnten, zum anderen war die Ansicht verbreitet, daß eine humanistische Schrift nicht für deutsche Texte geeignet sei.

Fraktur

DIE SENKRECHTEN, KOMPRIMIERTEN Buchstaben der Fraktur stehen in ihrem Aussehen den gotischen Texturschriften *(S. 50 – 57)* näher als die Bastarda *(Bastard Secretary, S. 68 – 69)* oder die Bâtarde *(S. 72 – 73)*. Die feinen Spitzen, wie die an den Buchstaben b, g, h und q, sind typisch für die Fraktur und treten bei den gerundeten Buchstaben der Schwabacher nicht auf. Der Federwinkel von etwa 40° wird nur bei den spitzen Unterlängen verändert.

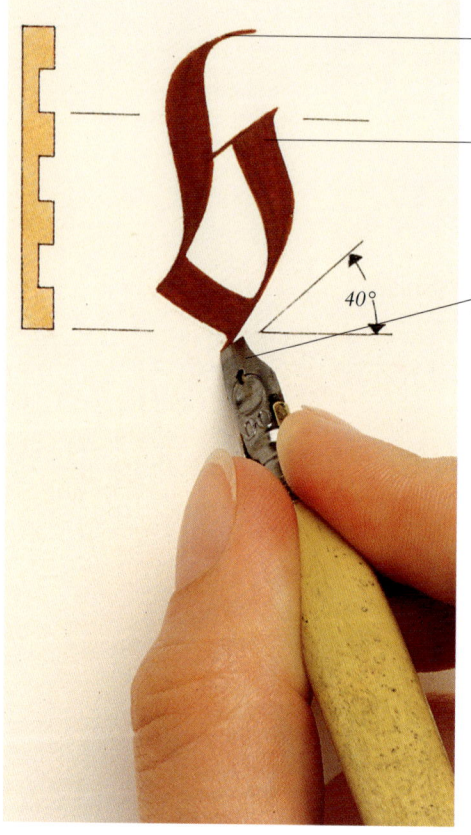

Die Oberlänge kann in einem einzigen Bogen oder mit einer gespaltenen Serife geschrieben werden.

Die Mittellänge beträgt ungefähr fünf Federbreiten; für Ober- und Unterlängen kommen noch zwei weitere hinzu.

Die Feder sollte für die Frakturbuchstaben gerade geschnitten sein.

40°

Rundungen
Trotz des senkrechten Gesamtcharakters der Fraktur zeigen die Buchstaben viele Rundungen. Hier hat die Oberlänge des b einen Bogen als Formkorrespondenz zu den Rundungen des Bauches. Ob Sie senkrechte oder gerundete Buchstaben, gespaltene oder spitze Oberlängen bevorzugen – wichtig ist es, die einmal gewählten Aspekte konsequent innerhalb eines Textes einzuhalten.

Der Querstrich beim g kennzeichnet sowohl die Fraktur als auch die Schwabacher.

Spitzen
Die typischen Spitzen entstehen dadurch, daß Sie eine Schreibbewegung über die vorausgehende hinausführen. Je öfter bei einem Buchstaben die Feder abgesetzt wird, um so mehr Spitzen entstehen.

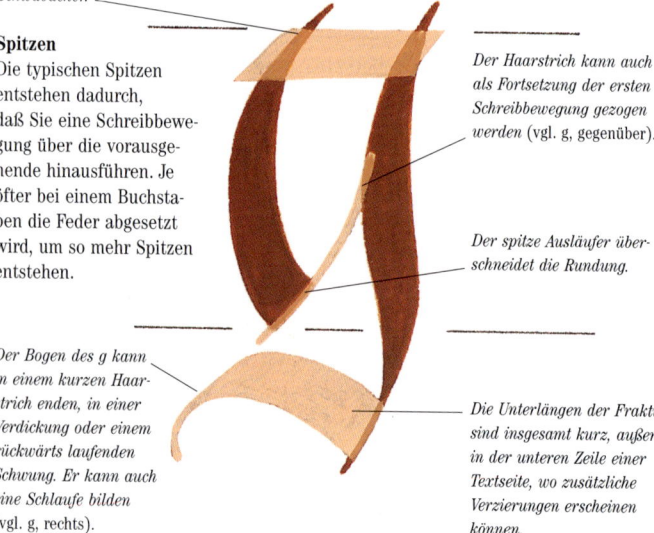

Der Haarstrich kann auch als Fortsetzung der ersten Schreibbewegung gezogen werden (vgl. g, gegenüber).

Der spitze Ausläufer überschneidet die Rundung.

Der Bogen des g kann in einem kurzen Haarstrich enden, in einer Verdickung oder einem rückwärts laufenden Schwung. Er kann auch eine Schlaufe bilden (vgl. g, rechts).

Die Unterlängen der Fraktur sind insgesamt kurz, außer in der unteren Zeile einer Textseite, wo zusätzliche Verzierungen erscheinen können.

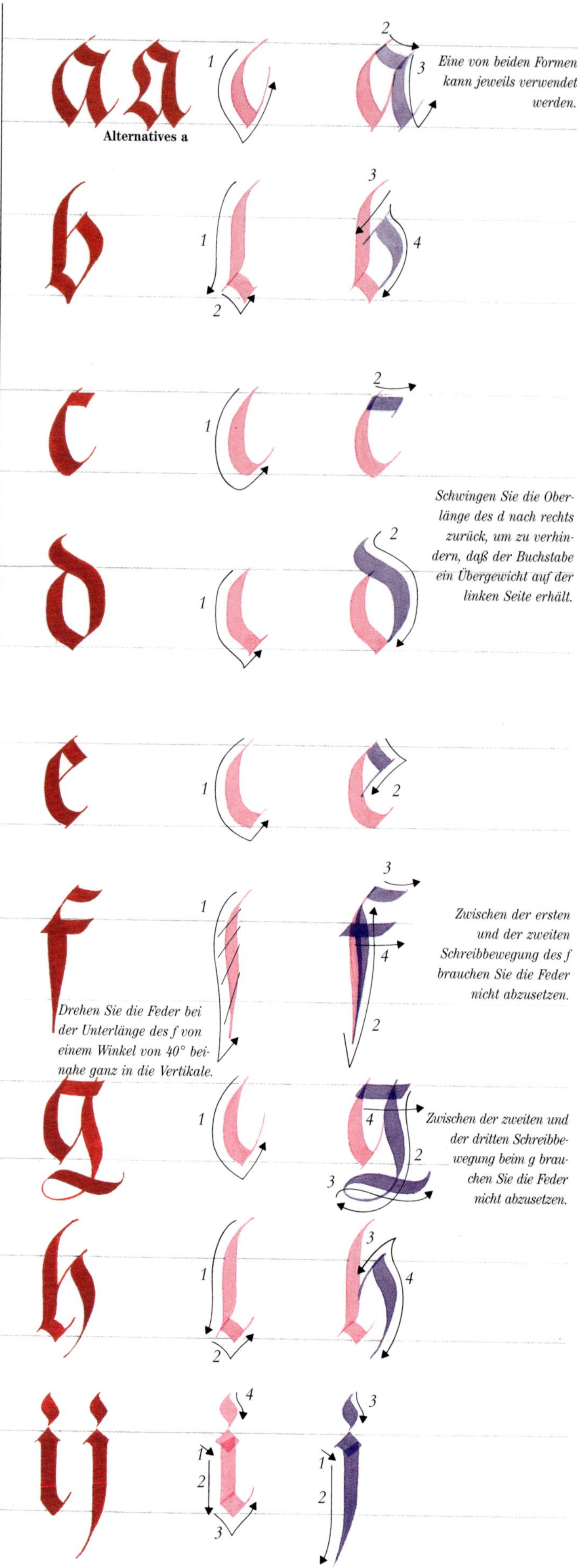

Alternatives a

Eine von beiden Formen kann jeweils verwendet werden.

Schwingen Sie die Oberlänge des d nach rechts zurück, um zu verhindern, daß der Buchstabe ein Übergewicht auf der linken Seite erhält.

Drehen Sie die Feder bei der Unterlänge des f von einem Winkel von 40° beinahe ganz in die Vertikale.

Zwischen der ersten und der zweiten Schreibbewegung des f brauchen Sie die Feder nicht abzusetzen.

Zwischen der zweiten und der dritten Schreibbewegung beim g brauchen Sie die Feder nicht abzusetzen.

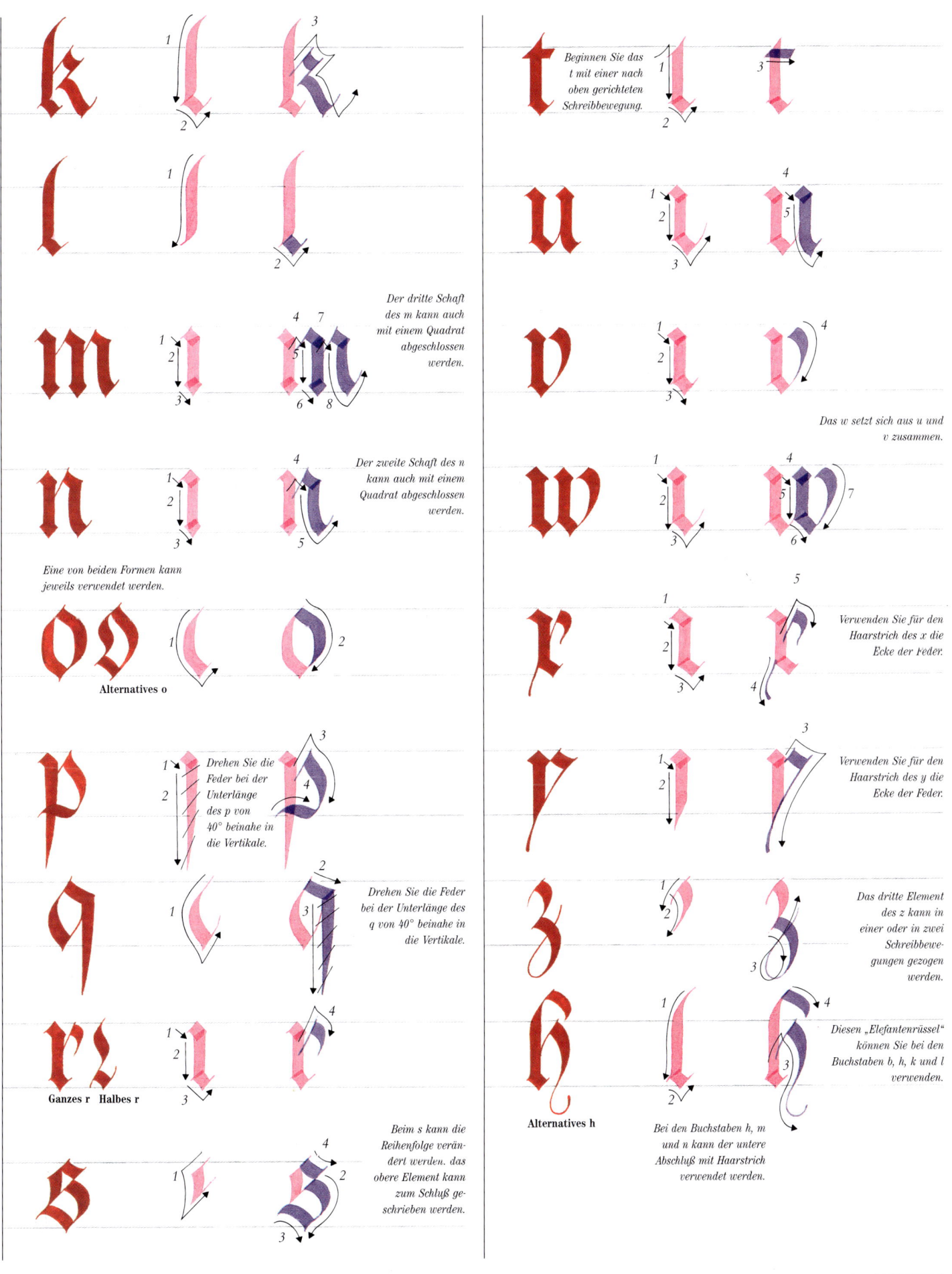

Der dritte Schaft des m kann auch mit einem Quadrat abgeschlossen werden.

Der zweite Schaft des n kann auch mit einem Quadrat abgeschlossen werden.

Eine von beiden Formen kann jeweils verwendet werden.

Alternatives o

Drehen Sie die Feder bei der Unterlänge des p von 40° beinahe in die Vertikale.

Drehen Sie die Feder bei der Unterlänge des q von 40° beinahe in die Vertikale.

Ganzes r   Halbes r

Beim s kann die Reihenfolge verändert werden. das obere Element kann zum Schluß geschrieben werden.

Beginnen Sie das t mit einer nach oben gerichteten Schreibbewegung.

Das w setzt sich aus u und v zusammen.

Verwenden Sie für den Haarstrich des x die Ecke der Feder.

Verwenden Sie für den Haarstrich des y die Ecke der Feder.

Das dritte Element des z kann in einer oder in zwei Schreibbewegungen gezogen werden.

Diesen „Elefantenrüssel" können Sie bei den Buchstaben b, h, k und l verwenden.

Alternatives h

Bei den Buchstaben h, m und n kann der untere Abschluß mit Haarstrich verwendet werden.

Versalien der Bastarda

GROSSBUCHSTABEN DER BASTARDA haben denselben Duktus wie die Minuskeln, denen sie zugeordnet sind (S. 68–77), und sie werden mit derselben Feder geschrieben. In den meisten Fällen haben sie die Tendenz, weit und offen zu sein. Die breiten Grundstriche werden häufig durch einen schmalen, senkrechten Strich auf der rechten Seite verstärkt, und auch ein auf die Spitze gestelltes Quadrat im Zentrum der Öffnung ist üblich. Genau wie die Minuskelschriften der Bastarda waren die Großbuchstaben zahlreichen individuellen und regionalen Einflüssen unterworfen.

Grundlegende Elemente
Der Federwinkel bei Groß-buchstaben der Bastarda beträgt ungefähr 40° beziehungsweise entspricht dem der Minuskeln, zu denen die Großbuchstaben gehören sollen. Die Buchstabenhöhe beträgt etwa sechs Federbreiten. Die typischen weiten Buchstaben, wie zum Beispiel das B, sind das direkte Ergebnis von abwärtsgerichteten und horizontalen Schwüngen.

Ziehen Sie die Haarstriche mit der Ecke der Feder.

Haarstriche als Verbindungslinien
Häufig verbindet man zwei Abstriche mit Haarstrichen (vgl. H, M, N). Ein solcher Haarstrich sollte an der rechten Kante der unteren Serife angesetzt werden.

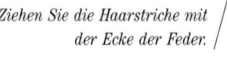

Zacken
Das Gewicht vertikaler Schäfte kann durch quadratische Zacken verstärkt werden. Jeder dieser Zacken kann mit einem kurzen, geschwungenen Haarstrich enden.

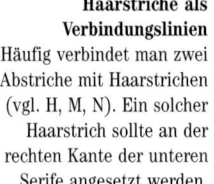

Begrenzen Sie die Anzahl solcher Zacken auf zwei oder drei.

„Elefantenrüssel"
Der „Elefantenrüssel" ist typisch für die englische Bastarda (Bastard Secretary, S. 68–69) und tritt auch bei den Buchstaben H, K, L und X auf. Ziehen Sie den diagonalen „Rüssel" mit der vollen Federbreite und schließen Sie ihn dann mit einem kurzen Haarstrich ab.

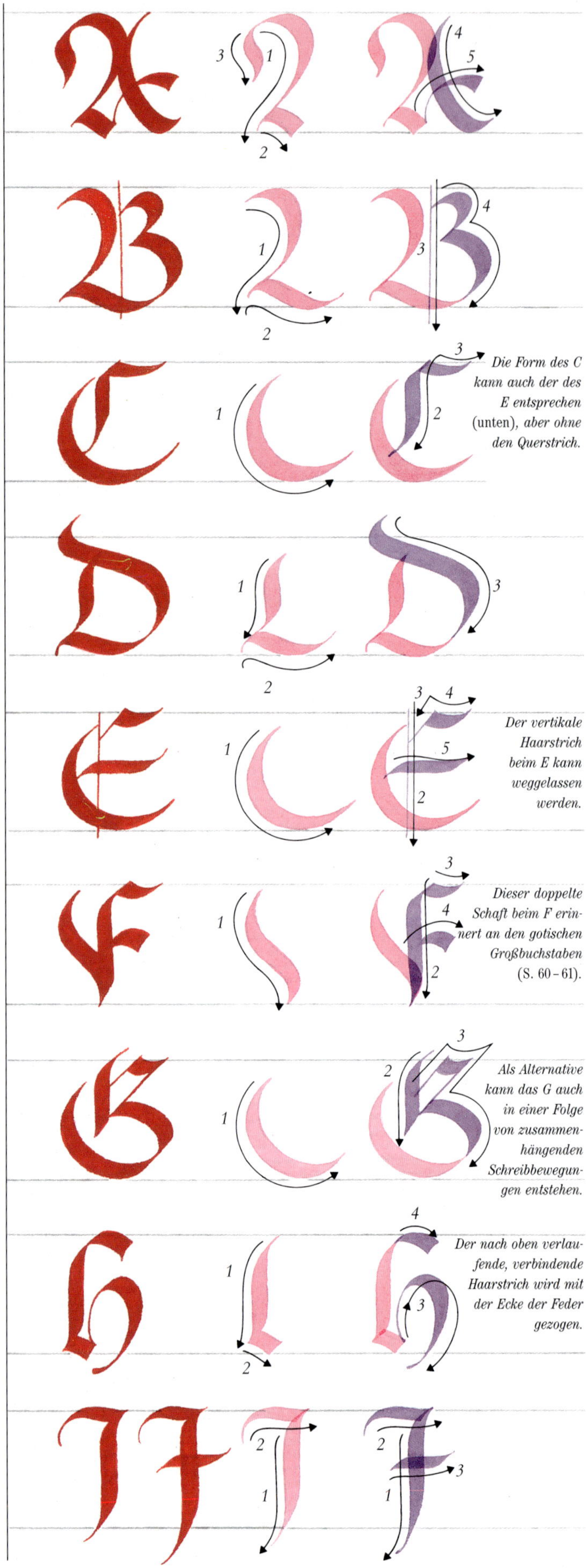

Die Form des C kann auch der des E entsprechen (unten), aber ohne den Querstrich.

Der vertikale Haarstrich beim E kann weggelassen werden.

Dieser doppelte Schaft beim F erinnert an den gotischen Großbuchstaben (S. 60–61).

Als Alternative kann das G auch in einer Folge von zusammen-hängenden Schreibbewegungen entstehen.

Der nach oben verlaufende, verbindende Haarstrich wird mit der Ecke der Feder gezogen.

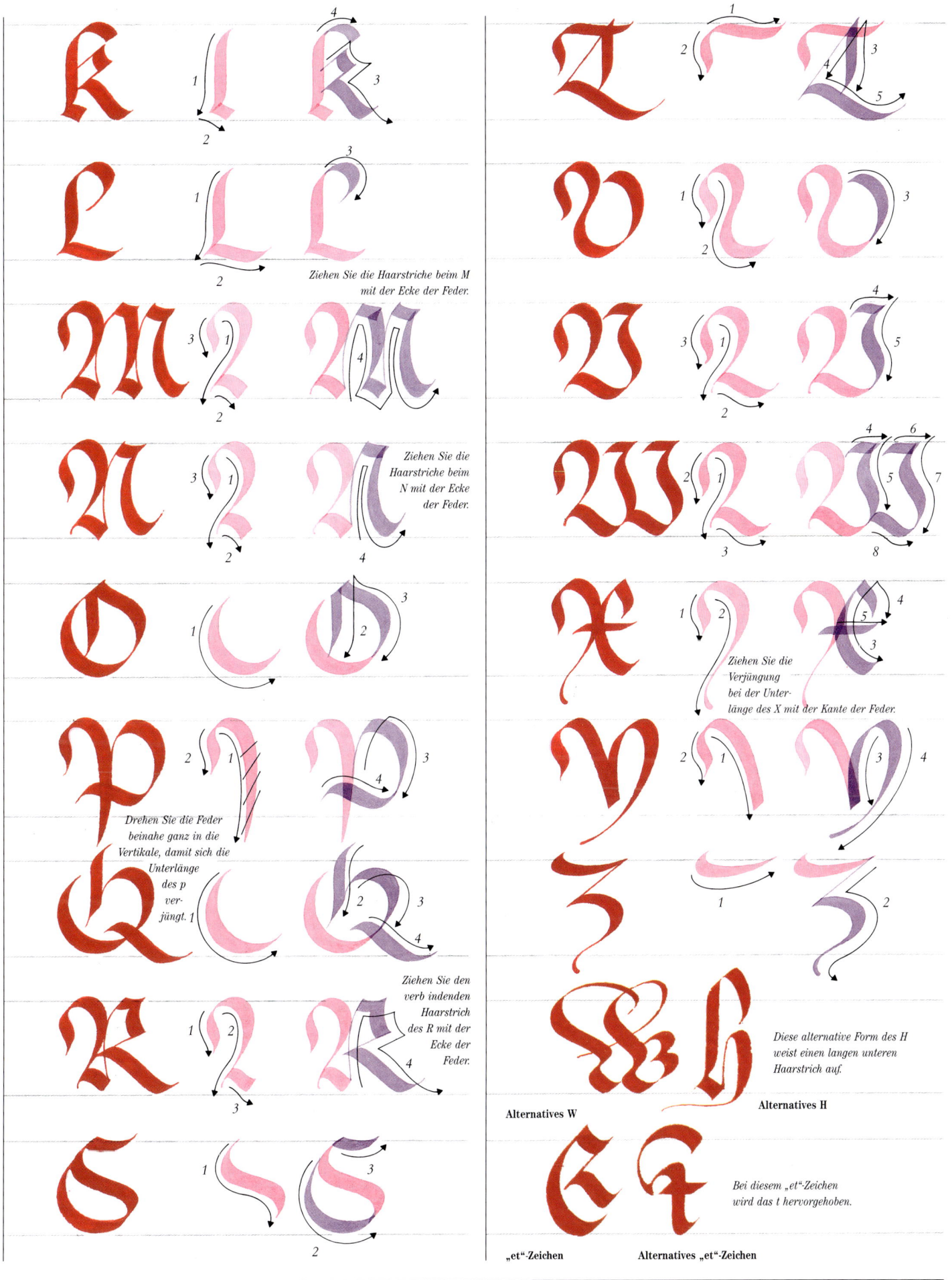

Ziehen Sie die Haarstriche beim M
mit der Ecke der Feder.

Ziehen Sie die
Haarstriche beim
N mit der Ecke
der Feder.

Drehen Sie die Feder
beinahe ganz in die
Vertikale, damit sich die
Unterlänge
des p
ver-
jüngt. 1

Ziehen Sie den
verb indenden
Haarstrich
des R mit der
Ecke der
Feder.

Ziehen Sie die
Verjüngung
bei der Unter-
länge des X mit der Kante der Feder.

Diese alternative Form des H
weist einen langen unteren
Haarstrich auf.

Alternatives W

Alternatives H

Bei diesem „et"-Zeichen
wird das t hervorgehoben.

„et"-Zeichen

Alternatives „et"-Zeichen

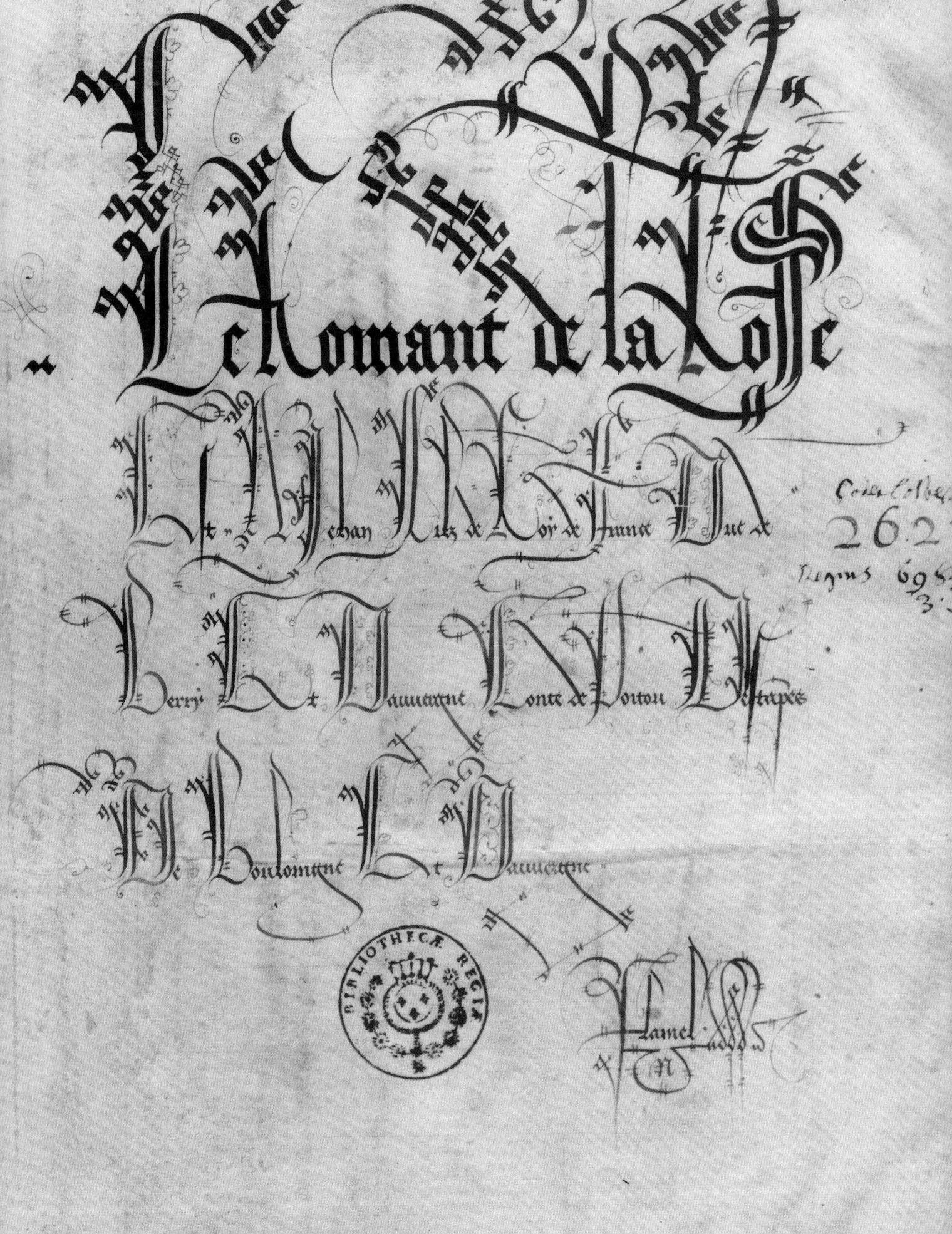

Le Romant de la Rose

... Jehan filz de Roy de France Duc de

... Berry Et Dauuergne Conte de Poitou Destapes

... De Boulongne Et Dauuergne

Flamel

„Cadels"

DIE ERFINDUNG DES „Cadel" *(frz. Cadeau = Geschenk)* im frühen 15. Jahrhundert wird Jean Flamel zugeschrieben, dem Bibliothekar jenes berühmten Patrons der Künste, dem Herzog von Berry. Flamel benutzte diese großen verzierten Buchstaben, als er den Namen des Herzogs vorn auf jedes Manuskript setzte. Um die Mitte des 15. Jahrhunderts wurden „Cadels" im nördlichen Europa häufig als Initialen verwendet *(S. 58 – 59)*, und zwar vor allen Dingen für Texte in der jeweiligen Landessprache, die in den unterschiedlichsten Arten der Bastarda geschrieben wurden *(S. 66 – 79)*. Während des 16. Jahrhunderts erschienen sie bei Kursivschriften der Renaissance in immer komplizierteren Formen.

„CADEL" H
Trotz verwirrender Komplexität dieses Zierbuchstabens des 16. Jahrh. ist die Grundstruktur leicht zu schreiben *(S. 82 – 83)*. Die feine Ornamentik in den Negativräumen kann mit einer flexiblen Stahlfeder geschrieben werden.

GEGEN ENDE DES 16. Jahrhunderts wurden diese Zierbuchstaben häufig in gedruckter Form als Initialen verwendet, und die Entwicklung des Kupferstichs führte zu einer Ausarbeitung, die viel kunstvoller war, als dies jemals mit einer breiten Feder möglich gewesen wäre. Dies lief parallel zur Entfaltung der unterschiedlichen Arten von Kursivschrift und Englischer Schreibschrift *(Copperplate, S. 94 – 107)*, in die oft auch Zierbuchstaben integriert wurden.

Verflochtene Ornamente

Ein „Cadel" unterscheidet sich von anderen als Initialen gebrauchten Buchstaben darin, daß sein Grundprinzip eher das verflochtene Ornament und nicht die „Aufbautechnik" ist *(S. 58 – 59)*. Man zeichnet „Cadels" mit gleichbleibendem Federwinkel – dies läßt in breiten und schmalen Strichen ein Muster mit einer ununterbrochen wechselnden Richtung der Linienführung entstehen. So erhält das Skelett des bloßen Buchstabens seine Substanz.

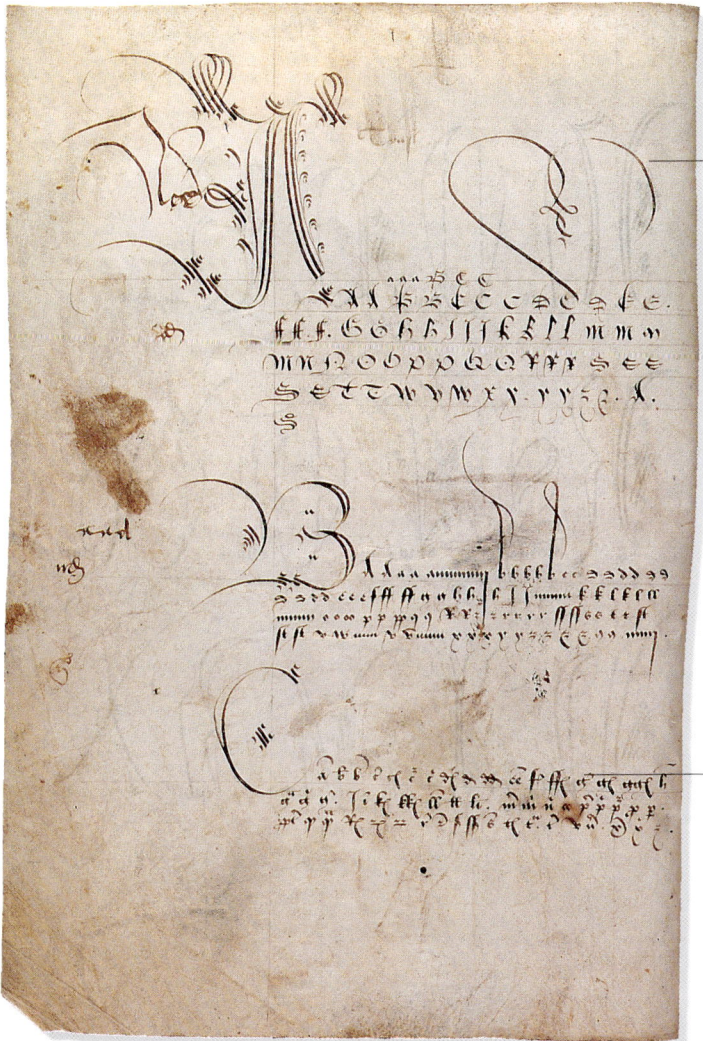

Dieses D der Bastarda mit der geschwungenen Oberlänge ist ein gutes Beispiel dafür, wie man „Cadels" zeichnet (S. 78 – 79).

„CADELS", GROSSBUCHSTABEN UND MINUSKELN
Diese Buchstaben wurden in der zweiten Hälfte des 15. Jahrhunderts geschrieben, möglicherweise von dem englischen Schreiber Ricardus Franciscus. Ein grundlegendes Element des „Cadels", das im Buchstaben A enthalten ist, ist der linke Fuß, der aus drei Schreibbewegungen aufgebaut wird, die man mit einer Reihe von kurzen Strichen verbindet. Solche Verbindungen bilden den Schlüssel zu komplexeren Buchstaben, wie zum Beispiel das H *(oben)*.

Im allgemeinen wurden „Cadels" im Zusammenhang mit Bastardaschriften verwendet. Diese Minuskeln ähneln einer deutschen Kursiven (S. 74 – 75).

FLAMELS ZIERBUCHSTABEN
Diese Seite aus einem Manuskript des Herzogs von Berry wurde von Jean Flamel um 1409 geschrieben. Die grundlegende Struktur der „Cadels" ist relativ einfach, aber hier ist es die Vielzahl solcher Buchstaben, die diese Seite so eindrucksvoll macht.

KUPFERSTICH-ALPHABET
Dieses Großbuchstaben-Alphabet wurde 1682 von Thomas Weston in Kupfer gestochen. Obgleich die grundlegende Struktur der Buchstaben der von Bastarda-Großbuchstaben entspricht *(S. 78 – 79)*, sind diese Grundformen mit eingerollten und verflochtenen Linien verziert, wie dies für „Cadels" typisch ist.

„Cadels"

DIE GROSSE VIELFALT der Vorbilder für „Cadels" macht es sehr schwierig, ein vollständiges Alphabet zusammenzustellen. Die hier gezeigten Beispiele sollen einige allgemeine Prinzipien deutlich machen. „Cadels" sind häufig einfacher zu zeichnen, als Sie vielleicht denken, und wenn man sie als Initialen benutzt, können sie sehr eindrucksvoll wirken. Die goldene Regel lautet: Beginnen Sie im Zentrum und arbeiten Sie von innen nach außen.

Das „Rückgrat" des Buchstabens

Beginnen Sie immer mit dem „Rückgrat" des Buchstabens. Hier besteht der „Rücken" aus einer Leiste abwärts geführter Quadrate und gerade verlaufender Vertikalen. Der Federwinkel für beide liegt zwischen 35° und 45°.

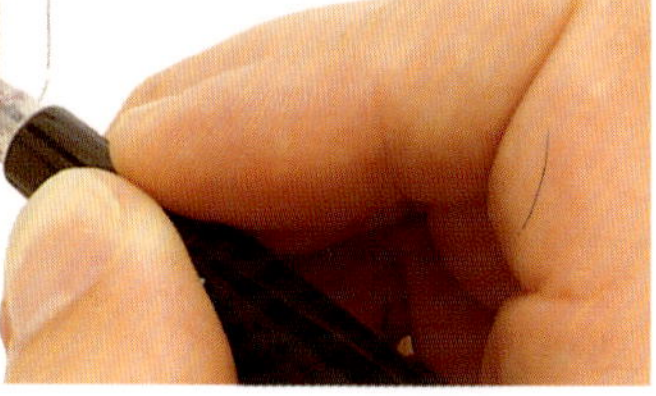

Verwenden Sie bei der ersten Skizze des Buchstabens einen Bleistift.

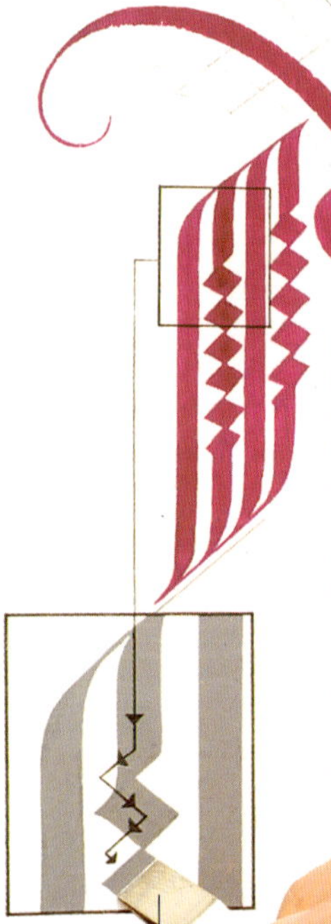

1. Legen Sie die Grundstruktur des Buchstabens mit dem Bleistift fest, bevor Sie die Linien mit der Feder nachziehen.

Rauten

Eine Reihe von Rauten bzw. auf die Spitze gestellten Quadraten ist ein typisches Merkmal des „Rückgrats" beim „Cadel". Führen Sie die Feder in einer kontrollierten Zickzackbewegung abwärts, ohne dabei den Federwinkel zu verändern. Ein Winkel von 45° garantiert symmetrische Rauten.

Behalten Sie einen Federwinkel von 45° bei, wenn Sie die Leiste von knappen, klaren Rauten schreiben.

Der Buchstabe wird mit zarten Blumen- und Blattformen verziert.

2. Wenn die grundlegenden Elemente des Buchstabens geschrieben sind, können Sie Schwünge und Verzierungen hinzufügen.

Cataneos „Cadels"

Dieses B und dieses C gehen auf die Initialen von Bernardino Cataneo zurück, Schreibmeister an der Universität von Siena in Italien zwischen 1544 und 1560. Ursprünglich wurden sie zusammen mit einem Text in der Rotunda *(S. 86–87)* und der Humanistischen Kursiven *(S. 96–97)* geschrieben.

Das Grundgerüst des B besteht aus dem Rücken und zwei Wölbungen.

1. Beginnen Sie mit dem Schaft des B: Es ist ein Doppelstrich. Der innere geht über in den Schwung der oberen Wölbung. Fügen Sie als nächstes die untere Wölbung hinzu und lassen Sie sie unten mit einem Ausläufer enden.

Die dekorativen Schwünge werden zuletzt hinzugefügt.

2. Bauen Sie die Grundform auf mit Schwüngen oben an der Wölbung und Zacken an der linken Seite des Schaftes. Eingerollte Linien können zum Schluß als Verzierung hinzugefügt werden.

Der obere Teil der Wölbung wurde erweitert.

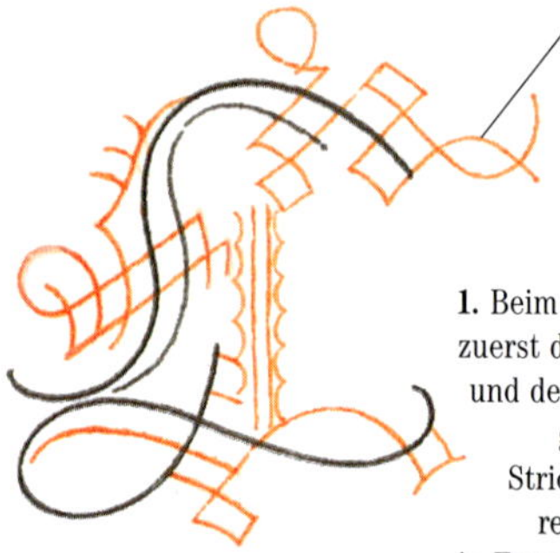

1. Beim C ziehen Sie zuerst den „Rücken" und den oberen Bogen in einem Strich. Der untere Bogen kann in Form eines Fußes gezogen werden.

Die inneren Haarstriche und bogenförmige Zacken sind dieselben wie bei den gotischen Großbuchstaben (S. 60–61).

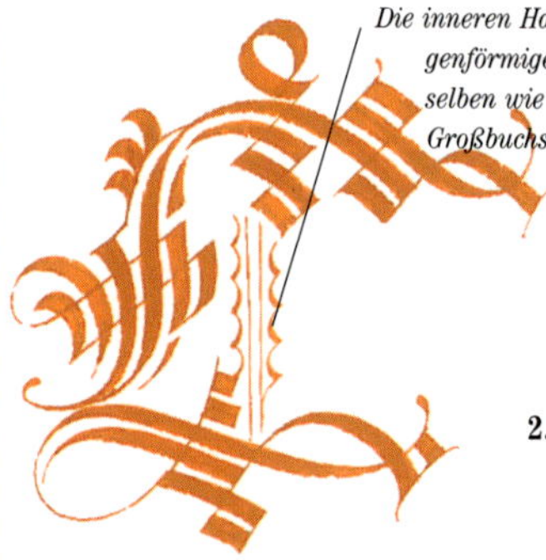

2. Bauen Sie den Buchstaben nach dem Prinzip verbundener und sich verkürzender Striche auf, damit kleine, abgegrenzte Felder entstehen *(gegenüber)*.

Der Zierbuchstabe A

Dieses scheinbar komplizierte A kann ziemlich schnell in vier Schritten aufgebaut werden. Rauten oder Quadrate sind in den Schäften des A enthalten; achten Sie deshalb darauf, daß Sie den gleichen Federwinkel einhalten, damit ausgeglichene breite und feine Striche entstehen.

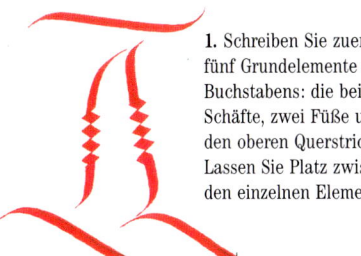

1. Schreiben Sie zuerst die fünf Grundelemente des Buchstabens: die beiden Schäfte, zwei Füße und den oberen Querstrich. Lassen Sie Platz zwischen den einzelnen Elementen.

Gerade Horizontale sollte man lieber vermeiden; verwenden Sie daher geschwungene Diagonale für die Füße des A.

2. Bauen Sie die Schäfte des Buchstabens mit jeweils einem aufrechten Strich links und rechts von den Rauten auf. In der Regel sollten die Schäfte ein größeres Gewicht haben als die Füße.

Die Serifen entsprechen in der Linienführung den Füßen.

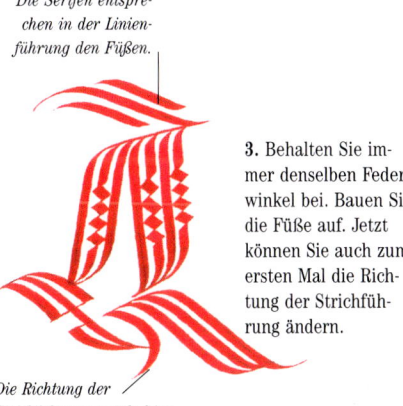

3. Behalten Sie immer denselben Federwinkel bei. Bauen Sie die Füße auf. Jetzt können Sie auch zum ersten Mal die Richtung der Strichführung ändern.

Die Richtung der Strichführung wurde hier verändert.

Beenden Sie den Buchstaben, indem Sie die Linien mit Schwüngen und Haarstrichen abschließen.

4. Jetzt fügen Sie den Querstrich hinzu und unterbrechen die Linien an den Stellen, wo sie die Schäfte überschneiden. Zum Schluß entstehen die dekorativen Schwünge und Verzierungen.

Ornamentik

Um einen Grundstrich mit seinem Gewicht aufzubauen oder einen Richtungswechsel der Strichführung zu unternehmen, kann man verschiedene Typen der Ornamentik verwenden. Die Muster, die unten gezeigt werden, entstanden alle mit gleichbleibendem Federwinkel. Jedes umfaßt eine Reihe von kurzen Strichen, die im Winkel von 90° zueinander stehen als eine Folge von schmaleren oder breiteren Feldern. Auf der Grundlage dieses einfachen Prinzips lassen sich immer kompliziertere Ornamente aufbauen.

Dieses Muster zeigt eine Folge von zunächst vier, danach von drei kleinen „Schachteln".

Ein gleichbleibender Federwinkle ist wichtig bei diesem „Schachtelmuster".

Felder als Abschluß

Bei diesem Ornament ermöglichen es die Felder, daß Schreibbewegungen, die in unterschiedliche Richtungen laufen, ihren Abschluß finden.

Ineinandergreifende Schwünge

Eine Reihe ineinandergreifender, aber unverbundener Schwünge kann eine Schreibbewegung abschließen oder als Füllung verwendet werden.

„Geschachtelte" Linien

Das Grundprinzip der „geschachtelten" Linie ist folgendes: Wenn die Feder zur Seite geführt wird, entsteht eine dünne Linie, und wenn sie nach oben oder zur Seite bewegt wird, entsteht eine breite Linie.

„Geschachtelte" Stufen

Nach einem ähnlichen Prinzip wie bei den geschachtelten Linien *(oben links)* verfährt man auch bei diesem Ornament. Man bewegt die Feder in Stufen zur Seite hin. Dies ist als Verzierung an geschwungenen Elementen besonders zu empfehlen und erfordert sorgfältige Vorplanung.

Die halbkreisförmigen Bögen greifen ineinander, ohne sich wirklich zu berühren.

Spiegelbildlich aufgebaute Ornamente

Dieses Ornament entstand in Anlehnung an eine verzierte Unterlänge in dem „Alphabet" der Maria von Burgund aus dem 16. Jahrhundert. Die beiden Hälften des Ornaments stehen spiegelbildlich zueinander. Eine solche Verzierung eignete sich auch gut bei einer Oberlänge.

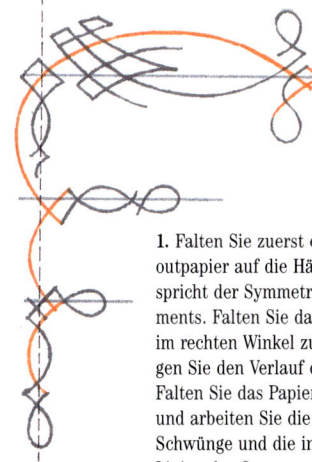

1. Falten Sie zuerst ein dünnes Blatt Layoutpapier auf die Hälfte. Der Knick entspricht der Symmetrieachse des Ornaments. Falten Sie das Papier noch einmal im rechten Winkel zu dieser Achse. So legen Sie den Verlauf der Querachse fest. Falten Sie das Papier wieder auseinander und arbeiten Sie die Streichfolge, die Schwünge und die ineinandergreifenden Linien des Ornaments aus.

Kleine Schlaufen am Schluß sollten immer geschlossen werden; dies ist leichter, als eine halbe Schlaufe zu zeichnen.

Das Gleichgewicht von breiten und schmalen Strichen auf der linken Seite verhält sich genau umgekehrt zu dem auf der rechten.

2. Verwenden Sie den rechtwinklig verlaufenden Knick als zentrale Achse und arbeiten Sie die Strichfolge des einen Arms aus. Wenn dieser vollendet ist, falten Sie das Papier über der zentralen Achse und wiederholen das Muster des Bildes, das jetzt durch das Papier hindurchschimmert. Fehler im Entwurf werden sofort deutlich, wenn Sie das Ornament umdrehen.

Die Rotunda

DIE FORMENSPRACHE DER GOTIK beeinflußte die westeuropäischen Schriften zwischen dem 10. und dem 13. Jahrhundert. Ein Land jedoch entzog sich weitgehend diesem Einfluß: Italien. Die Klarheit der klassischen Inschriften, die dort noch überall erhalten waren, der Gebrauch der offenen, gerundeten beneventanischen Schrift über einen langen Zeitraum hinweg und die Beibehaltung der karolingischen Minuskel führten zur Entwicklung einer Formalschrift, die sich durch ihren gerundeten, offenen Charakter von ihren gotischen Zeitgenossen unterschied. Diese Schrift ist als „Rotunda" bekannt geworden.

Die rechte Hälfte des o hat einen weicheren halbkreisförmigen Schwung als die linke (S. 86–87).

EIN O DER ROTUNDA
Die Rundung des o ist der Schlüssel zur Rotunda; dieses Element erscheint in allen geschwungenen Buchstaben.

IM LAUFE DES 12. JAHRHUNDERTS hatte sich die repräsentative Rotunda als eine extrem formelle und senkrechte Version der karolingischen Minuskel entwickelt *(S. 38–39)*, allerdings mit etwas kürzeren Ober- und Unterlängen als ihre Vorgängerin. Die Schrift enthielt auch Elemente des Beneventanischen, die in er gerundeten Linienführung vieler Buchstaben deutlich werden. Als Kontrast dazu standen die geraden Elemente streng senkrecht und hatten gerade Abschlüsse.

Eine leserliche Schrift

Insgesamt war die Rotunda massiver als die karolingische Minuskel, aber die Rundungen und die zurückhaltenden Ober- und Unterlängen schufen eine klare, leserliche Schrift, die nach der Erfindung des Buchdrucks in handgeschriebenen Manuskripten noch lange verwendet wurde. Die Schlichtheit der Buchstabenformen ließ die Rotunda auch zu einer beliebten Vorlage für Druckbuchstaben werden – als Druckschrift existierte sie immerhin bis ins 18. Jahrhundert hinein.

Die vielen Bögen, wie z.B. beim o, führen die italienischen Schrifttradition der offenen, gerundeten Buchstabenformen fort.

Der eckige Fuß des F auf der Grundlinie ist ein charakteristisches Element der Rotunda.

STUNDENBUCH

Dieses kleine Stundenbuch, das ungefähr um 1480 in Brüssel entstand, zeigt die Gleichmäßigkeit und Einheitlichkeit der Rotunda. Die Schrift unterscheidet sich von der im Antiphonar von Verona *(gegenüber)* in einem wesentlichen Aspekt, nämlich den nach oben gebogenen Füßen der Mittellängen. Hier sind sie eine Fortsetzung der Mittellängen; das führt zu Buchstaben, die etwas kursiver wirken, als dies eigentlich üblich war.

Großformatige Buchstaben

Als Buchschrift wurde die Rotunda in sehr unterschiedlichen Größen geschrieben, und sie war die Schrift für einige der großformatigsten Manuskripte der Welt. Wenn sie großformatig geschrieben wird, sind die Buchstaben formal überaus streng, und die Haarstriche wirken so leicht, daß sie beinahe unproportional erscheinen.

Großbuchstaben der Rotunda

Die Großbuchstaben werden mit derselben Feder wie die Kleinbuchstaben geschrieben *(S. 88–89)*. Für den Schaft kann ein Doppelstrich verwendet werden mit einem klaren Zwischenraum. In einigen historischen Beispielen wird ein Großbuchstabe zum Initial. Es gibt auch Beispiele, in denen gotische oder Lombardische Versalien in einen Text der Rotunda integriert werden.

Wichtig bei allen Groß- und Kleinbuchstaben ist der Gebrauch einer scharf geschnittenen Feder, die eine klare, präzise Strichführung und feine Haarstriche ermöglicht. Bei größerer Schrift sollte die Feder nach jedem Element abgesetzt werden, während bei kleineren Alphabeten mehrere Schreibbewegungen im Zusammenhang erfolgen können.

Bei diesen großen Rotunda-Buchstaben fehlt jegliches kursive Element – achten Sie auf die Eckigkeit, mit der Oberlängen und senkrechte Mittellängen gezogen sind.

Vergleichen Sie die ungewöhnlich gebrochenen Formen bei den Großbuchstaben A, C und E mit der üblichen Form (S. 88–89).

DAS ANTIPHONAR VON VERONA

Dieses Antiphonar *(Sammlung von Gesängen des kirchlichen Stundengebets)* wurde um 1500 für die Klöster der heiligen Nazro und Calio in Verona, Italien, geschrieben. Dieser Buchtypus war häufig großformatig ,damit verschiedene Chorsänger den Text zur gleichen Zeit lesen konnten. Die Buchstaben der Rotunda zeigen eine beträchtliche Präzision; eigentümlich wirken lediglich die Großbuchstaben mit ihren ungewöhnlichen, gebrochenen Formen.

Diese karolingische Form des d zeigt einen senkrechten Schaft und eine geschwungene Wölbung.

DIE ROTUNDA ALS DRUCKSCHRIFT

Die Drucktype, die in diesem Nachschlagewerk verwendet wird, stammt wahrscheinlich aus den Setzkästen des deutschen Druckers Erhard Ratdolt *(S. 90–91)*, dessen Kunst ihre Wurzeln in Venedig hatte. Im Jahre 1486 ließ er Punzen für eine Rotunda schneiden. Dieses Detail zeigt zwei unterschiedliche Formen des d: die Unzialform und die senkrechte karolingische Form. Beide finden Sie in der Mitte der sechsten Zeile.

Die Rotunda

DIE ROTUNDA IST in kleinen und großen Varianten gut zu schreiben. Für die charakteristischen senkrechten Schäfte, wie bei den Buchstaben b, f und h, beträgt der Federwinkel 300. Die einfachste Methode, den eckigen Fuß zu gestalten, besteht darin, den Umriß des Fußes mit der Ecke der Feder zu ziehen und ihn dann mit Tinte auszufüllen. Man kann aber auch die Feder in einer kurzen Bewegung von 30° in die Horizontale drehen. Dies ist zu empfehlen, wenn man die Rotunda mit größeren Buchstaben schreibt.

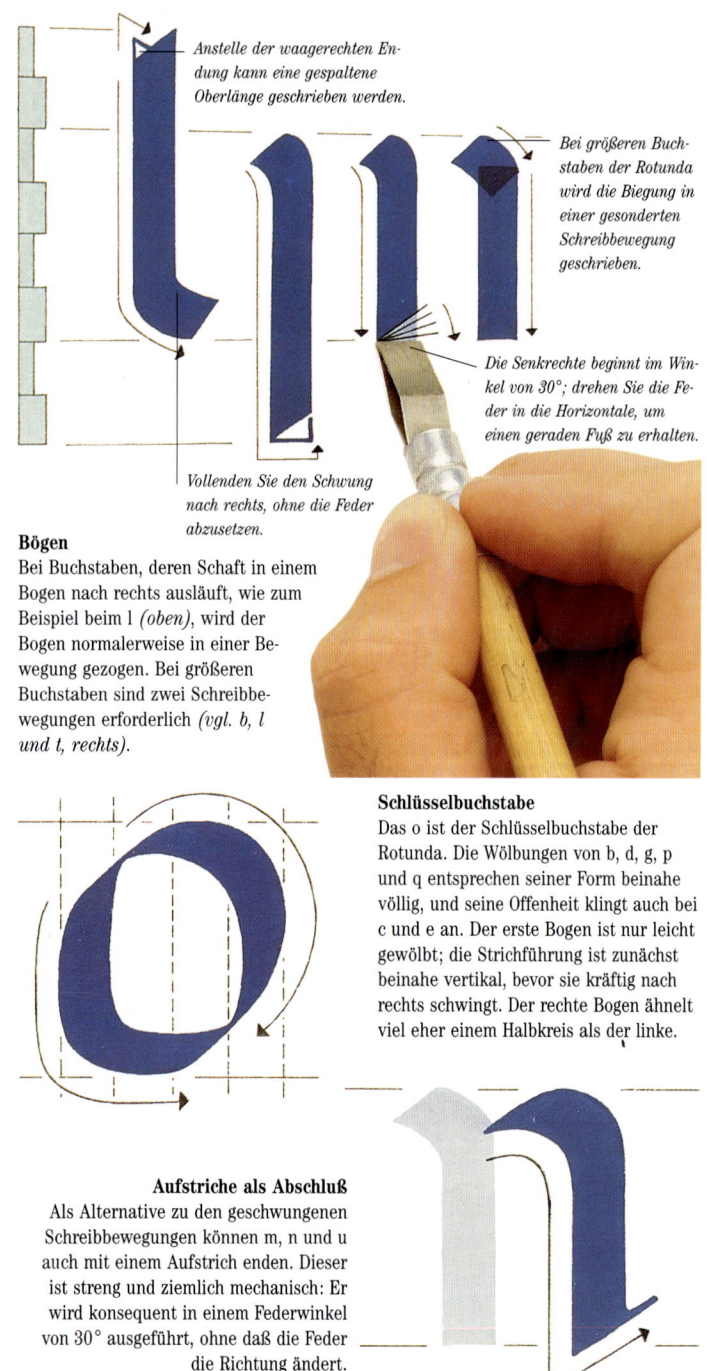

Anstelle der waagerechten Endung kann eine gespaltene Oberlänge geschrieben werden.

Bei größeren Buchstaben der Rotunda wird die Biegung in einer gesonderten Schreibbewegung geschrieben.

Die Senkrechte beginnt im Winkel von 30°; drehen Sie die Feder in die Horizontale, um einen geraden Fuß zu erhalten.

Vollenden Sie den Schwung nach rechts, ohne die Feder abzusetzen.

Bögen
Bei Buchstaben, deren Schaft in einem Bogen nach rechts ausläuft, wie zum Beispiel beim l *(oben)*, wird der Bogen normalerweise in einer Bewegung gezogen. Bei größeren Buchstaben sind zwei Schreibbewegungen erforderlich *(vgl. b, l und t, rechts)*.

Schlüsselbuchstabe
Das o ist der Schlüsselbuchstabe der Rotunda. Die Wölbungen von b, d, g, p und q entsprechen seiner Form beinahe völlig, und seine Offenheit klingt auch bei c und e an. Der erste Bogen ist nur leicht gewölbt; die Strichführung ist zunächst beinahe vertikal, bevor sie kräftig nach rechts schwingt. Der rechte Bogen ähnelt viel eher einem Halbkreis als der linke.

Aufstriche als Abschluß
Als Alternative zu den geschwungenen Schreibbewegungen können m, n und u auch mit einem Aufstrich enden. Dieser ist streng und ziemlich mechanisch: Er wird konsequent in einem Federwinkel von 30° ausgeführt, ohne daß die Feder die Richtung ändert.

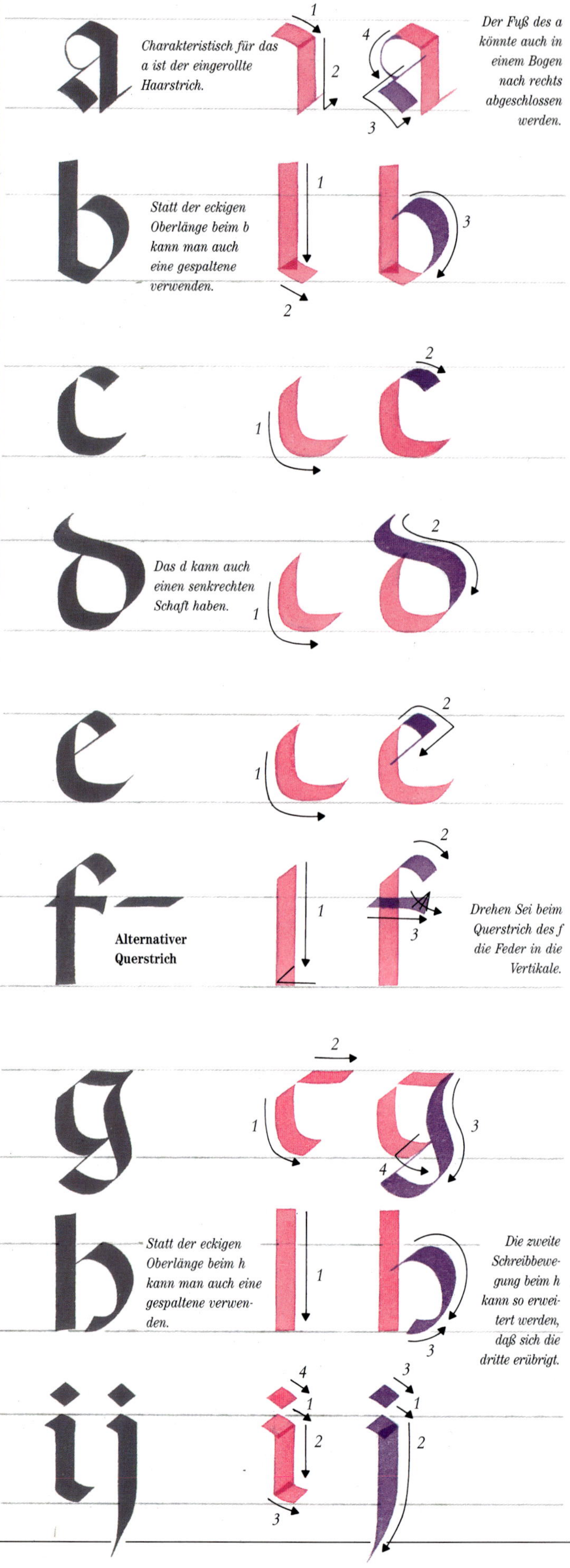

Charakteristisch für das a ist der eingerollte Haarstrich.

Der Fuß des a könnte auch in einem Bogen nach rechts abgeschlossen werden.

Statt der eckigen Oberlänge beim b kann man auch eine gespaltene verwenden.

Das d kann auch einen senkrechten Schaft haben.

Alternativer Querstrich

Drehen Sie beim Querstrich des f die Feder in die Vertikale.

Statt der eckigen Oberlänge beim h kann man auch eine gespaltene verwenden.

Die zweite Schreibbewegung beim h kann so erweitert werden, daß sich die dritte erübrigt.

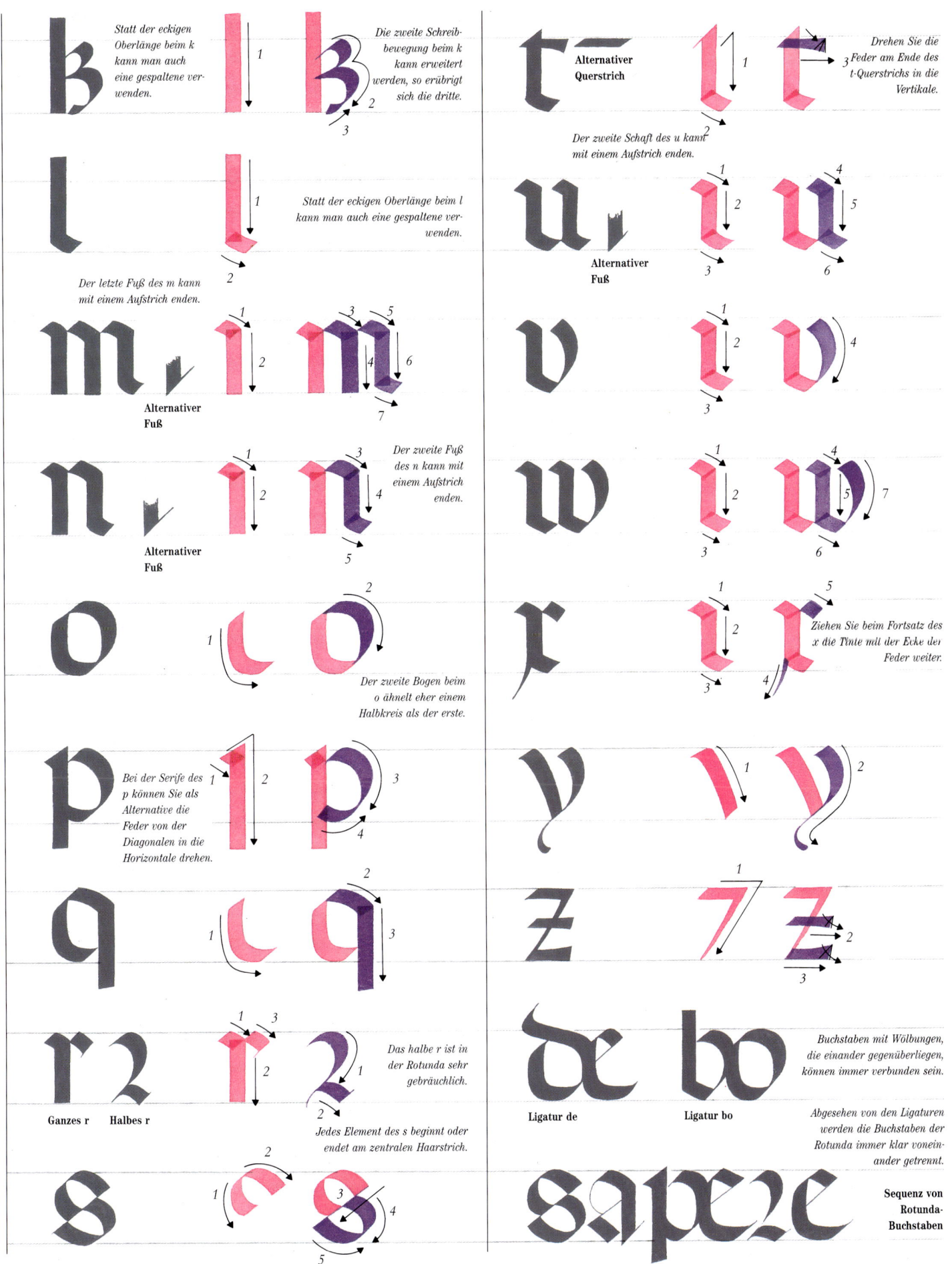

Statt der eckigen Oberlänge beim k kann man auch eine gespaltene verwenden.

Die zweite Schreibbewegung beim k kann erweitert werden, so erübrigt sich die dritte.

Alternativer Querstrich

Drehen Sie die Feder am Ende des t-Querstrichs in die Vertikale.

Statt der eckigen Oberlänge beim l kann man auch eine gespaltene verwenden.

Der zweite Schaft des u kann mit einem Aufstrich enden.

Der letzte Fuß des m kann mit einem Aufstrich enden.

Alternativer Fuß

Alternativer Fuß

Der zweite Fuß des n kann mit einem Aufstrich enden.

Alternativer Fuß

Der zweite Bogen beim o ähnelt eher einem Halbkreis als der erste.

Ziehen Sie beim Fortsatz des x die Tinte mit der Ecke der Feder weiter.

Bei der Serife des p können Sie als Alternative die Feder von der Diagonalen in die Horizontale drehen.

Ganzes r   Halbes r

Das halbe r ist in der Rotunda sehr gebräuchlich.

Ligatur de

Ligatur bo

Buchstaben mit Wölbungen, die einander gegenüberliegen, können immer verbunden sein.

Jedes Element des s beginnt oder endet am zentralen Haarstrich.

Abgesehen von den Ligaturen werden die Buchstaben der Rotunda immer klar voneinander getrennt.

Sequenz von Rotunda-Buchstaben

Die Versalien der Rotunda

DIE STRUKTUR DER Großbuchstaben der Rotunda ist weniger klar definiert als die der Minuskeln *(S. 86 – 87).* Einfache und doppelte Schäfte können benutzt werden, und in der Geschichte gab es häufig die Kombination mit Lombardischen Versalien *(S. 64 – 65).* Die Großbuchstaben mit doppeltem Schaft, die wir hier vorstellen, entstammen unterschiedlichen Quellen und sollten lediglich als Richtschnur für eigene Interpretationen betrachtet werden.

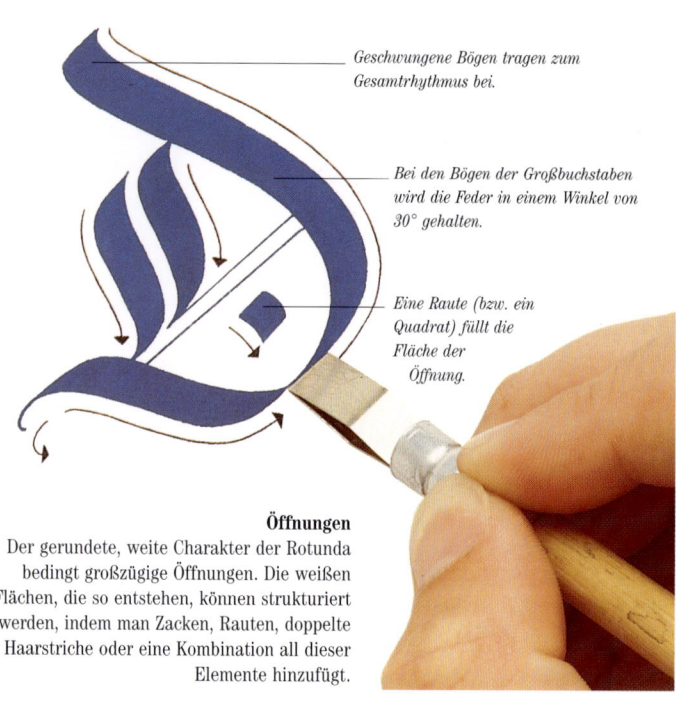

Geschwungene Bögen tragen zum Gesamtrhythmus bei.

Bei den Bögen der Großbuchstaben wird die Feder in einem Winkel von 30° gehalten.

Eine Raute (bzw. ein Quadrat) füllt die Fläche der Öffnung.

Öffnungen

Der gerundete, weite Charakter der Rotunda bedingt großzügige Öffnungen. Die weißen Flächen, die so entstehen, können strukturiert werden, indem man Zacken, Rauten, doppelte Haarstriche oder eine Kombination all dieser Elemente hinzufügt.

Eckige Füße

Oben am Schaft steht die Feder in einem Winkel von 30°; dieser sollte für die gesamte Senkrechte bis zur Grundlinie beibehalten werden. Bei dem eckigen Fuß verwenden Sie die Ecke der Feder, um eine Kontur entlang der Grundlinie und dann wieder nach oben zu ziehen zur rechten Seite des Schaftes.

Die Füße werden mit der Ecke der Feder konturiert und ausgefüllt.

Alternative Form des M

Bei dieser Form des M befindet sich der doppelte Schaft im Zentrum des Buchstabens, und ein großer Bogen wurde hinzugefügt. Der doppelte Haarstrich gliedert die Fläche der Öffnung.

Der Zwischenraum zwischen den Schäften sollte ungefähr eine halbe Federbreite betragen.

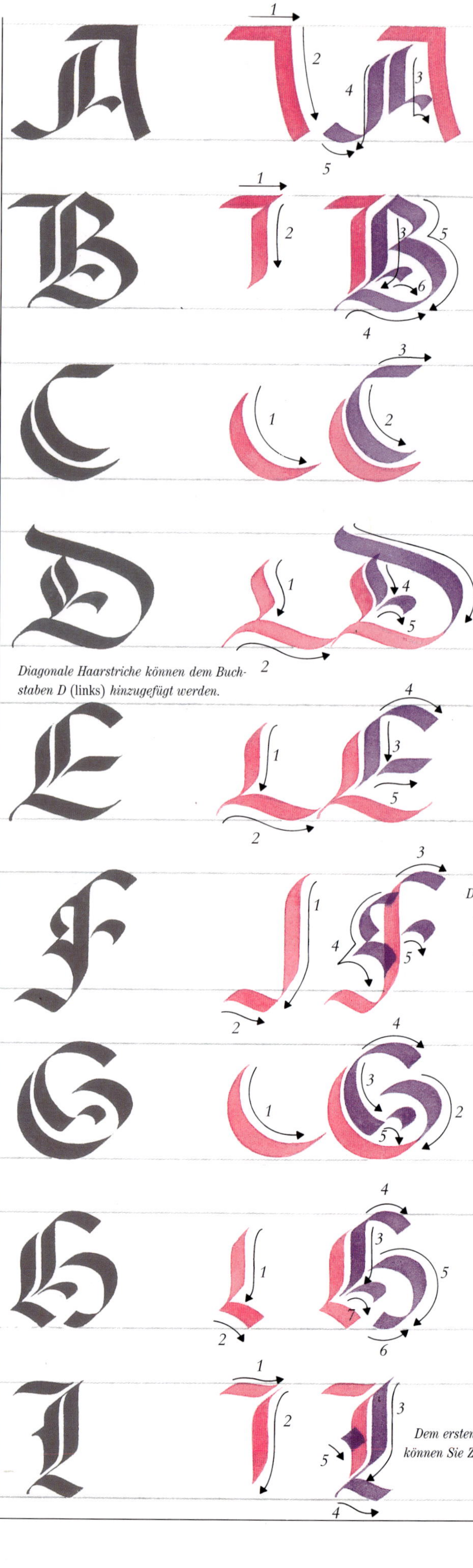

Vertikale Haarstriche können in die Öffnung des B eingefügt werden.

Diagonale Haarstriche können dem Buchstaben D (links) hinzugefügt werden.

Der Schaft des F kann auch aus einem Doppelstrich bestehen.

Dem ersten Schaft des I können Sie Zacken hinzufügen.

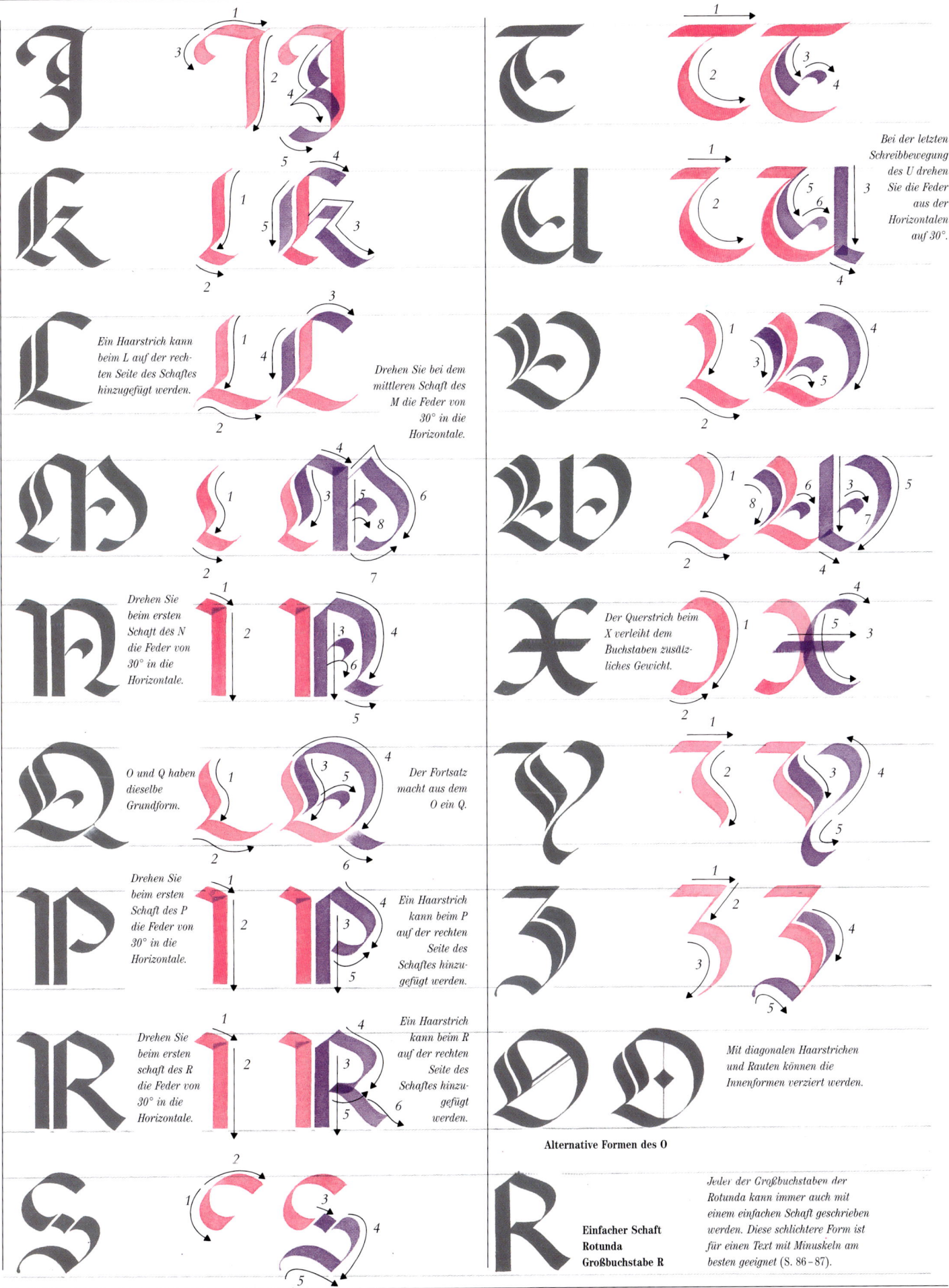

Ein Haarstrich kann beim L auf der rechten Seite des Schaftes hinzugefügt werden.

Drehen Sie bei dem mittleren Schaft des M die Feder von 30° in die Horizontale.

Drehen Sie beim ersten Schaft des N die Feder von 30° in die Horizontale.

O und Q haben dieselbe Grundform.

Der Fortsatz macht aus dem O ein Q.

Drehen Sie beim ersten Schaft des P die Feder von 30° in die Horizontale.

Ein Haarstrich kann beim P auf der rechten Seite des Schaftes hinzugefügt werden.

Drehen Sie beim ersten schaft des R die Feder von 30° in die Horizontale.

Ein Haarstrich kann beim R auf der rechten Seite des Schaftes hinzugefügt werden.

Bei der letzten Schreibbewegung des U drehen Sie die Feder aus der Horizontalen auf 30°.

Der Querstrich beim X verleiht dem Buchstaben zusätzliches Gewicht.

Mit diagonalen Haarstrichen und Rauten können die Innenformen verziert werden.

Alternative Formen des O

Einfacher Schaft Rotunda Großbuchstabe R

Jeder der Großbuchstaben der Rotunda kann immer auch mit einem einfachen Schaft geschrieben werden. Diese schlichtere Form ist für einen Text mit Minuskeln am besten geeignet (S. 86–87).

Die Humanistische Minuskel

DIE HUMANISTISCHE MINUSKEL *(Littera Antiqua)* und die römische Capitalis Monumentalis *(S. 108–109)* haben von allen historischen Schriften den größten Einfluß auf die Gegenwart. Sie prägen das Grundgerüst unserer Groß- und Kleinbuchstaben, und zwar sowohl in handgeschriebener als auch in gedruckter Form. Das eher dunkle Gesamtbild der gotischen Schriften trat hinter das lichtere der Renaissancebuchstaben zurück. Man könnte sich kaum eine Schrift vorstellen, die den geistigen Idealen der damaligen Zeit besser entsprochen hätte.

Bei den Serifen wurde die Feder in einem Winkel von 30° gehalten.

EIN M DER HUMANISTISCHEN MINUSKEL
Alle Buchstaben der Humanistischen Minuskel stehen senkrecht.

DIE HUMANISTISCHE Minuskel hatte ihren Ursprung eigentlich in der Wiederentdeckung der karolingischen Minuskel *(S. 38–39)*. Für die Gelehrten des 14. Jahrhunderts, wie auch für den italienischen Dichter Petrarca, stimmten die Klarheit und Unaffektiertheit der karolingischen Schrift mit den Idealen der Renaissance überein.

Obgleich die Humanistische Minuskel einen tiefen und prägenden Einfluß auf die Schrift der Gegenwart haben sollte, die ja auf dem Fundament des lateinischen Alphabets basiert, wurde sie zunächst eher zögernd akzeptiert. Wirklich populär wurde diese Schrift erst dann, als handgeschriebene von gedruckten Büchern verdrängt wurden und als ihre Buchstabenformen Vorbild wurden für die Typographie, besonders bei Nicholas Jenson aus Venedig nach 1470 *(S. 38–39)*. Allmählich ersetzte sie in Italien die Rotunda *(S. 84–85)* und die gotischen Schriften Britanniens und des südlichen Europa als entscheidendes Vorbild für die Lettern des Buchdrucks.

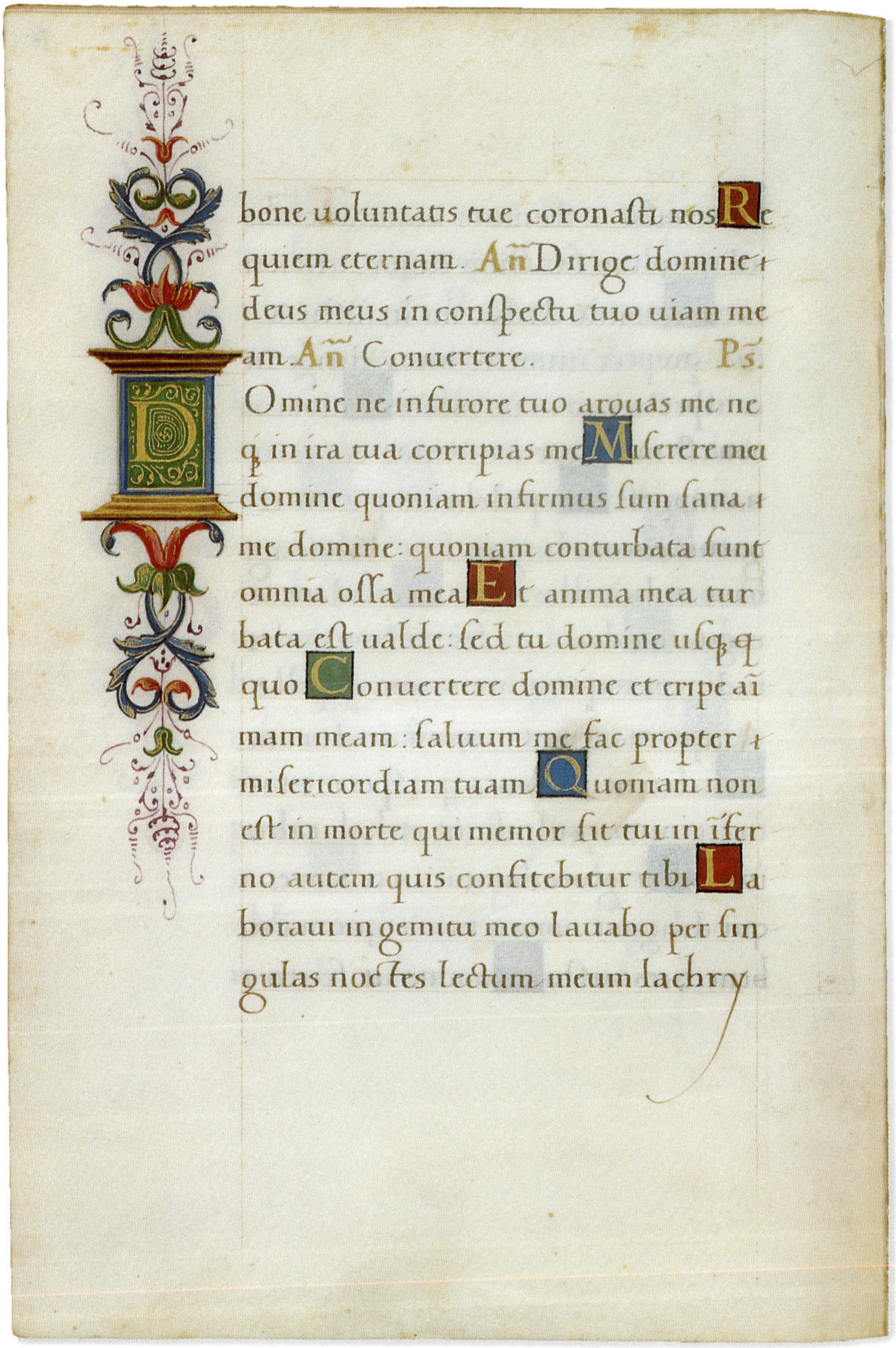

STUNDENBUCH
Dieses Stundenbuch wurde ungefähr um 1500 in Bologna für Giovanni II Bentivoglio geschrieben. Man könnte zu Recht behaupten, daß die prächtigen Verzierungen und die leuchtenden Farben der Versalien von der Erhabenheit der Schrift ablenken. Die flachen Serifen am Kopf der Oberlängen gehen auf eine horizontal gehaltene Feder zurück *(S. 92–93)*.

Achten Sie darauf, mit welcher Akribie und Gleichmäßigkeit diese kleinen „et“-Zeichen in den Text gesetzt wurden.

Das Buch wurde mit der Hand auf Vellum geschrieben.

Die Versalien gehen auf römische, nicht auf lombardische Buchstabenformen zurück.

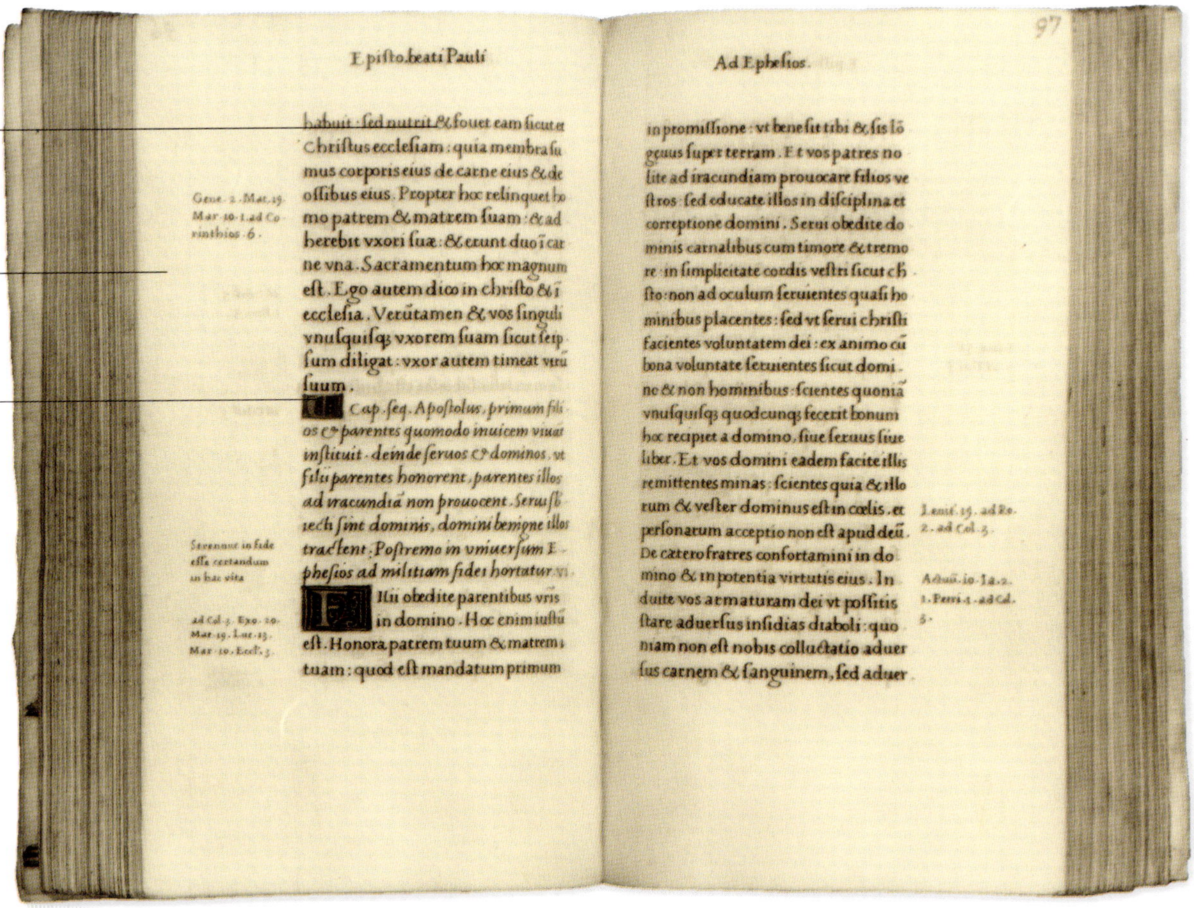

EPISTEL DES HL. PAULUS
Dieser Text wurde um 1500 geschrieben, und die Kombination von Humanistischer Kursive und Humanistischer Minuskel führt zu einer verblüffenden Wirkung: trotz der Winzigkeit der Lettern, die hier beinahe in der Originalhöhe wiedergegeben werden, bleibt jeder Buchstabe klar lesbar. Auf den ersten Blick könnte man das Manuskript fast für ein gedrucktes Buch halten.

In dieser Marginalie wird der frühe Gebrauch arabischer Ziffern erkennbar.

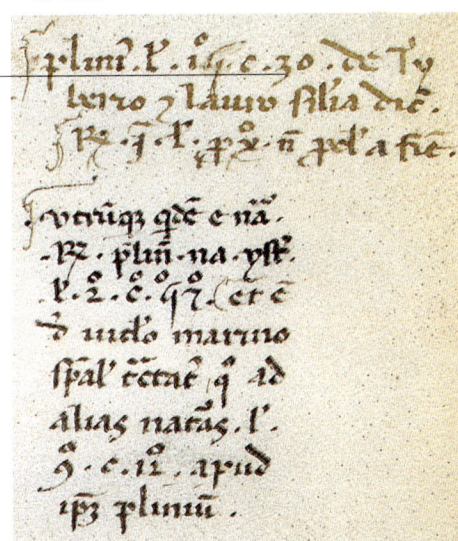

DIE HANDSCHRIFT PETRARCAS
Die Schrift, die von Francesco Petrarca entwickelt wurde, war wahrscheinlich die erste Humanistische Minuskel. Diese Anmerkung zu seiner Kopie von Suetons „Cäsarenleben“ schrieb der Dichter um 1370. Hier wird klar erkennbar, bis zu welchem Grad er die karolingische Minuskel als Vorbild für seine Schrift übernommen hat.

GEDRUCKTER TEXT
Die Typographie des 15. Jahrhunderts orientierte sich eng an den handgeschriebenen Buchstaben der damaligen Zeit. Die Übereinstimmungen zwischen diesen Drucktypen *(unten)*, die nach 1486 verwendet wurden, und der handgeschriebenen Humanistischen Minuskel der Epistel des hl. Paulus *(oben)* sind ganz offensichtlich.

Diese Kursivbuchstaben wurden wahrscheinlich vom Goldschmied Francesco Griffo im Jahre 1501 geschnitten.

ex eis quæ manifeste apparent concludamus, as
à nobis alibi demonstratis, atque ab ipso adeò
naquæq; animalis pars humorem ad se loco ali
sius naturam permutat. Est autem unicuiq; par
licet est, non secúdum humorum quæ ipsi insunt
lidorum corporum substantiam, à quibus etiam
alteratio contingit. Verum siquidem hoc ita

Cõcludit cõ
tra Aristot.
testes semen
generare ex
coq; nutriri

Kleine Buchstaben

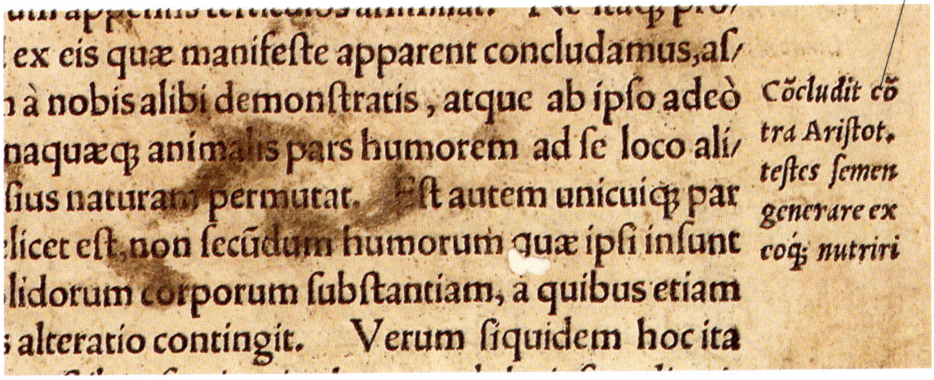

Genau wie die karolingische Minuskel war die Humanistische Minuskel eine elegante Schrift, die für kleinere Schrifthöhen am besten geeignet war. Dies wird bei den winzigen Lettern des Epistel-Textes *(oben)* deutlich. In Italien wurde die Rotunda *(S. 84–85)* weiterhin für großformatige Bücher verwendet.

Initialen und Großbuchstaben

Die bei den gotischen Schreibern so beliebten Initialen wurden auch im Zusammenhang mit der Humanistischen Minuskel verwendet, aber sie wurden zunehmend nach dem Muster römischer Formen gestaltet *(S. 108–109)*. Der Gebrauch von Großbuchstaben am Beginn von Sätzen hatte sich allgemein etabliert. Die Großbuchstaben der humanistischen Schriften orientierten sich ebenfalls an römischen Vorbildern; sie wurden mit dem gleichen Duktus geschrieben wie die Minuskeln und hatten die gleiche Höhe wie die Oberlängen (S. 98–99). Die Höhe von Ober- und Unterlänge wurde strikt eingehalten.

Die Humanistische Minuskel

DIE HUMANISTISCHE MINUSKEL ist ein direkter Abkömmling der karolingischen Minuskel *(S. 40–41)*. Die Buchstaben sind sehr klar, werden nicht verbunden und sind offen – sie stehen von der Form her modernen Buchstaben sehr nahe, besonders den Drucklettern. Es gibt keine übertriebenen Ober- oder Unterlängen, und die Zeilenabstände verlaufen klar und gleichmäßig. Die Humanistische Minuskel kann mit einer gerade geschnittenen „schrägen" oder mit einer schräg geschnittenen „geraden" Feder geschrieben werden, wie die Buchstaben, die Sie hier sehen.

Die „schräge" Feder
Die Humanistische Minuskel für die „schräge" Feder basiert auf der frühen Schrift von Poggio und ist eng mit der karolingischen Minuskel verwandt. Sie wird mit einem Federwinkel von 30°–40° geschrieben. Das a ist ein zweistöckiger Buchstabe, und dies unterscheidet es vom a der Kursiven, das einstöckig ist *(S. 96–97)*.

Die „gerade" Feder
Im ausgehenden 15. Jahrhundert nahm die Tendenz zu, die Humanistische Minuskel mit einer „geraden" Feder zu schreiben. Der Federwinkel ist sehr flach, er beträgt 5°–15°, und es ergeben sich ausgeprägte Kontraste von breiter und schmaler Strichführung.

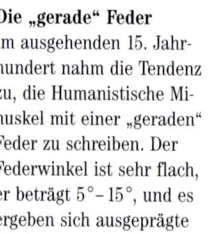

Keilförmige Serife in zwei Schreibbewegungen.

Flache Serife.   *Mit einer „geraden" Feder gezogener Fuß.*   *Mit einer „schrägen" Feder gezogener Fuß.*

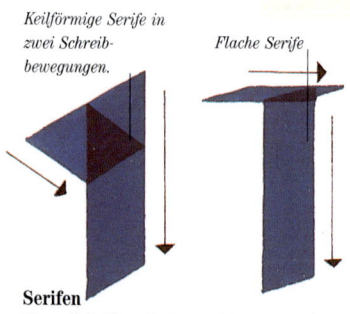

Serifen
Diese Schrift enthält zwei Arten von Serifen: keilförmige und flache. Die keilförmige Serife wird entweder in einer einzigen Schreibbewegung oder in zwei Abschnitten geschrieben *(oben)*. Die flache Serife entsteht durch einen einzigen horizontalen Strich. Bei einer „geraden" Feder kann die flache Serife auch beim Abschluß von senkrechten Mittellängen und von Unterlängen gesetzt werden *(vgl. Buchstaben f, h, k, m, n, p, q, r, gegenüber).*

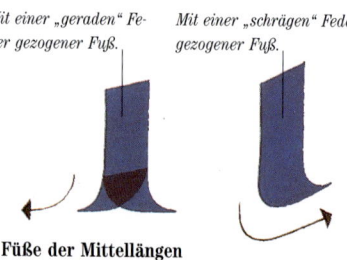

Füße der Mittellängen
Bei einer „schrägen" Feder besteht eher die Tendenz zu einem gedrehten Fuß, der dadurch zustandekommt, daß die Mittellängen durch einen kleinen Schwung nach rechts abgeschlossen werden. Wenn man eine „gerade" Feder benutzt, dann erweist sich dieser Schwung als etwas schwierig. Verwenden Sie statt dessen die flache Serife oder schließen Sie den Strich mit einer leichten Bewegung nach rechts entlang der Grundlinie ab, dann fügen Sie eine Serife an der linken Seite hinzu.

Beim b kann die keilförmige Serife durch eine flache ersetzt werden.

Bei einer „schrägen" Feder erhält der Bauch des b eine diagonale Achse.

Beim d kann die keilförmige Serife durch eine flache ersetzt werden.

Bei einer „schrägen" Feder erhält die Öffnung des d eine diagonale Achse.

Wie beim f der Rotunda, so gibt es beim f der Humanistischen Minuskel keine Unterlänge.

Bei einer „schrägen" Feder erhält die Öffnung des g eine diagonale Achse.

Beim h kann die keilförmige Serife durch eine flache ersetzt werden.

Das h kann mit einem gedrehten Fuß enden.

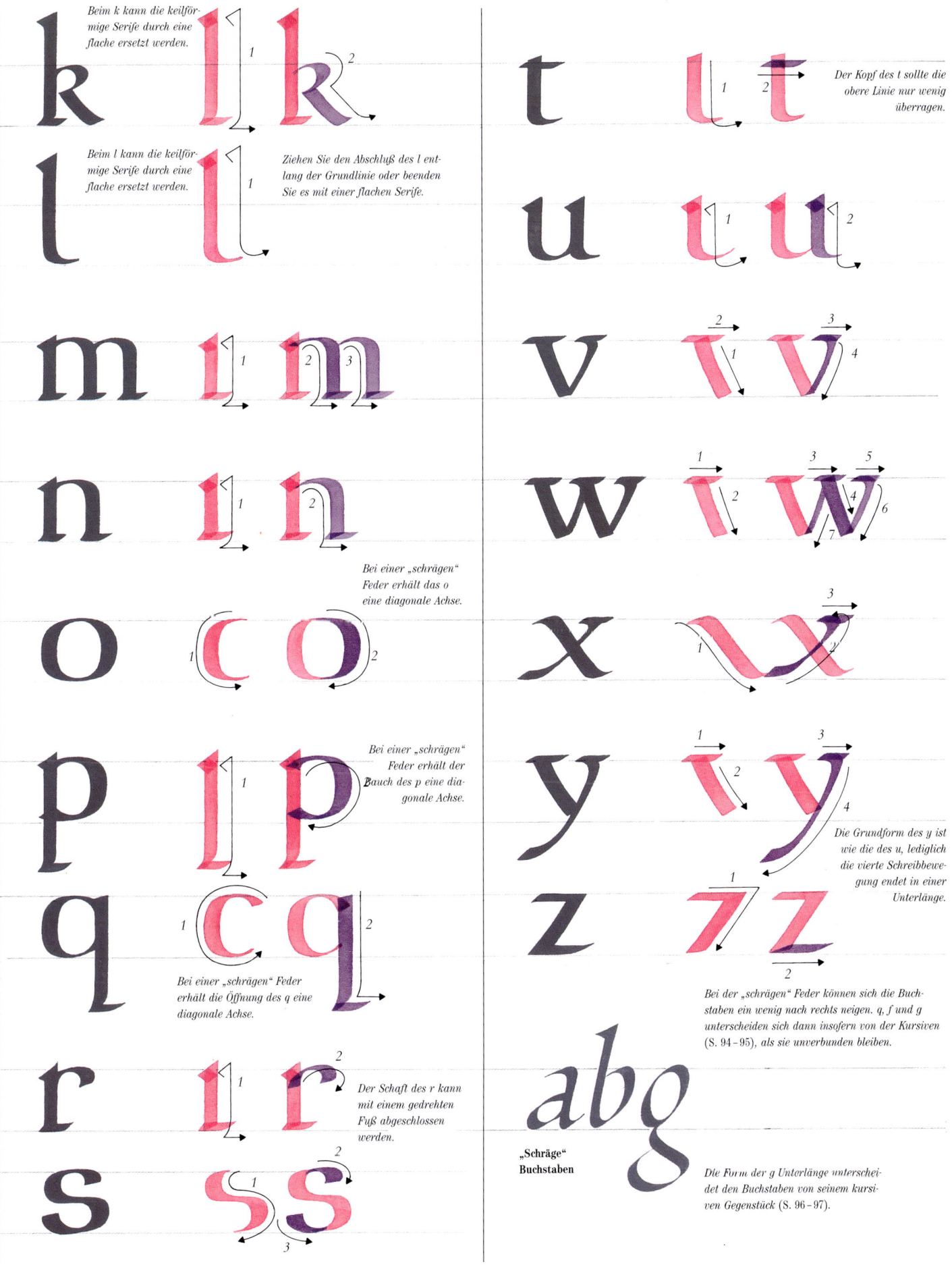

Beim k kann die keilförmige Serife durch eine flache ersetzt werden.

Beim l kann die keilförmige Serife durch eine flache ersetzt werden.

Ziehen Sie den Abschluß des l entlang der Grundlinie oder beenden Sie es mit einer flachen Serife.

Bei einer „schrägen" Feder erhält das o eine diagonale Achse.

Bei einer „schrägen" Feder erhält der Bauch des p eine diagonale Achse.

Bei einer „schrägen" Feder erhält die Öffnung des q eine diagonale Achse.

Der Schaft des r kann mit einem gedrehten Fuß abgeschlossen werden.

Der Kopf des t sollte die obere Linie nur wenig überragen.

Die Grundform des y ist wie die des u, lediglich die vierte Schreibbewegung endet in einer Unterlänge.

Bei der „schrägen" Feder können sich die Buchstaben ein wenig nach rechts neigen. q, f und g unterscheiden sich dann insofern von der Kursiven (S. 94–95), als sie unverbunden bleiben.

„Schräge" Buchstaben

Die Form der g Unterlänge unterscheidet den Buchstaben von seinem kursiven Gegenstück (S. 96–97).

Die Humanistische Kursive

IN IHRER URSPRÜNGLICHEN FORM ist die Humanistische Kursive *(Cancellaresca Corsiva, Littera di Brevi)* ein Abkömmling der Humanistischen Minuskel *(S. 90–91)*. Im Laufe der Zeit jedoch entwickelte sie sich zu einer eigenständigen Schrift, die ihrerseits die Englische Schreibschrift *(Copperplate)* hervorbrachte. Die Kursive wurde im Jahre 1420 von Niccolo Niccoli erfunden, einem italienischen Gelehrten, dem die Humanistische Minuskel in ihrer Schreibgeschwindigkeit als zu langsam erschien. Bis 1440 war seine neue, weniger arbeitsintensive Kursive bereits als offizielle Schrift der päpstlichen Kanzlei übernommen worden.

EIN A DER KURSIVE
Das a der Humanistischen Kursive ist mit seiner ausgeformten Öffnung der früheste Vorläufer unseres modernen Buchstabens a.

Im allgemeinen werden die Buchstaben auf der Mitte zwischen Grund- und Oberlinie verbunden.

DIE VIER GRUNDLEGENDEN Charakteristika von Niccolis Kursivschrift ergeben sich beinahe von selbst, wenn man die Humanistische Minuskel schnell schreibt und die Feder dabei kaum absetzt; die Schrift erhält dann eine Neigung nach rechts, Kreise werden eher oval, viele Buchstaben können in einem Zug geschrieben werden, und Buchstaben werden miteinander verbunden.

Die Verwandlung des a

Das a erfuhr durch Niccoli die grundlegendste Verwandlung: Er machte aus dem hohen, zweistöckigen Buchstaben *(S. 92)* das einstöckige a, das in seiner Höhe der Mittellänge entsprach *(oben rechts)*. Auch das q folgte dieser neuen Form und ähnelte einem a mit Unterlänge. Für die Abschlüsse der Ober- und Unterlängen gab es jeweils eine Möglichkeit: entweder man gestaltete sie halbformell bzw. „formata", dann waren sie horizontal oder keilförmig und nach links ausgerichtet, oder sie waren „corsiva" d. h. gerundet und nach rechts gerichtet *(S. 96–97)*.

TRAKTAT ÜBER DIE FALKNEREI
Diese Seite aus einem Werk des italienischen Gelehrten Francesco Maro wurde um 1560–70 geschrieben und besteht hauptsächlich aus Alphabeten und Texten in unterschiedlichen Schriften. Oben verlaufen, in Gold, zwei Zeilen von „Cadels" (Zierbuchstaben, S. 80–81). Unterhalb der blauen Leiste erscheint die Kursive mit großzügigen Abständen zwischen Buchstaben und Zeilen. Die Minuskelschrift ist eine „formata", die als solche an den keilförmigen Serifen der Oberlängen erkennbar wird. Es folgen vier Zeilen Textura Quadrata (S. 50–51) und unterhalb der grünen Leiste einige Zeilen der Humanistischen Minuskel (S. 90–91).

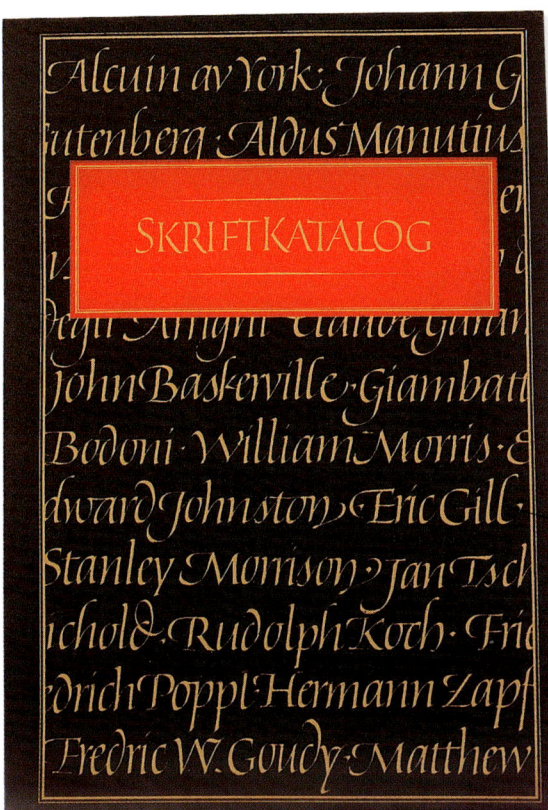

SKRIFTKATALOG

FVRIVS IN QVARTO ANNALI.

reſſatur pede peſ: mucro mucrone: uiro uir. Hinc Virgilius
Heroa pede peſ: denſuſq uiro uir. Homeri eſt. Hinc ſecuti
ſtius poeta in libro ſecundo belli hyſtrici ait. Non miſi mihi
quę centum: atq ora ſi etiam totidem uoceſq liquatę. Hn
Virgilius ait. Non mihi ſi linguę centum ſint oraq; centum
merica deſcriptio eſt equi fugientis: in hęc uerba.

*Die langen Ober- und Unterlängen waren
für den Schreiber problematisch, wenn sie
im Zeilenzwischenraum zusammenstießen.*

*In diesem Kursiv-Text hat der Kalligraph
sowohl „formata“ als auch „corsiva“-
Oberlängen verwendet.*

KATALOG FÜR DRUCKLETTERN
Dieser Entwurf von 1990 stammt von dem
norwegischen Kalligraphen Christopher
Haanes. Er erreicht Harmonie zwischen
Großbuchstaben und Minuskeln, indem er
die Höhe der Großbuchstaben reduziert
und sie die Mittellänge nur wenig überragen läßt.

SATURNALIA
Diese schöne Kursive wurde 1465 von Ambrosius Theodo-
sius Macrobius geschrieben. Jeder Buchstabe ist klar definiert und erinnert sowohl an die Humanistische Minuskel
(S. 90 – 91) als auch an die frühere karolingische Minuskel
(S. 38 – 39). Verglichen mit denen von Maro *(gegenüber)*
sind die Großbuchstaben hier klein und zurückhaltend.

Der Einfluß des Buchdrucks
Die Entwicklung des Buchdrucks im 15.
Jahrhundert stellte neue Anforderungen,
die von grundlegendem Einfluß auf die Humanistische Kursive waren. Im Jahre 1501
erteilte der venezianische Drucker Aldus
Manutius dem Goldschmid Francesco
Griffo den Auftrag, eine kleine Drucktype
der Humanistischen Kursive zu entwerfen
(S. 90 – 91), bei der die meisten Buchstaben klar voneinander getrennt waren. Von
diesem Augenblick an begannen die Kalligraphen, dem Beispiel der Typographie zu
folgen, indem sie ihre geschriebenen Lettern ebenfalls voneinander trennten. Die
spezifisch kursive Qualität erlitt dadurch
einige Einbußen, doch bald erreichte sie
ihre volle Reife als sorgfältig ausgeformte
Schrift. Aber schon in den fünfziger Jahren
des 15. Jahrhunderts klagten die Schreiber,
daß die Kursive in ihrer Geschwindigkeit
zu langsam geworden sei. Von nun an
wurde sie immer seltener verwendet und
schließlich nur noch für Texte in Parenthe-
sen und für Anmerkungen eingesetzt.

Johnstons o
Für den modernen Kalligraphen bleibt die
Humanistische Kursive immer eine Quelle
der Inspiration. Viele neuere Kursivschriften können zwar nicht auf das 15. Jahrhundert zurückgeführt werden, wohl aber
auf den Kalligraphen Edward Johnston zu
Beginn des 20. Jahrhunderts.

*Die relative Grobheit von Morris'
Großbuchstaben geht wahrscheinlich darauf zurück, daß er eine
spitze Feder statt der geeigneteren
breiten verwendete.*

*Obgleich es sich um eine Kursive
handelt, stehen Morris'
Buchstaben auffallend senkrecht,
wenn man die Schrift mit einer
klassischen Humanistischen
Kursive wie der von Francesco
Moro (gegenüber) vergleicht.*

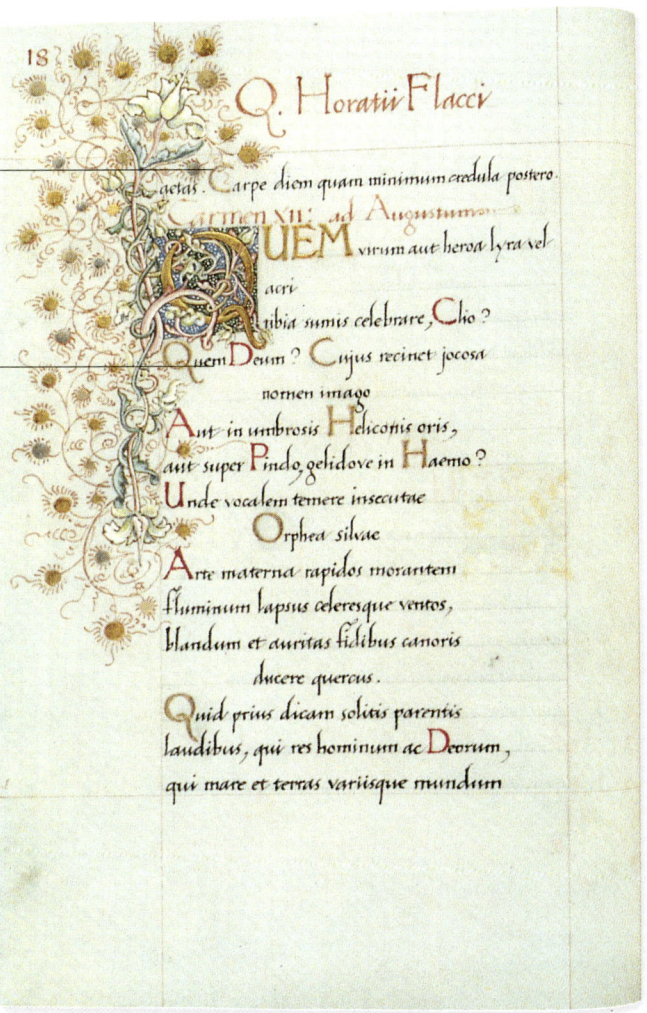

WILLIAM MORRIS
Obgleich Edward Johnston im
allgemeinen als „Vater“ der
modernen Kalligraphie be-
trachtet wird *(S. 42 – 43)*,
hatte William Morris die Methoden der mittelalterlichen
Schreiber schon zwei Jahr-
zehnte vor ihm erforscht.
Diese illuminierte Arbeit von
1874 ist ein Versuch, die Vision
der „Arts and Crafts“-Bewe-
gung Wirklichkeit werden zu
lassen, indem eine enge
Beziehung von Handwerker
und Werkzeug erreicht wird
(S. 42 – 43). Da aber eher eine
spitze als eine breite Feder
verwendet wurde, um die
Großbuchstaben zu schreiben,
ist der Versuch nur zum Teil
erfolgreich.

Die Humanistische Kursive

DIE HUMANISTISCHE KURSIVE wird mit einer gerade geschnittenen „schrägen" Feder in einem Federwinkel zwischen 35° und 40° geschrieben.. Die beiden traditionellen Beispiele sind die „Formata" und die „Corsiva". „Formata"-Buchstaben sind durch die keilförmige Serife links am Schaft gekennzeichnet, „Corsiva"-Buchstaben durch den Bogen rechts vom Schaft. Das o ist der Schlüsselbuchstabe der Schrift: es bestimmt den grundlegenden Duktus, den Bogen anderer Buchstaben und die Buchstabenbreite *(unten)*.

Verbindungsstriche

Wo immer Aufstriche vom Schaft eines Buchstabens entspringen – so wie bei h, m und n –, sollte der Aufstrich ungefähr zwei Federbreiten unterhalb der Oberlinie beginnen. Der untere Aufstrich der Öffnung des d, g und q trifft den Schaft ungefähr in einer Höhe von zwei Federbreiten oberhalb der Schriftlinie. Alle Verbindungsstriche folgen diesen Grundregeln.

Die Buchstaben der Kursive haben eine Vorwärtsneigung von ungefähr 10° oder 15°.

Verbindungsstriche sollten ungefähr zwei Federbreiten unterhalb der Oberlinie beginnen.

Ober- und Unterlängen können die gleiche Höhe wie die Mittellänge haben oder ein wenig kürzer sein.

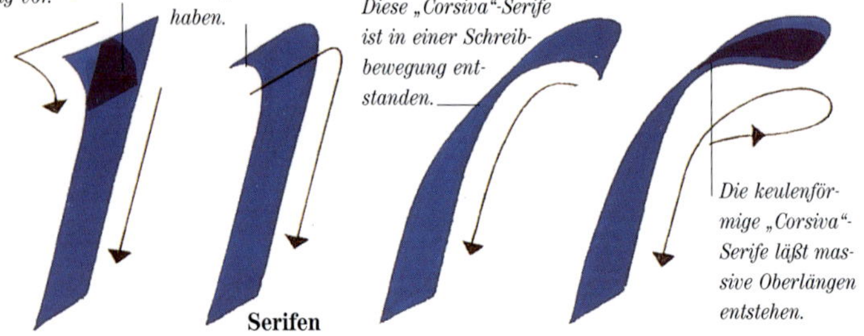

Diese keilförmige Serife, die in zwei Schreibbewegungen entsteht, kommt in modernen Arbeiten häufig vor.

Diese Serife kann auch Keulenform haben.

Diese „Corsiva"-Serife ist in einer Schreibbewegung entstanden.

Die keulenförmige „Corsiva"-Serife läßt massive Oberlängen entstehen.

Serifen

Serifen können keilförmig und nach links gerichtet sein *(formata)* oder nach rechts gerichtet *(corsiva)*. Bei den Buchstaben b, d, h, k und l im Alphabet *(rechts)* werden sowohl „Formata"- als auch „Corsiva"-Varianten vorgestellt.

Das o – in einzelnen Schritten

1. Wenn Sie das o in einem Zug schreiben, gehen Sie von 40° aus. Beginnen Sie unter der Oberlinie und schieben Sie die Feder zur Oberlinie, bevor Sie sie im Bogen nach links unten führen.

2. Behalten Sie den Federwinkel von 40° bei, schwingen Sie die Feder nach unten zur Grundlinie, ziehen Sie sie der Grundlinie entlang und beginnen Sie den Bogen nach oben.

3. Schieben Sie die Feder in einem Bogen zur Oberlinie, so daß Sie den oberen Ansatz gerade unterhalb davon treffen. Sie können das o auch in zwei Zügen schreiben *(gegenüber)*.

Das a der Kursive ist immer ein einstöckiger Buchstabe.

„Formata"-Form des b   „Corsiva"-Form des b

Der obere Bogen des c kann auch separat geschrieben werden.

„Formata"-Form des d   „Corsiva"-Form des d

Die obere Schlaufe des e kann in einem separaten Zug geschrieben werden.

Wenn das e am Schluß eines Wortes steht, kann es in einer „Zunge" enden.

Ohne den Querstrich wird aus dem f das lange s.

Die Unterlänge des g kann auch in einem offenen Bogen enden (oben links).

„Corsiva"-Form des h

„Formata"-Form des h

Der zweite Fuß des h kann auch in einem Aufstrich enden (oben links).

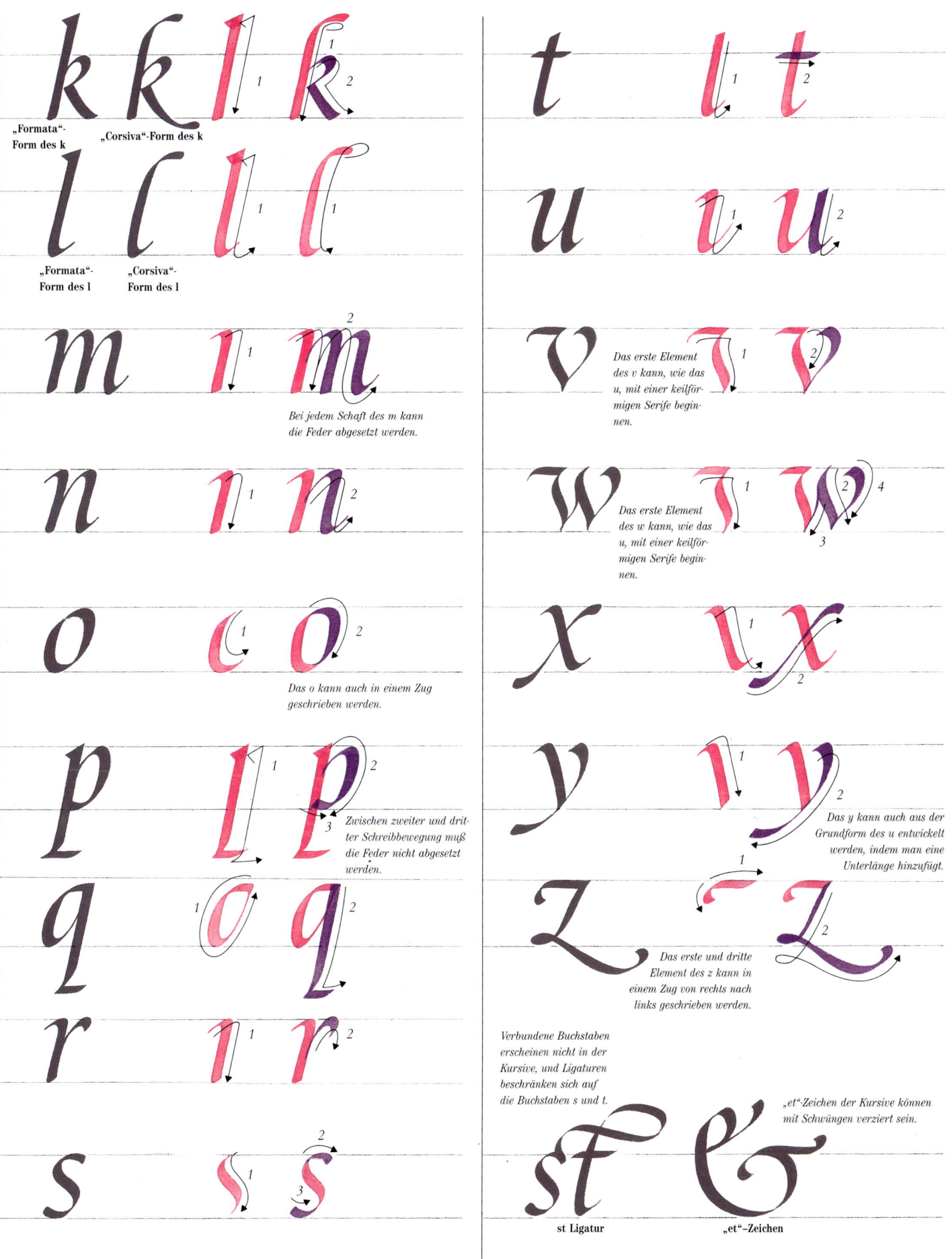

„Formata"-Form des k „Corsiva"-Form des k

„Formata"-Form des l „Corsiva"-Form des l

Bei jedem Schaft des m kann die Feder abgesetzt werden.

Das erste Element des v kann, wie das u, mit einer keilförmigen Serife beginnen.

Das erste Element des w kann, wie das u, mit einer keilförmigen Serife beginnen.

Das o kann auch in einem Zug geschrieben werden.

Zwischen zweiter und dritter Schreibbewegung muß die Feder nicht abgesetzt werden.

Das y kann auch aus der Grundform des u entwickelt werden, indem man eine Unterlänge hinzufügt.

Das erste und dritte Element des z kann in einem Zug von rechts nach links geschrieben werden.

Verbundene Buchstaben erscheinen nicht in der Kursive, und Ligaturen beschränken sich auf die Buchstaben s und t.

„et"-Zeichen der Kursive können mit Schwüngen verziert sein.

st Ligatur „et"-Zeichen

Großbuchstaben der humanistischen Schriften

DIE GROSSBUCHSTABEN DER HUMANISTISCHEN SCHRIFTEN orientieren sich eng an der römischen Capitalis Monumentalis *(S. 110–119)* und können sowohl zusammen mit der karolingischen Minuskel *(S. 40–41)*, der „Foundational Hand" *(S. 44–45)* als auch mit der Humanistischen Minuskel verwendet werden *(S. 92–93)*. Zu empfehlen ist ein Federwinkel von 30°, damit die Buchstaben in ihrer Gewichtung den in Stein gemeißelten Vorbildern entsprechen.

Großbuchstaben der Humanistischen Minuskel und der Kursiven sollten niemals die doppelte Mittellänge überschreiten.

Kursiv-Großbuchstaben neigen sich nach rechts im gleichen Winkel wie die Minuskeln.

Federn
Für die Großbuchstaben und die Minuskeln sollte die gleiche Feder verwendet werden. Die Serifen können in einem etwas flacheren Winkel als die Schäfte gezogen werden.

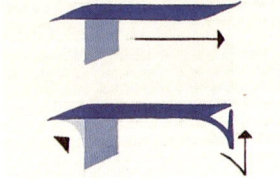

Querstrichserifen
Ziehen Sie die Querstriche von E und F und den oberen Bogen von C, G und S in einer einzigen Schreibbewegung. Sie können die beiden Serifen mit der Ecke der Feder zeichnen.

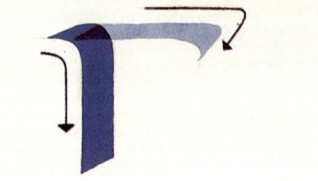

Alternative Serifen
Als Alternative kann die obere linke Serife aber auch identisch sein mit dem Anfang des Schaftes; die rechte Serife entsteht dann durch einen kleinen Schwung nach links.

Fußserifen, Grundform
Bei den Fußserifen ziehen Sie den Schaft zunächst nach links weiter und dann nach rechts an der Grundlinie entlang.

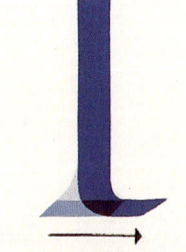

Angerundete Serifen
Als Alternative beenden Sie den Schaft mit einem Schwung nach rechts und fügen dann die linke Serife hinzu.

Innere Füllung

Innere Füllung
Als dritte Möglichkeit ziehen Sie die Grundform der Fußserife *(links)* und fügen die innere Füllung mit einem knappen Bogen hinzu.

Bei der Serife des C drehen Sie die Feder in die Vertikale (vgl. alternative Methoden, links).

Drehen Sie bei der oberen Serife des G die Feder in die Vertikale (vgl. alternative Methoden, links).

Der Buchstabe J kann die Grundlinie nach unten hin überschneiden.

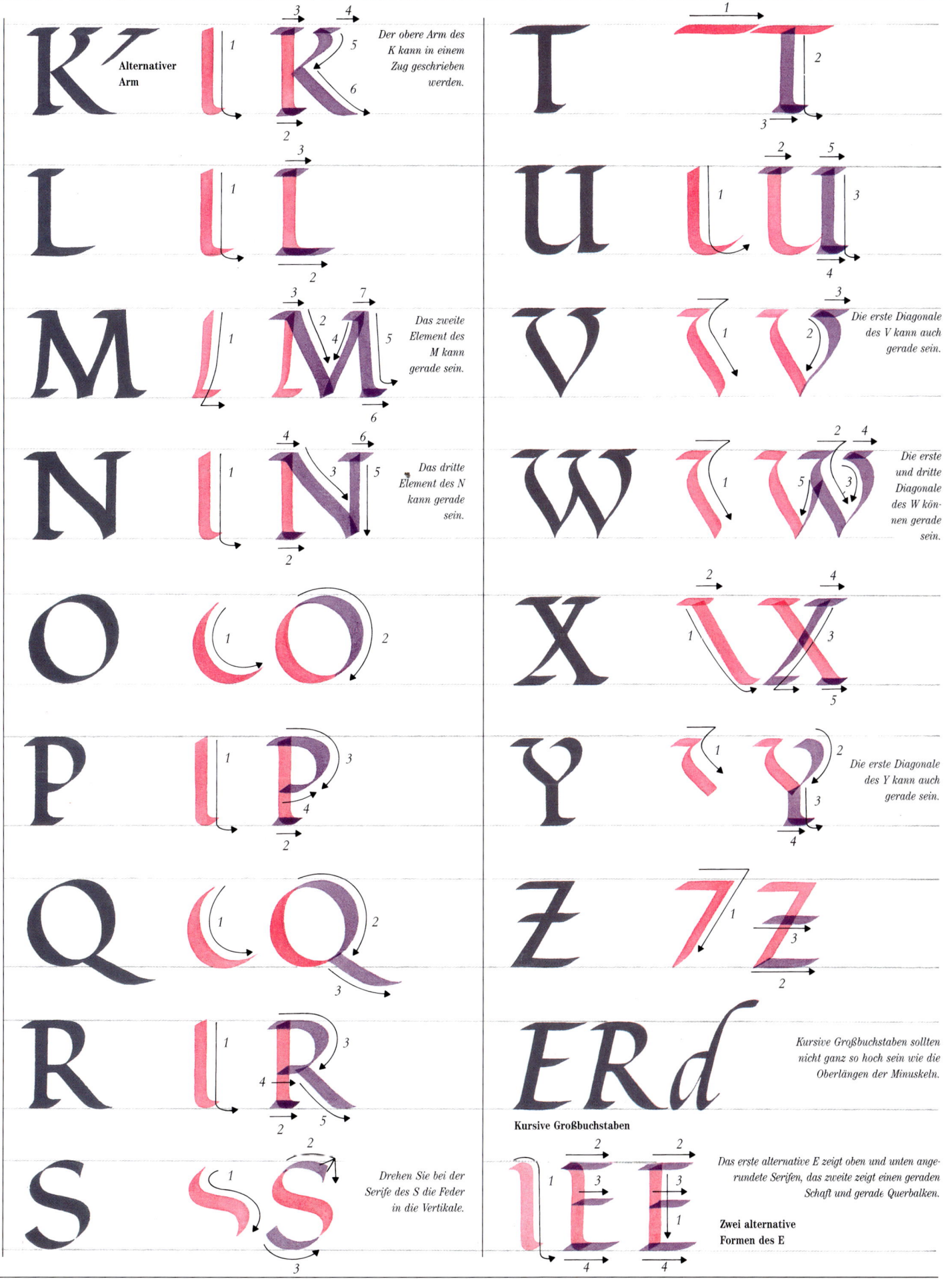

Alternativer Arm

Der obere Arm des K kann in einem Zug geschrieben werden.

Das zweite Element des M kann gerade sein.

Das dritte Element des N kann gerade sein.

Drehen Sie bei der Serife des S die Feder in die Vertikale.

Die erste Diagonale des V kann auch gerade sein.

Die erste und dritte Diagonale des W können gerade sein.

Die erste Diagonale des Y kann auch gerade sein.

Kursive Großbuchstaben sollten nicht ganz so hoch sein wie die Oberlängen der Minuskeln.

Kursive Großbuchstaben

Das erste alternative E zeigt oben und unten angerundete Serifen, das zweite zeigt einen geraden Schaft und gerade Querbalken.

Zwei alternative Formen des E

Humanistische Kursive: Zierformen

ZIERFORMEN VON GROSSBUCHSTABEN haben bei Texten der Humanistischen Kursiven eine ähnliche Funktion wie die farbig gestalteten Initialen gotischer Texte *(S. 58–59)*. Man sollte sie nie verwenden, um damit ganze Wörter zu schreiben, aber man kann sie mit den gewöhnlichen kursiven Großbuchstaben kombinieren *(S. 98–99)*. Der dekorative Effekt dieser Zierbuchstaben entsteht dadurch, daß die Schäfte nach oben oder unten verlängert werden.

Der Schaft ist über die Wölbung des Buchstabens hinaus verlängert worden und endet in einem Bogen.

Wenn man sowohl oben als auch links Bögen hinzufügt, wirkt der Buchstabe besonders dekorativ.

Der Bogen links vom Schaft ist eine organische Fortsetzung der Rundung.

Für die Zierbuchstaben wird die gleiche Feder wie für die Minuskeln der Humanistischen Kursiven verwendet (S. 96–97).

Linksläufige Schwünge und Bögen

Wenn man die Wölbung eines Buchstabens wie B oder R in einem Schwung fortsetzt, so sollte die Schreibbewegung eine natürliche Weiterführung des Bogens sein. Die Feder wird dann schwungvoll im Bogen gezogen. Beim Alphabet *(rechts)* stehen die Schwünge immer auch separat neben den Buchstaben.

Obere Schwünge und Bögen

Der Schaft kann nach oben hin verlängert und nach rechts gezogen werden wie bei den Oberlängen der „Corsiva"-Form *(S. 96–97)* der Humanistischen Kursivminuskel.

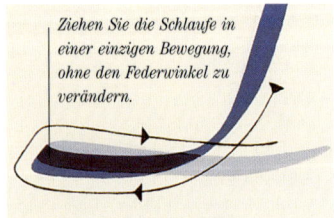

Ziehen Sie die Schlaufe in einer einzigen Bewegung, ohne den Federwinkel zu verändern.

Schlaufenförmige Endungen

Dieser Abschluß kann als Alternative zum Schwung am Ende des Schaftes verwendet werden. Er ist besonders für Buchstaben mit einem einzigen Schaft geeignet, zum Beispiel für J oder P. Führen Sie bei der Schlaufe die Schreibbewegung rückwärts über den Schaft, so daß es zu einer Überschneidung kommt. Ziehen Sie dann die Feder schwungvoll nach rechts.

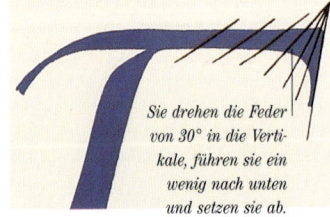

Sie drehen die Feder von 30° in die Vertikale, führen sie ein wenig nach unten und setzen sie ab.

Formelle Querstrichserifen

Dieser formelle Typus der Serife bildet einen eleganten Kontrast zu den Schwüngen. Von der Gestaltung her imitiert er die Serifen der mit dem Pinsel geschriebenen Capitalis Monumentalis *(S. 110–119)*. Wenn Sie sich dem Ende des Querstrichs nähern, beginnen Sie, die Feder von 30° in die Vertikale zu drehen.

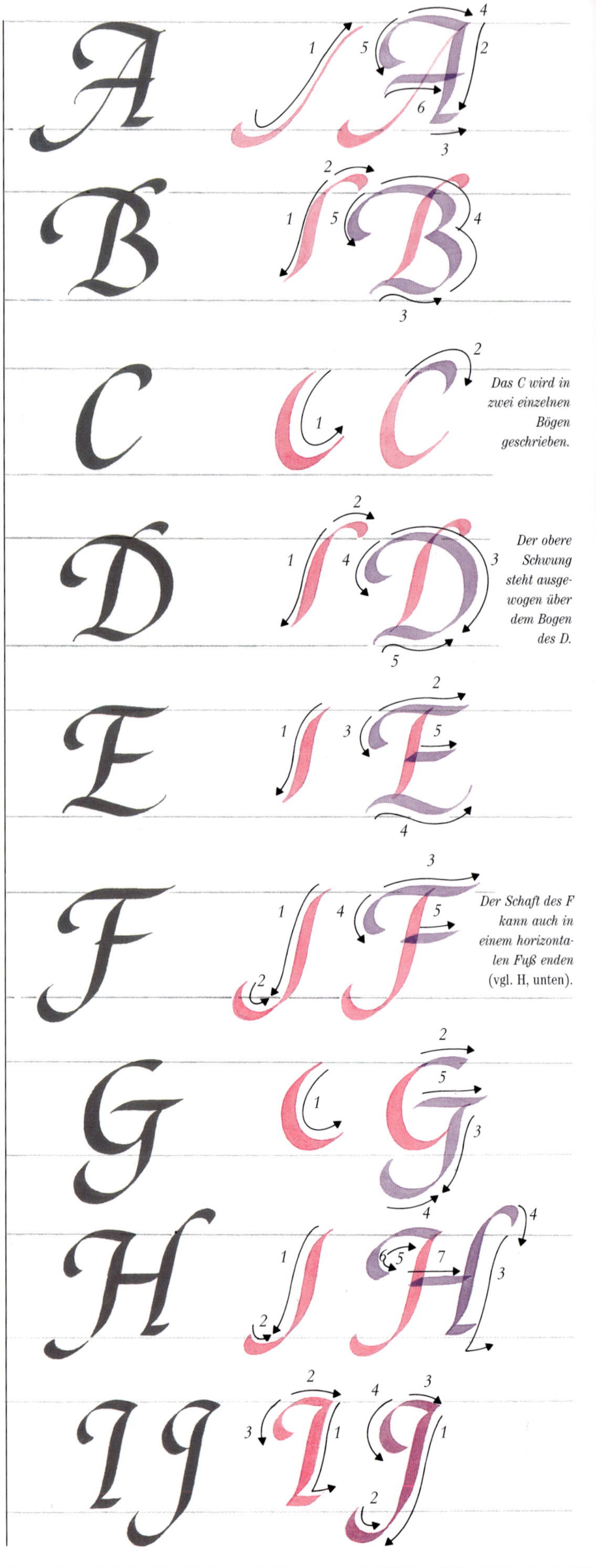

Das C wird in zwei einzelnen Bögen geschrieben.

Der obere Schwung steht ausgewogen über dem Bogen des D.

Der Schaft des F kann auch in einem horizontalen Fuß enden (vgl. H, unten).

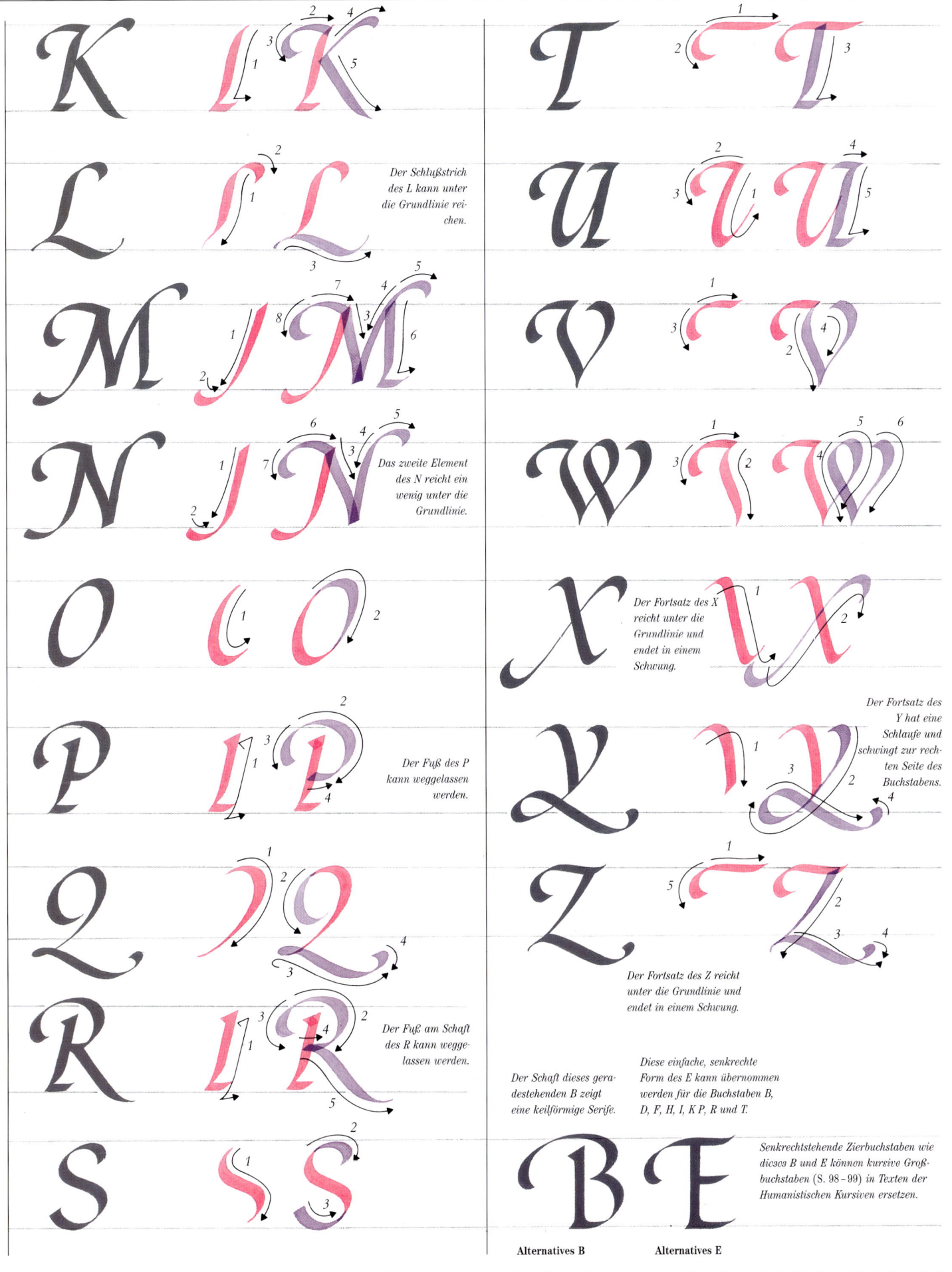

Der Schlußstrich
des L kann unter
die Grundlinie rei-
chen.

Das zweite Element
des N reicht ein
wenig unter die
Grundlinie.

Der Fuß des P
kann weggelassen
werden.

Der Fuß am Schaft
des R kann wegge-
lassen werden.

Der Fortsatz des X
reicht unter die
Grundlinie und
endet in einem
Schwung.

Der Fortsatz des
Y hat eine
Schlaufe und
schwingt zur rech-
ten Seite des
Buchstabens.

Der Fortsatz des Z reicht
unter die Grundlinie und
endet in einem Schwung.

Der Schaft dieses gera-
destehenden B zeigt
eine keilförmige Serife.

Diese einfache, senkrechte
Form des E kann übernommen
werden für die Buchstaben B,
D, F, H, I, K P, R und T.

Senkrechtstehende Zierbuchstaben wie
dieses B und E können kursive Großbuchstaben (S. 98–99) in Texten der
Humanistischen Kursiven ersetzen.

Alternatives B   Alternatives E

Die Englische Schreibschrift

DIE HUMANISTISCHE KURSIVE war als schnellschreibbare, rechtsgeneigte Version der Humanistischen Minuskel entstanden, entwickelte sich aber bis zu Beginn des 16. Jahrhunderts zu einer eigenständigen Formalschrift mit einem entsprechend langsameren Duktus *(S. 94 – 95)*. Im Jahre 1574 wurde dann für ein Lehrbuch für Schrift, ein Manual für Kursivschrift gedruckt, in dem der Text mit einem Stichel auf eine Kupferplatte graviert worden war. Die Schriftform für diese neue Methode der Gravur führte – zusammen mit der schmaleren Feder und dem schrägen Federwinkel, den die Schreiber nun bevorzugten – zur Entstehung einer neuen handgeschriebenen Schrift: der sogenannten „Copperplate" *(copperplate = Kupferstichplatte)* oder Englischen Schreibschrift.

Bögen enden gewöhnlich mit einem geschwungenen Haarstrich.

Der Schaft der „Copperplate"-Großbuchstaben endet gewöhnlich mit einer Verdickung.

EIN B DER ENGLISCHEN SCHREIBSCHRIFT
Obgleich sie mit derselben Strichbreite wie die Kleinbuchstaben geschrieben werden, sind die Majuskeln der „Copperplate" relativ groß *(S. 106 – 107)*. Ihre Breite sollte auf die der Kleinbuchstaben abgestimmt sein.

DIE ENTSCHEIDENDE NEUERUNG

bei der Englischen Schreibschrift bestand darin, daß zum ersten Mal in der Geschichte alle Buchstaben eines Wortes miteinander verbunden wurden. Das machte sie schnell schreibbar und daher gut geeignet für den praktischen Gebrauch. Bis zur Mitte des des 18. Jahrhunderts hatte sie sich als die wichtigste Schrift für den Handel etabliert und die unterschiedlichen Bastardaschriften abgelöst, die vorher noch immer in Europa gebräuchlich gewesen waren *(S. 66 – 79)*.

Im 17. und 18. Jahrhundert hatte die Englische Schreibschrift in vornehmen Kreisen den Status einer Kunstschrift inne: Man verwendete diese eindrucksvolle Schrift sowohl für die private als auch für die geschäftliche Korrespondenz.

Observe the Ant, for She instructs the Man
And Preaches Labour, gathring all She can,
Then brings it to increase her Heap at home,
Against the Winter; wch She knows will come;
And when y^t comes She creeps abroad no more,
But lies at home, and Feasts upon her Store.

21

On, on, with fearful violence, it came, –
The raging Tempest, with its voice of thunder,
Its whirlwind breath and eye of lurid flame,
Rending the up-piled granite rocks asunder,
Crushing the forest trees, and making lame
The fiercest animals with awe and wonder:
On, on it came, and at the midnight hour
Had reached its height – the zenith of its power.

THE UNIVERSAL PENMAN
Dieses Schriftmuster von Samuel Vaux stammt aus dem Werk „The Universal Penman" – ein berühmtes Buch: in Kupfer gestochen vom Kalligraphen und Graveur George Bickham. Es wurde 1743 veröffentlicht und ist ein Beispiel für die eleganten Manuale des 18. Jahrhunderts. Die gravierten Buchstaben, die nur selten ein Anheben des Werkzeugs erfordern, orientieren sich eng an Buchstabenformen der Englischen Schreibschrift, die mit der Feder geschrieben wurden.

„WALPURGIS NIGHT" – WALPURGISNACHT
Dieser handgeschriebene Text eines Gedichtes des Künstlers Richard Dadd ist aus dem Jahre 1840. Die Buchstaben entsprechen denen der anerkannten „Schulschrift" der damaligen Zeit; die Mittellängen sind klein, die Oberlängen ziemlich hoch und zeigen keine Schlaufen, und die Schrift wurde in einem sehr steilen Winkel von beinahe 40° geschrieben.

Good Sense and Good-Nature are never separated, tho' the ignorant World has thought otherwise; Good-Nature, by which I mean Beneficence and Candor, is the Product of right Reason, which of necessity will give allowance to the Failings of others, by considering that there is nothing perfect in Mankind.

THE UNIVERSAL PENMAN

Diese Gravur eines Lehrtextes von W. Kippax stammt ebenfalls aus George Bickhams „Universal Penman". Achten Sie auf die Oberlängen mit und ohne Schlaufen – das Wort „which" in der dritten Zeile enthält beide Typen.

BEHERRSCHUNG DER SCHRIFT

Um ihren Status als Lehrer untermauern zu können, produzierten die Schreibmeister des 18. Jahrhunderts häufig eine Serie kalligraphischer Darbietungen, die als „verblüffend" *(striking)* oder als „Beherrschung der Schrift" *(command of hand)* bezeichnet wurden. Dabei wurden komplizierte barocke Schwünge geschrieben, ohne die Feder abzusetzen. Dieses Schriftmuster ist ein Beispiel für solche Verzierungen.

Die Schwünge überschneiden sich so spitzwinklig wie möglich.

Die Bögen und Schwünge in unterschiedlichen Größen wurden vorher gewöhnlich sorgfältig geplant.

WERKSTATT DES KUPFERSTECHERS

Im Hochdruckverfahren wird die erhabene Fläche der Buchstaben eingefärbt und auf das Papier gedrückt. Beim Druck von Kupferplatten *(intaglio)* ist es umgekehrt. Die beschriebene Fläche der Platte wird eingefärbt, dann wird die Farbe abgewischt. Angefeuchtetes Papier wird auf die Platte gepreßt, das dann die Farbe aus den Vertiefungen der Gravur aufnimmt. Auf diesem Kupferstich sehen wir, wie das Papier auf die Platte gepreßt wird. Im Hintergrund trocknen bedruckte Bögen auf den Rahmen.

Die Englische Schreibschrift in der Erziehung

Die Englische Schreibschrift etablierte sich bemerkenswert schnell – ein Phänomen, das zum Teil auf die Rolle zurückzuführen ist, die der Schreibmeister in der Erziehung spielte. In der Vergangenheit war das Schreiben von Akademikern der Universitäten gelehrt worden. Als jedoch im späten 17. Jahrhundert immer mehr Menschen lesen und schreiben konnten, wurden Lehrer gebraucht, die ausschließlich das Schreiben unterrichteten. Dies ereignete sich auch im Geschäftsleben. Beispiele der Arbeiten von Schreibmeistern wurden im Kupferstich reproduziert, und Schulhandbücher ersetzten die eleganten Manuale.

Technisches Können

Im 19. Jahrhundert war die Englische Schreibschrift die maßgebliche Schulschrift in Europa und den Vereinigten Staaten von Amerika geworden, und bei den Arbeiten der Studenten wurde die Schrift genauso bewertet wie der Inhalt des Textes. Bis ins 20. Jahrhundert hinein legte man Wert auf dieses technische Können, dann wurde die spitze Feder durch Kugelschreiber, Federhalter, Schreibmaschine und Textverarbeitungsanlage ersetzt.

DAVID HARRIS

Früher war es schwierig, die Englische Schreibschrift in normalem Druckverfahren wiederzugeben; die Verbindungen (Ober- und Unterlängen) zwischen den Buchstaben trafen sich nicht ganz. Dieser Entwurf von 1984 für eine gedruckte Englische Schreibschrift zeigt flüssig verbundene Buchstaben, die in ihrer Form der gravierten Schrift sehr nahestehen.

Der Kalligraph hat mit der „Copperplate"-Tradition gebrochen, als er die Oberlänge des d mit einer Schlaufe versah.

A preview of three typefaces designed by David Harris currently in course of development and production by Fonts

Die Englische Schreibschrift

VON ALLEN SCHRIFTEN zeigt wohl die elegante Englische Schreibschrift die ausgeprägtesten Merkmale einer Kursive. Jeder Buchstabe wird in einem Zug geschrieben, und zwischen den Buchstaben setzt man nur selten die Feder ab. Die Mittellängen können etwas komprimiert werden, und die charakteristischen Schlaufen der Ober- und Unterlängen können entweder offen oder geschlossen geschrieben werden. Die überzeugendste Wirkung entsteht oft, wenn man komprimierte Mittellängen mit geschlossenen Schlaufen verbindet.

Die Vorwärtsneigung der „Copperplate"-Buchstaben liegt bei ungefähr 30°.

30°

Auswahl des Werkzeugs
Verwenden Sie für die Englische Schreibschrift immer eine spitze Feder. Eine flexible Zeichenfeder oder eine Spezialfeder garantiert den ausgewogenen Wechsel von breiter und feiner Linienführung.

Halten Sie bei den Überschneidungen den Federwinkel so gut es geht bei 90°.

Regulieren des Drucks
Beim Schreiben der Mittellängen wird normalerweise der Druck zweimal verändert. Beginnen Sie mit einem sanften Druck, um eine feine Linie zu erhalten, verstärken Sie ihn dann, damit die Strichführung in der Mitte des Buchstabens breiter wird. In der unteren Partie nehmen Sie den Druck wieder zurück.

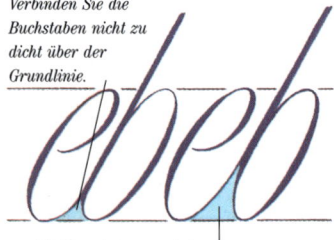

Verbinden Sie die Buchstaben nicht zu dicht über der Grundlinie.

Die Negativform zwischen den Buchstaben sollte wie ein Dreieck aussehen.

Buchstabenverbindungen
Verbinden Sie die Buchstaben, wo immer dies möglich ist, achten Sie darauf, daß die Verbindung nicht zu nahe der Grundlinie ansetzt.

Negativräume
Wenn Sie sich für komprimierte oder weite Mittellängen entschieden haben, dann achten Sie darauf, daß die Negativräume in den Öffnungen gleich bleiben. Der Buchstabenabstand sollte ungefähr halb so breit wie der Negativraum sein.

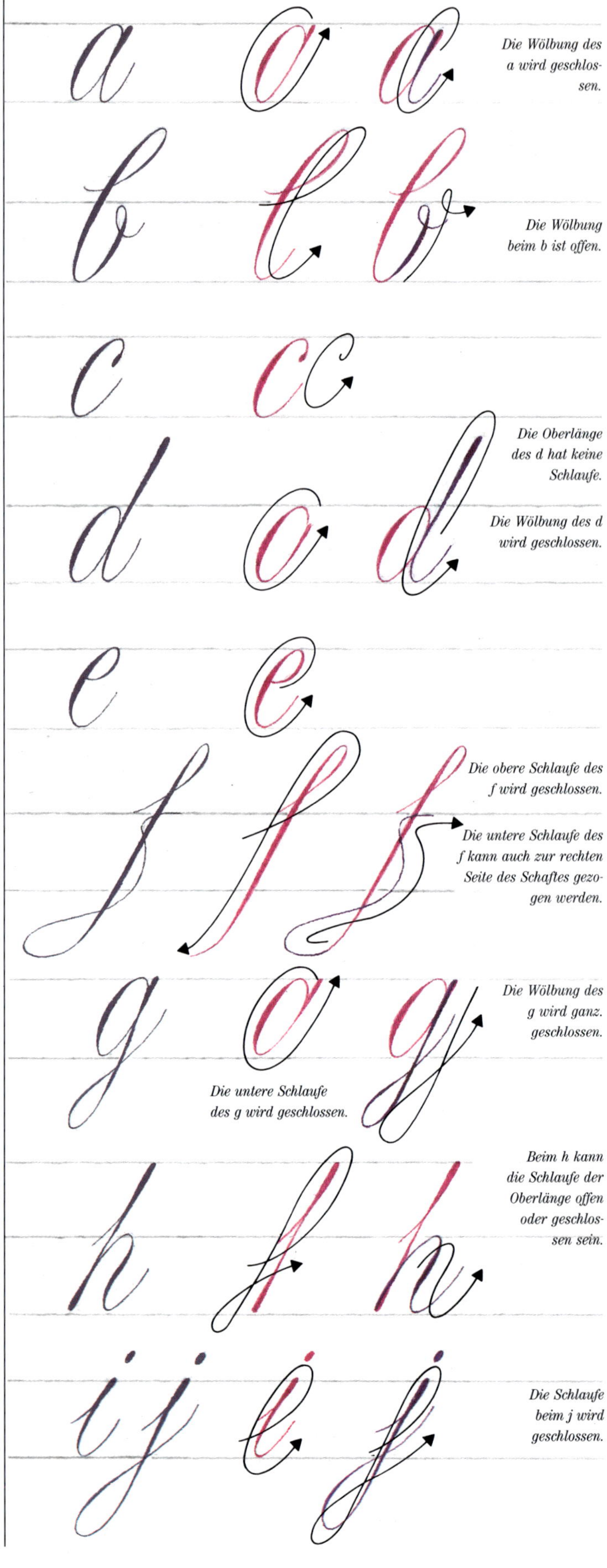

Die Wölbung des a wird geschlossen.

Die Wölbung beim b ist offen.

Die Oberlänge des d hat keine Schlaufe.

Die Wölbung des d wird geschlossen.

Die obere Schlaufe des f wird geschlossen.

Die untere Schlaufe des f kann auch zur rechten Seite des Schaftes gezogen werden.

Die Wölbung des g wird ganz. geschlossen.

Die untere Schlaufe des g wird geschlossen.

Beim h kann die Schlaufe der Oberlänge offen oder geschlossen sein.

Die Schlaufe beim j wird geschlossen.

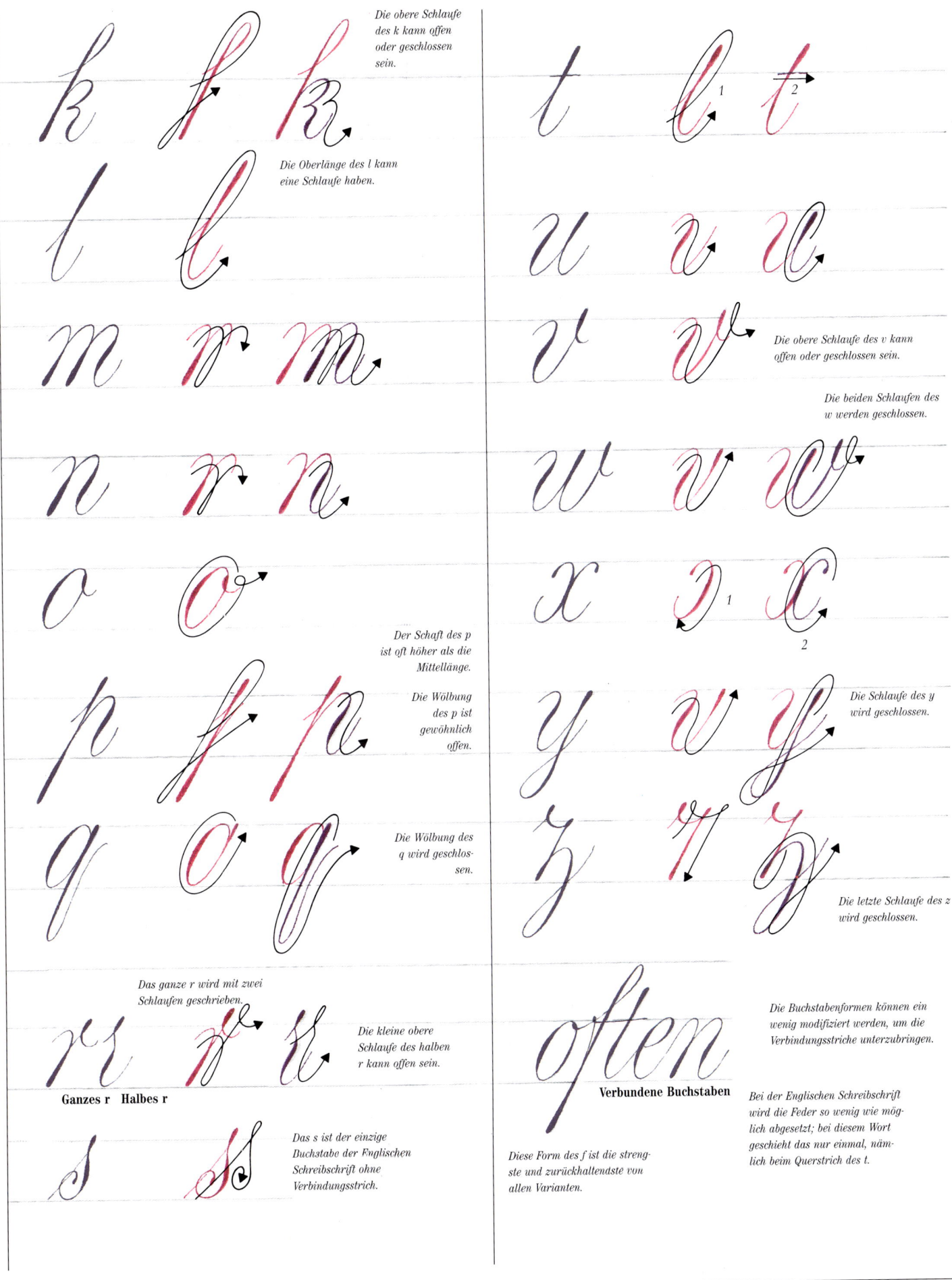

Die obere Schlaufe
des k kann offen
oder geschlossen
sein.

Die Oberlänge des l kann
eine Schlaufe haben.

Der Schaft des p
ist oft höher als die
Mittellänge.

Die Wölbung
des p ist
gewöhnlich
offen.

Die Wölbung des
q wird geschlos-
sen.

Das ganze r wird mit zwei
Schlaufen geschrieben.

Die kleine obere
Schlaufe des halben
r kann offen sein.

Ganzes r Halbes r

Das s ist der einzige
Buchstabe der Englischen
Schreibschrift ohne
Verbindungsstrich.

Die obere Schlaufe des v kann
offen oder geschlossen sein.

Die beiden Schlaufen des
w werden geschlossen.

Die Schlaufe des y
wird geschlossen.

Die letzte Schlaufe des z
wird geschlossen.

Verbundene Buchstaben

Diese Form des f ist die streng-
ste und zurückhaltendste von
allen Varianten.

Die Buchstabenformen können ein
wenig modifiziert werden, um die
Verbindungsstriche unterzubringen.

Bei der Englischen Schreibschrift
wird die Feder so wenig wie möglich abgesetzt; bei diesem Wort
geschieht das nur einmal, nämlich beim Querstrich des t.

Großbuchstaben der Englischen Schreibschrift

EIN NÜTZLICHER RATSCHLAG aus einem der Manuale für die Englische Schreibschrift im 19. Jahrhundert *(S. 102–103)* stammt von den Schreibmeistern James Lewis und Joseph Carstairs: „Die Hand sollte beim Schreiben leicht von der Spitze des kleinen Fingers gestützt werden. Der Unterarm bleibt frei für die kreisförmigen Bewegungen."

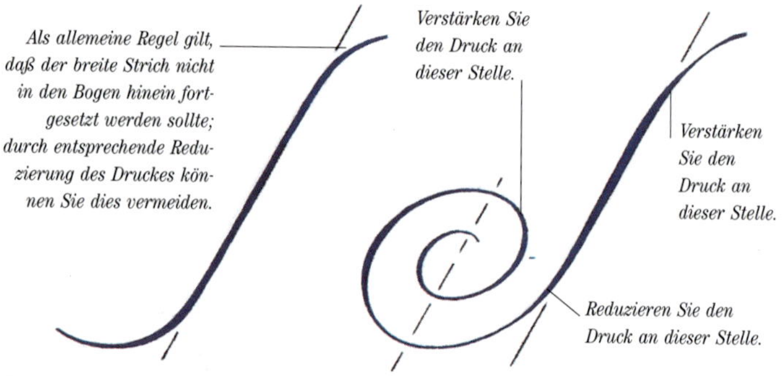

Als allemeine Regel gilt, daß der breite Strich nicht in den Bogen hinein fortgesetzt werden sollte; durch entsprechende Reduzierung des Druckes können Sie dies vermeiden.

Verstärken Sie den Druck an dieser Stelle.

Verstärken Sie den Druck an dieser Stelle.

Reduzieren Sie den Druck an dieser Stelle.

Falsches S
Dieses S zeigt, wie der Buchstabe aussieht, wenn man den Druck nicht kontrolliert. Die Linie sollte sich nur verbreitern, während man die kursive Partie schreibt.

Richtiges S
Um ein richtiges S zu erhalten, beginnen Sie die Schreibbewegung mit leichtem Druck, verstärken ihn, sobald Sie die Feder zur kursiven Partie ansetzen. Verringern Sie den Druck, sobald Sie diesen Winkel verlassen.

Schlaufen
Schlaufen sollten im Gleichgewicht über der aufrechten Achse stehen. Wenn man Spiralen verwendet, sollten sich diese proportional verkleinern wie bei einem Schneckengehäuse.

Überschneidungen
In der Regel dürfen feine Linien sowohl breite als auch feine Linien überschneiden.
Breite Linien jedoch sollten niemals breite Linien überschneiden.

Großbuchstaben und Minuskeln
Verwenden Sie die Großbuchstaben der Englischen Schreibschrift nie für ein ganzes Wort. Wenn mehrere Großbuchstaben verwendet werden sollen, zum Beispiel bei Initialen, planen Sie die Buchstaben sorgfältig im voraus. Wenn „Copperplate"-Großbuchstaben zu Beginn eines Wortes verwendet werden *(S. 104–105)*, kann man sie in der Form auf die Minuskeln abstimmen.

Alle Schlaufen sollten einander in der Proportion entsprechen.

Hier wurde der Fortsatz des L verlängert und nach unten gezogen als formale Ergänzung zu den Minuskeln

Beenden Sie die Buchstaben mit einem Haarstrich oder einer Verdickung, die durch verstärkten Druck entsteht.

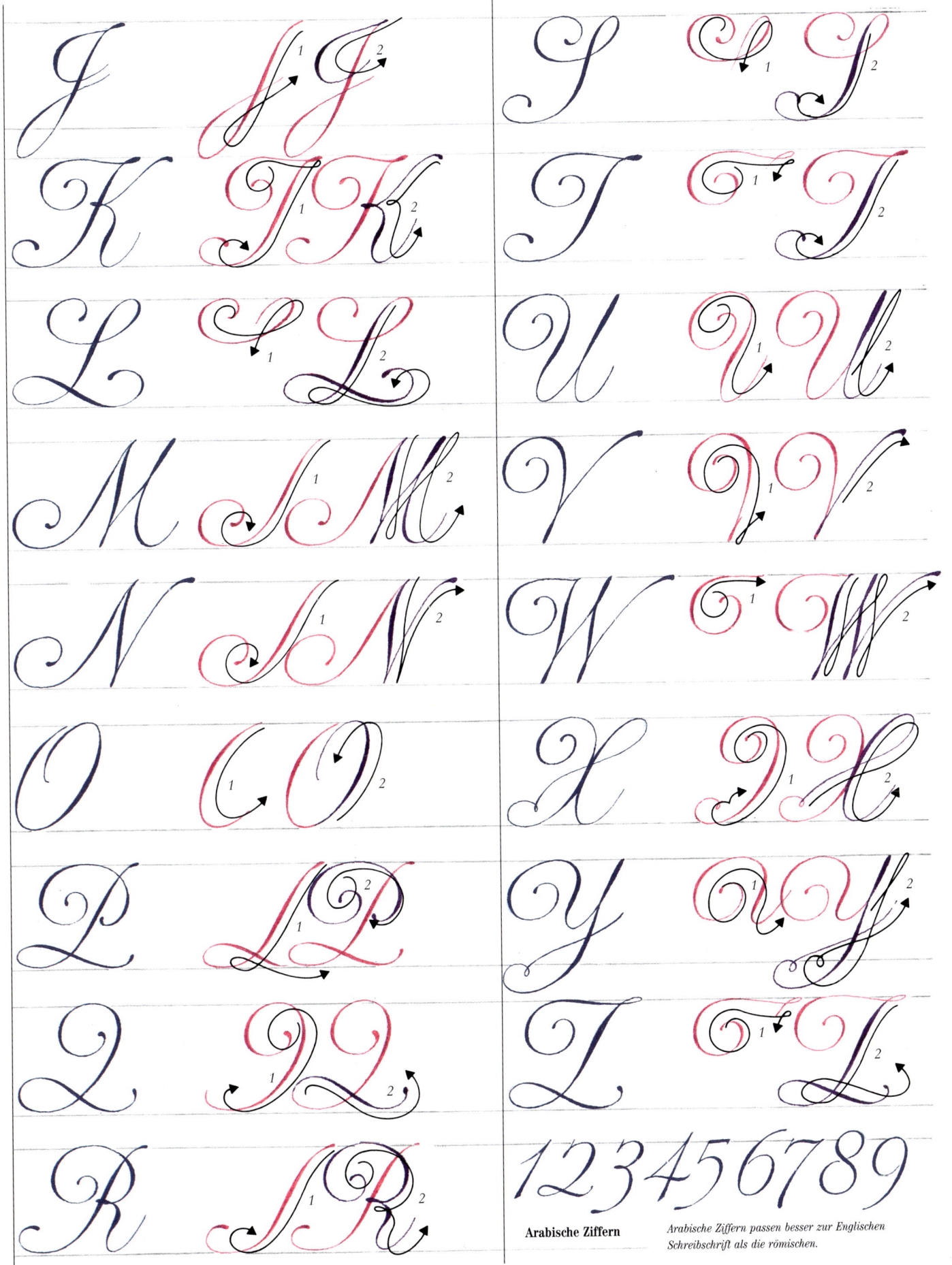

Arabische Ziffern

Arabische Ziffern passen besser zur Englischen Schreibschrift als die römischen.

Die Capitalis Monumentalis

DIE RÖMISCHE CAPITALIS MONUMENTALIS war die Schrift, die auf den Denkmälern des alten Rom verwendet wurde, um die Macht des Imperiums zu verkünden, und ohne Zweifel ist sie die erhabenste aller Schriften. Die frühesten Beispiele einer ausgereiften Monumentalis stammen aus dem ersten vorchristlichen Jahrhundert, und eine der schönsten Inschriften findet man auf dem Sockel der Trajanssäule in Rom *(gegenüber)*. Diese Buchstaben wurden direkt auf Formen in den Stein gemeißelt, die man mit dem Pinsel vorgezeichnet hatte *(S. 110–111)*. Ihre Proportionen entspringen der natürlichen Bewegung der Hand.

Die Proportionen von Dürers A basieren auf einem unterteilten Quadrat, die Serifen auf Kreisen, die mit dem Zirkel gezogen wurden.

DÜRER: KLASSISCHES A
Gelehrte und Künstler der Renaissance beschäftigten sich intensiv mit der Wiederentdeckung und der Analyse antiker Buchstaben. Diese Capitalis Monumentalis, die Albrecht Dürer im Jahre 1525 zeichnete, ist ein Beispiel für die in der damaligen Zeit weitverbreitete Annahme, daß der Schlüssel zum Verständnis der klassischen Buchstaben in der geometrischen Zergliederung zu finden sei.

GROSSBUCHSTABEN MIT SERIFEN

waren schon bei den Griechen vom vierten vorchristlichen Jahrhundert an verwendet worden. Aber erst, als die Römer einen elastischen Pinsel mit breiter Kante aus Rotmarderhaar entwickelten, wurde es technisch möglich, Serifen und andere Teile der Buchstaben schnell und mit Präzision zu schreiben. Wenn dieses Werkzeug auf einer Fläche verwendet wurde, die dem natürlichen Radius der Handbewegung entsprach, erhielt es eine entscheidende Bedeutung bei der Ausformung der Buchstaben der Capitalis.

Eine Schlüsselposition

In einer Gesellschaft, die zwar über einen hohen Bildungsgrad verfügte, nicht aber über die Vorteile des gedruckten Wortes, hatten die römischen Schreiber und Schildermaler eine Schlüsselposition inne. Von ihrer Arbeit sind nur Fragmente überliefert, aber der kleine Teil eines gemalten Wahlplakates aus Pompeji zeigt uns, daß die repräsentative Capitalis Monumentalis, wenn man die Strichführung etwas vereinfachte, auch für den alltäglichen Bedarf verwendet werden konnte.

Über 2000 Jahre, nachdem sie zuerst verwendet wurde, bleibt ihre Form noch immer praktisch unverändert – wie die Großbuchstaben der Druckschrift dieses Buches bezeugen.

Das Q kommt im Lateinischen häufig vor und ist mit seinem Q-Strich, der unter die Grundlinie reicht, ein ausgesprochener Gewinn für die Gestaltung.

Der Ausgleich von Buchstaben-, Wort- und Zeilenabständen war für den römischen Schreiber von größter Wichtigkeit.

DETAIL EINES MONUMENTS VON DER VIA APPIA
Bei dieser Inschrift entspricht der Zeilenabstand der halben Buchstabenhöhe. Wäre der Abstand nur ein wenig enger, wie dies beim Konstantinsbogen *(gegenüber)* der Fall ist, so ginge dies auf Kosten des fließenden horizontalen Rhythmus', und die Buchstaben würden in Unordnung geraten.

Vergleichen Sie die Zeilenabstände der elften und zwölften Zeile: Hier wurden die Zwischenräume verringert, damit der Text untergebracht werden konnte.

DAS MONUMENT VON DER VIA APPIA
Die schönen Proportionen der Buchstaben brauchen den Vergleich mit denen auf dem Sockel der Trajanssäule *(gegenüber)* nicht zu scheuen. Ein so umfangreicher Text mußte gründlich geplant werden. Eine erste Plazierung der Wörter auf jeder Zeile wurde möglicherweise auf einer Wachs- oder Schiefertafel erprobt, bevor Hilfslinien entsprechend der Buchstabenhöhe auf dem Marmor gezogen wurden. Wenn die Position der Buchstaben zwischen den Linien mit Kreide markiert war, wurden die Buchstaben mit einem Pinsel gemalt. Dann erst wurden die Wörter in den Stein gemeißelt.

DIE TRAJANSSÄULE

Diese Inschrift wurde 112/113 n. Chr. in den Sockel der Trajanssäule in Rom gemeißelt. Sie ist 2,74 m breit und 1,15 m hoch. Sie erinnert an die Schlachten Trajans gegen die Germanen und die Dacier und beginnt mit den Worten „SENATVS POPULUSQUEROMANUS" (Senat und Volk von Rom). Ursprünglich waren die Buchstaben rot gefärbt, so daß sie sich vom Untergrund abhoben. Wörter werden in mittlerer Schrifthöhe durch Punkte getrennt, und ein Querstrich über bestimmten Buchstaben kennzeichnet sie als Zahlen.

Die Buchstaben in der oberen Zeile sind 11,5 cm hoch und verkleinern sich bis zur unteren Zeile auf 9,6 cm; wahrscheinlich entspricht dies der Wichtigkeit des jeweiligen Textes.

Der Buchstabe A hat – wie N und M – einen spitzen Scheitelpunkt. Diese Form ist schwieriger in der Konstruktion als die Version mit Serifen oder die abgeflachte Form (S. 113).

DER KONSTANTINSBOGEN

Dieses Monument entstand im Jahre 315, ungefähr 200 Jahre nach der Trajanssäule *(oben)*. Die Buchstaben sind quadratisch im Flachrelief geschnitten und enthielten ursprünglich Bronzefüllungen. Die Löcher, in denen das Metall befestigt war, sind noch in jedem Buchstaben zu erkennen.

Die Wörter „SENATVS POPULUS-QUEROMANUS" erscheinen abgekürzt als SPQR und wurden in die zweite Zeile gerückt.

Pater Catich

Seit der Renaissance sind die Buchstaben der Capitalis Monumentalis immer wieder von Gelehrten und Kalligraphen studiert, analysiert und neu gestaltet worden. Erst seit der Pionierarbeit eines modernen Gelehrten jedoch, des verstorbenen Pater E. M. Catich, sind wir in der Lage, den Duktus dieser Schrift wirklich zu verstehen. Seine Analyse der römischen Buchstabenkonstruktion demonstriert er am Beispiel von 19 Lettern des Alphabets in seinem Werk „The Origin of the Serif" *(Der Ursprung der Serife)* von 1968. Auf den folgenden Seiten wird seine Methode auf alle Buchstaben übertragen.

Spontane Buchstaben

Die große Kraft und Schönheit der Capitalis Monumentalis liegt in der Tatsache, daß die Buchstaben spontan geschrieben werden können. Werkzeug und Hand bestimmen die Form; jeder Teil des Buchstabens nimmt Bezug auf den folgenden. In modernen Arbeiten führen ausgedehnte Vorüberlegungen häufig dazu, daß die Buchstaben schwerfällig wirken. Mit der Methode jedoch, die auf den folgenden Seiten erklärt wird, kann der Schreiber oder die Schreiberin der Gegenwart auf dieselbe Weise arbeiten wie die römischen Vorfahren und so spontane Buchstaben für die heutige Zeit gestalten.

Die Capitalis Monumentalis: Pinselschrift

Zur authentischen Wiedergabe der Buchstaben der Capitalis braucht man einen breiten Pinsel aus Marder- oder Synthetikhaar, die beide fein genug sind, um damit einen klaren, scharfen Rand zu ziehen. Die Capitalis Monumentalis wird entweder aus „gezogenen" oder aus „manipulierten" Strichen aufgebaut – oder aus einer Kombination von beidem. Bei beiden Arten der Schreibbewegung ist der Winkel zwischen Pinsel und Schreibfläche genauso wichtig wie der Ansatzwinkel der Pinselkante am Buchstaben. Unterschiede in der Strichbreite sind u.a. abhängig von Rhythmus, Tempo und Druck.

Der „gezogene" Strich
Der „gezogene" Strich macht die Mehrzahl der Schreibbewegungen bei der Capitalis aus. Er liegt allen Vertikalen der Schäfte zugrunde. Die Hand bewegt sich nur leicht: der Zeigefinger nähert sich der Handfläche, und der Pinsel wird nach unten gezogen.

Es ist praktischer, die Hand auf einem Malstock abzustützen statt auf der Schreibfläche.

Pinselführung bei „gezogenen" Strichen
Wenn die Hand direkt auf der Schreibfläche aufliegt, ist ihr Bewegungsradius sehr klein – etwa 2 oder 3 cm. Wenn die rechte Hand auf der linken ruht oder auf dem Malstock, wird der Bewegungsspielraum größer.

Die Hand kann sich in einem Radius von 5 oder 6 cm bewegen, wenn man sie auf dem Malstock abstützt.

Der Zeigefinger sollte auf der Zwinge des Pinsels liegen.

3. Ziehen Sie den Pinsel weiter nach unten und nehmen Sie den Druck etwas zurück, wenn Sie die Mitte des Schaftes erreichen – dadurch entsteht eine leichte Verjüngung. Verstärken Sie den Druck dann wieder und heben Sie am unteren Ende des Schaftes den Pinsel allmählich an, während Sie ihn nach rechts führen.

4. Bei den Buchstaben B, D, E und L setzt sich die Vertikale des Schaftes in der unteren Horizontalen fort. Der Ansatzwinkel der Pinselkante am Buchstaben sollte dort etwa 30° betragen.

Wenn Sie auf der rechten Seite eine breitere Horizontale hinzufügen, halten Sie den Pinsel in einem Ansatzwinkel von 30°.

1. Halten Sie den Pinsel zu Beginn in einem flachen Winkel zur Schreibfläche. Führen Sie ihn vorsichtig nach rechts und dann nach unten.

2. Während Sie den Abstrich des Schaftes schreiben, ziehen Sie den Pinsel allmählich an die Handfläche heran, bis er beinahe senkrecht steht.

Andere „gezogene" Striche
Bei Bögen wird der Pinsel genauso gehalten wie bei den Vertikalen, aber statt daß Sie den Pinsel zur Handfläche ziehen, bewegt sich die Hand in einer halbkreisförmigen Bewegung nach rechts oder links. Damit diese Bewegung flüssig und leicht erfolgen kann, sollten Sie die Pinselkante in einem Winkel von etwa 15° am Buchstaben ansetzen.

Grundlegender „gezogener" Strich

Der zentrale Strich beim S ist „gezogen" und geschwungen.

Die Buchstaben A, M und N beginnen immer mit einem spitzen Scheitel.

Dies ist eine alternative linke Serife für A, M und N.

Kleine halbkreisförmige Bögen tauchen bei B, P und R auf.

Beim Schlußstrich von K, R und Q wird der Pinsel in einen Winkel von 30° gedreht.

Diesen Bogen verwendet man bei C, G, O und Q.

Der gegenläufige Bogen für die Buchstaben D, O und Q.

Die Buchstaben M, N, V und W haben eine Diagonale, die sich auf der Schriftlinie nach oben wendet.

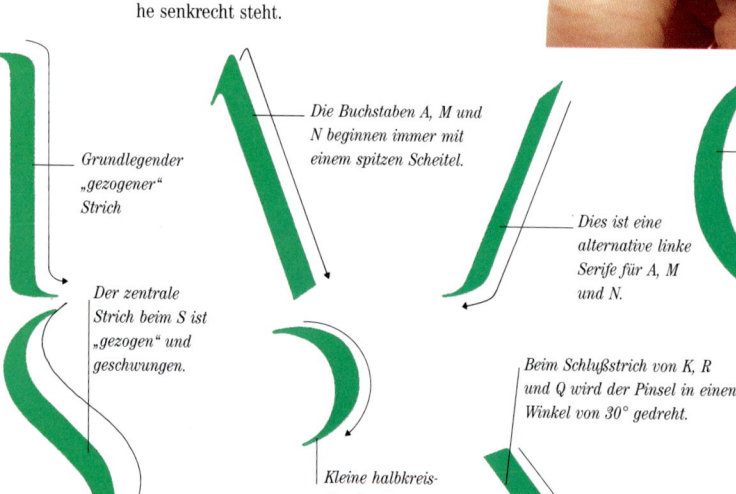

Der „manipulierte" Strich

Beim „manipulierten" Strich müssen Sie in der Lage sein, den Pinsel um 180° zu drehen. Dabei halten Sie den Pinsel zwischen Daumen und Zeigefinger in einem Winkel von 90° zwischen Werkzeug und Schreibfläche. Mit dem „manipulierten" Strich schreibt man die vier Haupttypen der Serifen: die oberen linken Serifen und Querstriche der Buchstaben T und Z *(oben rechts)*, die oberen Serifen, die die Querstriche der Buchstaben C, E, F, G, S und T *(rechts)* abschließen, die unteren Serifen und Querstriche von C, E, L und Z *(unten)* und die untere linke Serife des S *(unten rechts)*. Obgleich die oberen Striche bei C, S und G geschwungen sind, bleibt das Prinzip dasselbe wie bei den geraden oberen Querstrichen von E und F. Bei den unteren Querstrichen von E, L und Z wird der Pinsel so angesetzt, daß seine Kante in einem Winkel von 150° auf den Buchstaben trifft. Die Striche verlaufen bei den oberen Serifen „vorwärts", bei den unteren „rückwärts". Die untere Serife des S ist ein Sonderfall, weil man mit dem Pinsel an der Spitze dieser Serife anfängt, statt dort den Strich zu beenden.

Die obere linke Serife bei T und Z

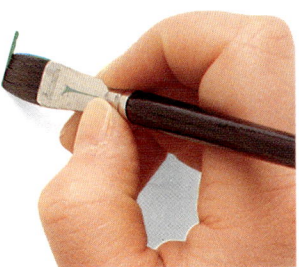  

1. Beginnen Sie die obere linke Serife bei T und Z, indem Sie den Pinsel in einer kurzen Bewegung nach unten führen.

2. Drehen Sie den Pinsel auf 30°, um die linke Serife zu schreiben, und verstärken Sie dabei den Druck ein wenig.

3. Beim Querstrich führen Sie den Pinsel horizontal, ohne den Ansatzwinkel zu verändern.

Die obere rechte Serife bei C, E, F, G, S und T

Der Ansatzwinkel der Pinselkante beträgt 30°.

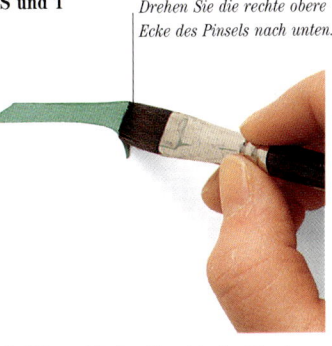

Drehen Sie die rechte obere Ecke des Pinsels nach unten.

Beenden Sie den Querstrich mit der linken Ecke des Pinsels.

1. Halten Sie den Pinsel bei der oberen rechten Serife von C, E, F, G, S und T aufrecht und beginnen Sie die Horizontale mit der Ecke des Pinsels in einem Ansatzwinkel von 30°.

2. Führen Sie den Pinsel in der Waagerechten weiter und behalten Sie den 30°-Winkel bei, bis Sie sich dem Ende des Querstrichs nähern. Dann drehen Sie den Pinsel auf die rechte Ecke.

3. Drehen Sie den Pinsel auf der linken Ecke weiter, bis seine Kante in einem Winkel von 90° zum Querstrich steht. Bewegen Sie ihn dann leicht nach unten und heben Sie ihn langsam von der Schreibfläche.

Der untere Querstrich und die rechte Serife bei C, E, L und Z

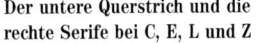

Der Ansatzwinkel der Pinselkante am Buchstaben beträgt ungefähr 150°.

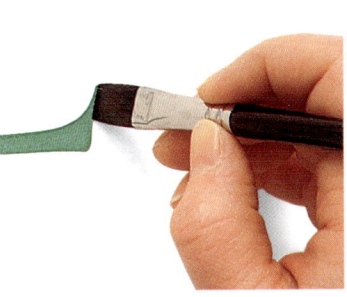

1. Beim unteren Querstrich und der rechten Serife von C, E, L und Z beginnen Sie in einem Ansatzwinkel von 150° und bewegen die Hand nach rechts.

2. Wenn Sie das Ende des Strichs erreichen, drehen Sie den Pinsel in die Vertikale, dann bewegen Sie den Pinsel nach oben, beenden die Serife auf der linken Ecke des Pinsels und heben ihn langsam von der Schreibfläche.

Die untere Serife des S

Der Ansatzwinkel der Pinselkante am Buchstaben beträgt etwa 150°.

1. Die untere Serife des S ist die einzige, die sich auf der linken Seite eines Buchstabens befindet. Beginnen Sie an der Spitze der Serife und ziehen Sie den Pinsel nach unten.

2. Drehen Sie den Pinsel auf einen Winkel von 30°, ziehen Sie ihn im Bogen nach rechts und nach oben. Arbeiten Sie vorsichtig, denn der erste Teil des Strichs wird von Ihrer Hand verdeckt.

Gerade und geschwungene „manipulierte" Striche

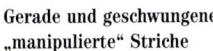

Vorwärtsgerichteter Strich, wie er am oberen und mittleren Querstrich von E und F verwendet wird.

Rückwärtsgerichteter Strich, wie er beim unteren Querstrich von E, L und Z verwendet wird.

Geschwungener vorwärtsgerichteter Strich am oberen Bogen von C, G und S.

Geschwungener rückwärtsgerichteter Strich am unteren Bogen von C.

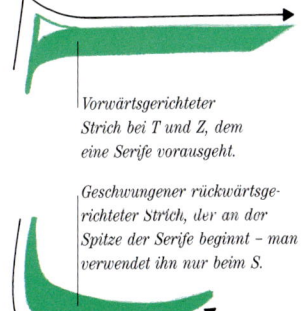

Vorwärtsgerichteter Strich bei T und Z, dem eine Serife vorausgeht.

Geschwungener rückwärtsgerichteter Strich, der an der Spitze der Serife beginnt – man verwendet ihn nur beim S.

Capitalis Monumentalis: Aufbau

AUF DEN FOLGENDEN SEITEN wird der Aufbau der 26 Buchstaben gezeigt. 19 davon gehen auf das Alphabet zurück, wie es auf dem Sockel der Trajanssäule verwendet wird. Die beiden Lettern griechischen Ursprungs, Y und Z, stammen aus anderen römischen Quellen. Die übrigen drei Buchstaben, J, U und W, sind modern und können daher individuell interpretiert werden. Grundsätzlich folgen die Buchstaben dem Duktus, den Pater E. M. Catich in seinem Buch „The Origin of the Serif" beschreibt. Für jeden der Buchstaben werden Abfolge der Schreibbewegungen und Ansatzwinkel des Pinsels einzeln vorgestellt. Der Druck auf den Pinsel und die Schreibgeschwindigkeit werden bei jedem Kalligraphen unterschiedlich sein, und Sie werden beim Schreiben selbst den Rhythmus finden, der Ihnen entspricht.

Weiße Linien zeigen einen Wechsel des Pinselwinkels: bei diesem Beispiel von 30° bis zur Vertikalen.

Der erste Strich, die Basis des Buchstabens, ist rosa.

Farbcode

Jeder Buchstabe setzt sich aus einer Reihe von farbigen Elementen zusammen: Rosa zeigt den ersten Strich, Violett den zweiten, Grün den dritten, Gelb den vierten. Die häufig wechselnden Pinselwinkel werden durch eine Reihe weißer Linien angezeigt, die quer über den Strich verlaufen.

Eine Schaftbreite

Fünf Schaftbreiten *Sechs Schaftbreiten* *Sieben Schaftbreiten* *Neun Schaftbreiten* *Neun Schaftbreiten* *Zehn Schaftbreiten*

9,5 Schaftbreiten

„Gewicht" der Buchstaben

Das Verhältnis zwischen der Breite des Schaftes und der Höhe des Buchstabens bestimmt sein „Gewicht". Bei der Trajanssäule beträgt dieses Verhältnis, wie im allgemeinen behauptet wird, 10:1. Eine Entsprechung von 11:1 ist möglich, obgleich das tatsächliche Verhältnis 9,5:1 ausmacht.

Das H besteht aus zwei I, die durch einen Querstrich verbunden sind.

Die Füllung zwischen Serife und Schaft kann ein bißchen massiver sein als hier.

Buchstabenproportionen

Wenn man die Capitalis Monumentalis im Zusammenhang schreibt, ist es wichtig, die relative Breite der Buchstaben in ihrem Verhältnis zueinander einschätzen zu können. Die Breite eines Buchstabens – mit seinen Serifen – wird in Schaftbreiten gemessen. Die optische Diskrepanz der Gewichtung zwischen gerundeten und geraden Buchstaben ist dabei offensichtlich: gerundete Buchstaben scheinen schmaler zu sein, und man „korrigiert" diesen Effekt, indem man den gebogenen Elementen ein besonderes Gewicht verleiht. Die ursprünglichen Unterschiede der Gewichtung allerdings lassen den Rhythmus der Capitalis-Inschriften natürlicher wirken als den von formellen modernen Arbeiten.

Arabische Ziffern

1234567890

Ziffern

Obgleich arabische Ziffern erst im 13. Jahrhundert in Europa eingeführt wurden, kann es hinderlich sein, wenn man sie zugunsten der römischen Zahlen in der modernen Kalligraphie vermeiden möchte. Arabische Ziffern können so geschrieben werden, daß ihr Duktus und ihre Höhe den Capitalis-Buchstaben entsprechen. Die 0 ist gewöhnlich eine schlanke Ziffer, aber wenn sie allein steht, kann sie erweitert werden, so daß sie dem Buchstaben O gleicht *(S. 116)*.

Reihenfolge der Schreibbewegungen für die Ziffern

1234567890

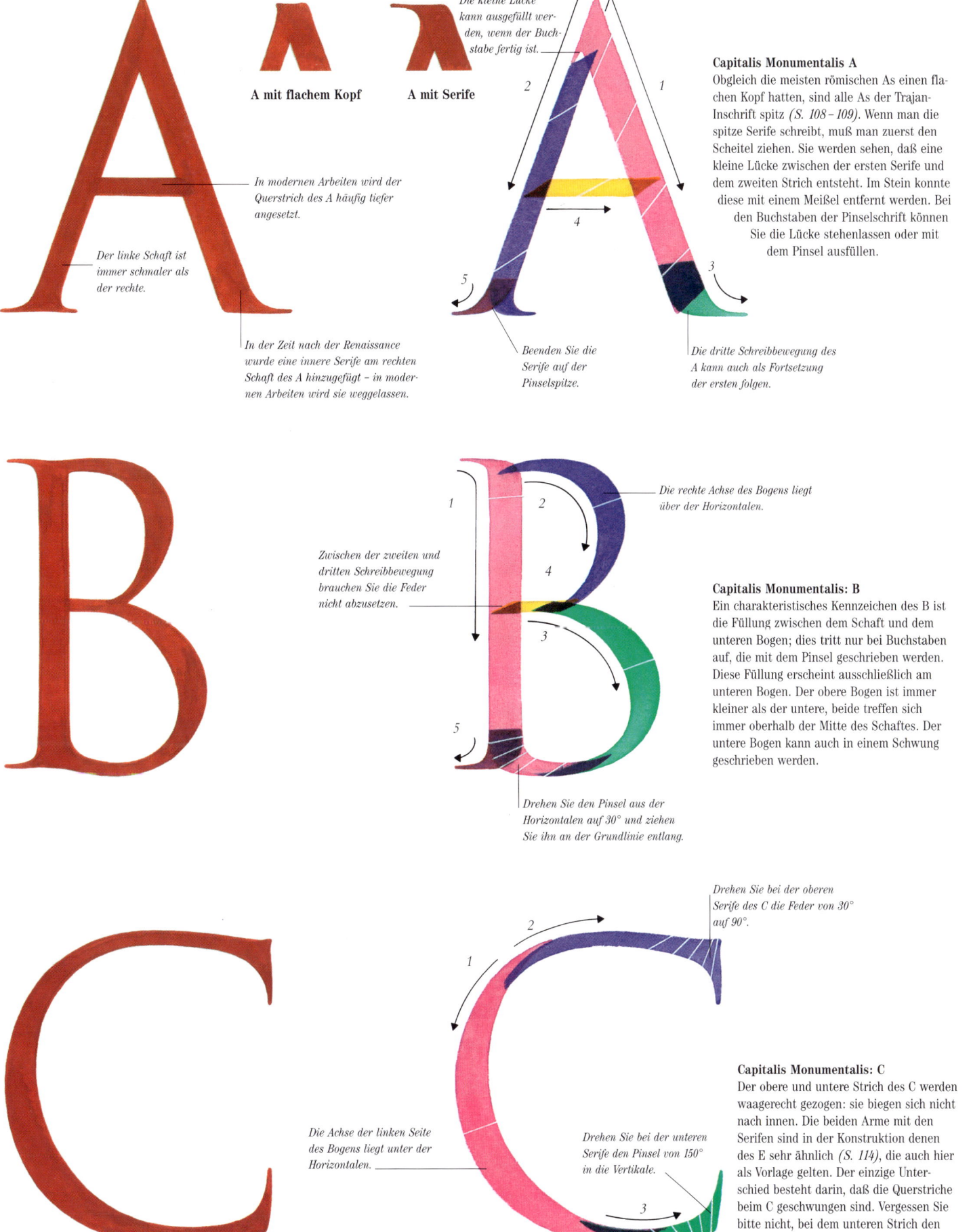

A mit flachem Kopf

A mit Serife

Die kleine Lücke kann ausgefüllt werden, wenn der Buchstabe fertig ist.

In modernen Arbeiten wird der Querstrich des A häufig tiefer angesetzt.

Der linke Schaft ist immer schmaler als der rechte.

In der Zeit nach der Renaissance wurde eine innere Serife am rechten Schaft des A hinzugefügt – in modernen Arbeiten wird sie weggelassen.

Beenden Sie die Serife auf der Pinselspitze.

Die dritte Schreibbewegung des A kann auch als Fortsetzung der ersten folgen.

Capitalis Monumentalis A

Obgleich die meisten römischen As einen flachen Kopf hatten, sind alle As der Trajan-Inschrift spitz *(S. 108–109)*. Wenn man die spitze Serife schreibt, muß man zuerst den Scheitel ziehen. Sie werden sehen, daß eine kleine Lücke zwischen der ersten Serife und dem zweiten Strich entsteht. Im Stein konnte diese mit einem Meißel entfernt werden. Bei den Buchstaben der Pinselschrift können Sie die Lücke stehenlassen oder mit dem Pinsel ausfüllen.

Die rechte Achse des Bogens liegt über der Horizontalen.

Zwischen der zweiten und dritten Schreibbewegung brauchen Sie die Feder nicht abzusetzen.

Drehen Sie den Pinsel aus der Horizontalen auf 30° und ziehen Sie ihn an der Grundlinie entlang.

Capitalis Monumentalis: B

Ein charakteristisches Kennzeichen des B ist die Füllung zwischen dem Schaft und dem unteren Bogen; dies tritt nur bei Buchstaben auf, die mit dem Pinsel geschrieben werden. Diese Füllung erscheint ausschließlich am unteren Bogen. Der obere Bogen ist immer kleiner als der untere, beide treffen sich immer oberhalb der Mitte des Schaftes. Der untere Bogen kann auch in einem Schwung geschrieben werden.

Drehen Sie bei der oberen Serife des C die Feder von 30° auf 90°.

Die Achse der linken Seite des Bogens liegt unter der Horizontalen.

Drehen Sie bei der unteren Serife den Pinsel von 150° in die Vertikale.

Capitalis Monumentalis: C

Der obere und untere Strich des C werden waagerecht gezogen: sie biegen sich nicht nach innen. Die beiden Arme mit den Serifen sind in der Konstruktion denen des E sehr ähnlich *(S. 114)*, die auch hier als Vorlage gelten. Der einzige Unterschied besteht darin, daß die Querstriche beim C geschwungen sind. Vergessen Sie bitte nicht, bei dem unteren Strich den Pinsel auf 150° zu drehen.

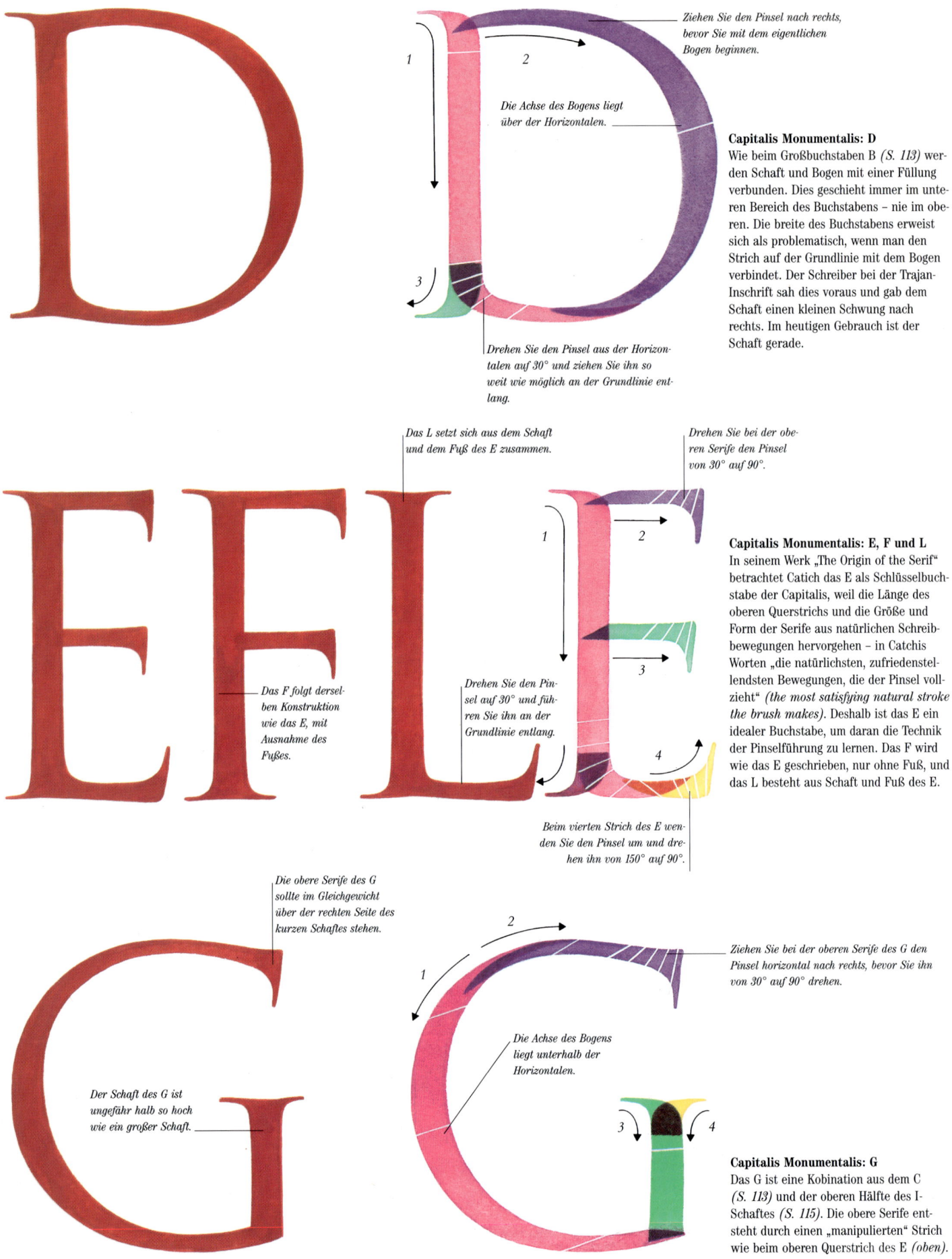

Ziehen Sie den Pinsel nach rechts, bevor Sie mit dem eigentlichen Bogen beginnen.

Die Achse des Bogens liegt über der Horizontalen.

Capitalis Monumentalis: D
Wie beim Großbuchstaben B *(S. 113)* werden Schaft und Bogen mit einer Füllung verbunden. Dies geschieht immer im unteren Bereich des Buchstabens – nie im oberen. Die breite des Buchstabens erweist sich als problematisch, wenn man den Strich auf der Grundlinie mit dem Bogen verbindet. Der Schreiber bei der Trajan-Inschrift sah dies voraus und gab dem Schaft einen kleinen Schwung nach rechts. Im heutigen Gebrauch ist der Schaft gerade.

Drehen Sie den Pinsel aus der Horizontalen auf 30° und ziehen Sie ihn so weit wie möglich an der Grundlinie entlang.

Das L setzt sich aus dem Schaft und dem Fuß des E zusammen.

Drehen Sie bei der oberen Serife den Pinsel von 30° auf 90°.

Capitalis Monumentalis: E, F und L
In seinem Werk „The Origin of the Serif" betrachtet Catich das E als Schlüsselbuchstabe der Capitalis, weil die Länge des oberen Querstrichs und die Größe und Form der Serife aus natürlichen Schreibbewegungen hervorgehen – in Catchis Worten „die natürlichsten, zufriedenstellendsten Bewegungen, die der Pinsel vollzieht" *(the most satisfying natural stroke the brush makes)*. Deshalb ist das E ein idealer Buchstabe, um daran die Technik der Pinselführung zu lernen. Das F wird wie das E geschrieben, nur ohne Fuß, und das L besteht aus Schaft und Fuß des E.

Das F folgt derselben Konstruktion wie das E, mit Ausnahme des Fußes.

Drehen Sie den Pinsel auf 30° und führen Sie ihn an der Grundlinie entlang.

Beim vierten Strich des E wenden Sie den Pinsel um und drehen ihn von 150° auf 90°.

Die obere Serife des G sollte im Gleichgewicht über der rechten Seite des kurzen Schaftes stehen.

Ziehen Sie bei der oberen Serife des G den Pinsel horizontal nach rechts, bevor Sie ihn von 30° auf 90° drehen.

Die Achse des Bogens liegt unterhalb der Horizontalen.

Der Schaft des G ist ungefähr halb so hoch wie ein großer Schaft.

Capitalis Monumentalis: G
Das G ist eine Kobination aus dem C *(S. 113)* und der oberen Hälfte des I-Schaftes *(S. 115)*. Die obere Serife entsteht durch einen „manipulierten" Strich wie beim oberen Querstrich des E *(oben)*.

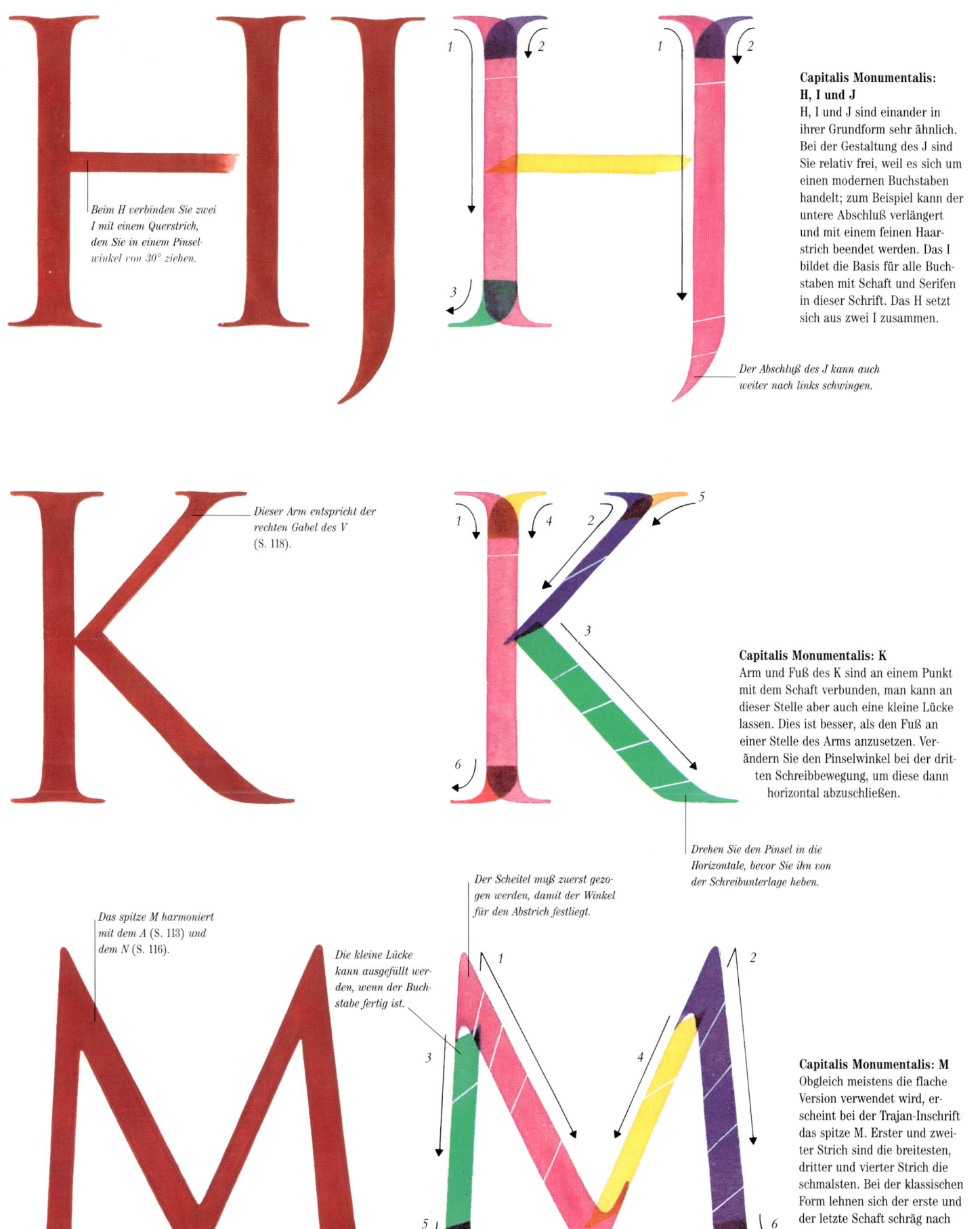

Beim H verbinden Sie zwei I mit einem Querstrich, den Sie in einem Pinselwinkel von 30° ziehen.

Capitalis Monumentalis: H, I und J

H, I und J sind einander in ihrer Grundform sehr ähnlich. Bei der Gestaltung des J sind Sie relativ frei, weil es sich um einen modernen Buchstaben handelt; zum Beispiel kann der untere Abschluß verlängert und mit einem feinen Haarstrich beendet werden. Das I bildet die Basis für alle Buchstaben mit Schaft und Serifen in dieser Schrift. Das H setzt sich aus zwei I zusammen.

Der Abschluß des J kann auch weiter nach links schwingen.

Dieser Arm entspricht der rechten Gabel des V (S. 118).

Capitalis Monumentalis: K

Arm und Fuß des K sind an einem Punkt mit dem Schaft verbunden, man kann an dieser Stelle aber auch eine kleine Lücke lassen. Dies ist besser, als den Fuß an einer Stelle des Arms anzusetzen. Verändern Sie den Pinselwinkel bei der dritten Schreibbewegung, um diese dann horizontal abzuschließen.

Drehen Sie den Pinsel in die Horizontale, bevor Sie ihn von der Schreibunterlage heben.

Der Scheitel muß zuerst gezogen werden, damit der Winkel für den Abstrich festliegt.

Das spitze M harmoniert mit dem A (S. 113) und dem N (S. 116).

Die kleine Lücke kann ausgefüllt werden, wenn der Buchstabe fertig ist.

Capitalis Monumentalis: M

Obgleich meistens die flache Version verwendet wird, erscheint bei der Trajan-Inschrift das spitze M. Erster und zweiter Strich sind die breitesten, dritter und vierter Strich die schmalsten. Bei der klassischen Form lehnen sich der erste und der letzte Schaft schräg nach innen, jedoch nicht so schräg wie das innere V *(S. 188).*

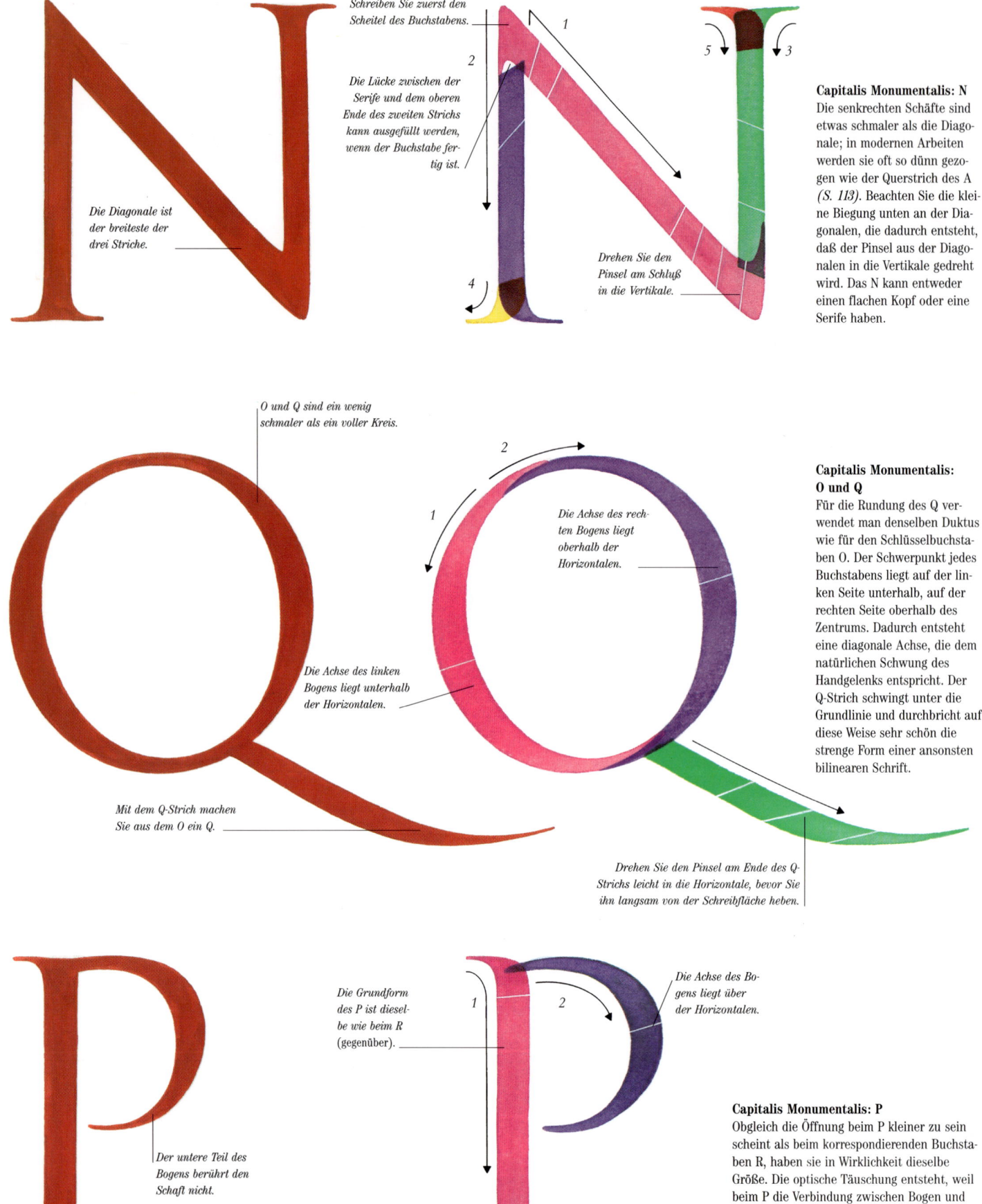

Schreiben Sie zuerst den Scheitel des Buchstabens.

Die Lücke zwischen der Serife und dem oberen Ende des zweiten Strichs kann ausgefüllt werden, wenn der Buchstabe fertig ist.

Die Diagonale ist der breiteste der drei Striche.

Drehen Sie den Pinsel am Schluß in die Vertikale.

Capitalis Monumentalis: N

Die senkrechten Schäfte sind etwas schmaler als die Diagonale; in modernen Arbeiten werden sie oft so dünn gezogen wie der Querstrich des A *(S. 113)*. Beachten Sie die kleine Biegung unten an der Diagonalen, die dadurch entsteht, daß der Pinsel aus der Diagonalen in die Vertikale gedreht wird. Das N kann entweder einen flachen Kopf oder eine Serife haben.

O und Q sind ein wenig schmaler als ein voller Kreis.

Die Achse des rechten Bogens liegt oberhalb der Horizontalen.

Die Achse des linken Bogens liegt unterhalb der Horizontalen.

Mit dem Q-Strich machen Sie aus dem O ein Q.

Drehen Sie den Pinsel am Ende des Q-Strichs leicht in die Horizontale, bevor Sie ihn langsam von der Schreibfläche heben.

Capitalis Monumentalis: O und Q

Für die Rundung des Q verwendet man denselben Duktus wie für den Schlüsselbuchstaben O. Der Schwerpunkt jedes Buchstabens liegt auf der linken Seite unterhalb, auf der rechten Seite oberhalb des Zentrums. Dadurch entsteht eine diagonale Achse, die dem natürlichen Schwung des Handgelenks entspricht. Der Q-Strich schwingt unter die Grundlinie und durchbricht auf diese Weise sehr schön die strenge Form einer ansonsten bilinearen Schrift.

Die Grundform des P ist dieselbe wie beim R (gegenüber).

Die Achse des Bogens liegt über der Horizontalen.

Der untere Teil des Bogens berührt den Schaft nicht.

Capitalis Monumentalis: P

Obgleich die Öffnung beim P kleiner zu sein scheint als beim korrespondierenden Buchstaben R, haben sie in Wirklichkeit dieselbe Größe. Die optische Täuschung entsteht, weil beim P die Verbindung zwischen Bogen und Schaft fehlt. Im heutigen Gebrauch wird oft eine Verbindung verwendet; in der Typographie geschieht dies beinahe immer. Der Bogen endet knapp unterhalb der Mittellinie.

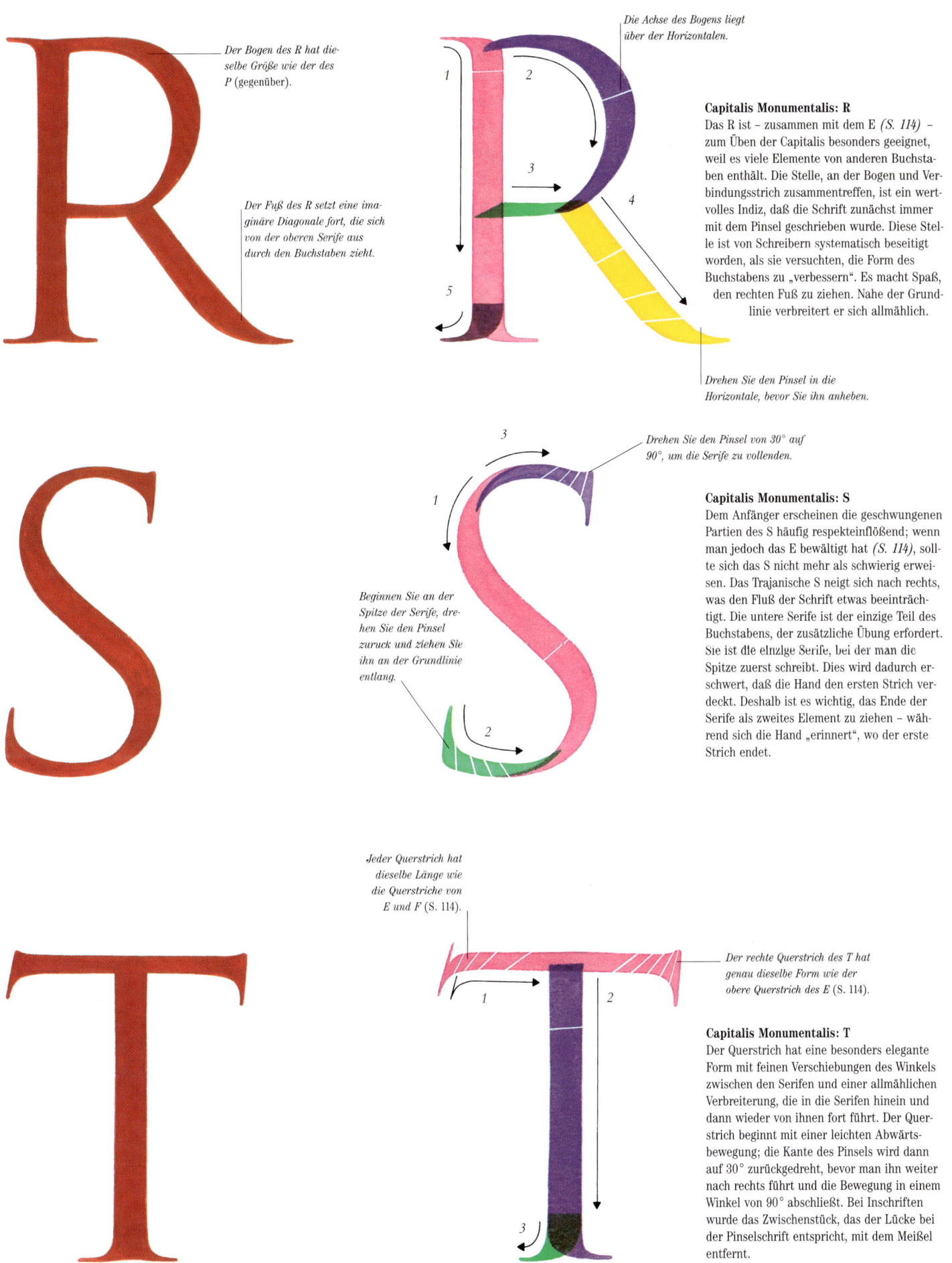

Der Bogen des R hat die-
selbe Größe wie der des
P (gegenüber).

Der Fuß des R setzt eine imaginäre Diagonale fort, die sich
von der oberen Serife aus
durch den Buchstaben zieht.

Die Achse des Bogens liegt
über der Horizontalen.

Capitalis Monumentalis: R

Das R ist – zusammen mit dem E *(S. 114)* –
zum Üben der Capitalis besonders geeignet,
weil es viele Elemente von anderen Buchstaben enthält. Die Stelle, an der Bogen und Verbindungsstrich zusammentreffen, ist ein wert-
volles Indiz, daß die Schrift zunächst immer
mit dem Pinsel geschrieben wurde. Diese Stelle ist von Schreibern systematisch beseitigt
worden, als sie versuchten, die Form des
Buchstabens zu „verbessern". Es macht Spaß,
den rechten Fuß zu ziehen. Nahe der Grundlinie verbreitert er sich allmählich.

Drehen Sie den Pinsel in die
Horizontale, bevor Sie ihn anheben.

Drehen Sie den Pinsel von 30° auf
90°, um die Serife zu vollenden.

Beginnen Sie an der
Spitze der Serife, dre-
hen Sie den Pinsel
zuruck und ziehen Sie
ihn an der Grundlinie
entlang.

Capitalis Monumentalis: S

Dem Anfänger erscheinen die geschwungenen
Partien des S häufig respekteinflößend; wenn
man jedoch das E bewältigt hat *(S. 114)*, sollte sich das S nicht mehr als schwierig erwei-
sen. Das Trajanische S neigt sich nach rechts,
was den Fluß der Schrift etwas beeinträch-
tigt. Die untere Serife ist der einzige Teil des
Buchstabens, der zusätzliche Übung erfordert.
Sie ist die einzige Serife, bei der man die
Spitze zuerst schreibt. Dies wird dadurch er-
schwert, daß die Hand den ersten Strich verdeckt. Deshalb ist es wichtig, das Ende der
Serife als zweites Element zu ziehen – während sich die Hand „erinnert", wo der erste
Strich endet.

Jeder Querstrich hat
dieselbe Länge wie
die Querstriche von
E und F (S. 114).

Der rechte Querstrich des T hat
genau dieselbe Form wie der
obere Querstrich des E (S. 114).

Capitalis Monumentalis: T

Der Querstrich hat eine besonders elegante
Form mit feinen Verschiebungen des Winkels
zwischen den Serifen und einer allmählichen
Verbreiterung, die in die Serifen hinein und
dann wieder von ihnen fort führt. Der Querstrich beginnt mit einer leichten Abwärts-
bewegung; die Kante des Pinsels wird dann
auf 30° zurückgedreht, bevor man ihn weiter
nach rechts führt und die Bewegung in einem
Winkel von 90° abschließt. Bei Inschriften
wurde das Zwischenstück, das der Lücke bei
der Pinselschrift entspricht, mit dem Meißel
entfernt.

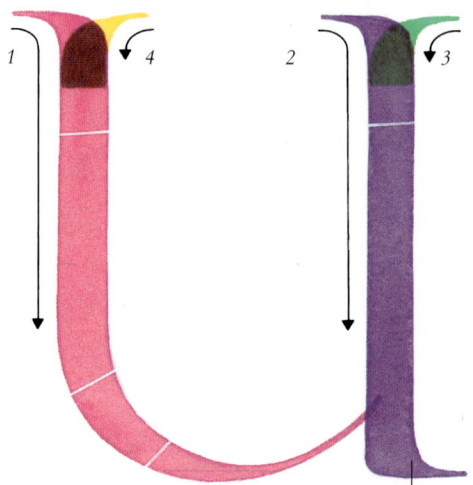

Die untere Serife des U kann weggelassen werden. Der Bogen schwingt dann nach oben und trifft auf die rechte Senkrechte.

Am Ende der zweiten Schreibbewegung schwingen Sie den Pinsel nach rechts, dann schließen Sie sie – während Sie den Pinsel langsam heben – mit einem feinen Strich ab.

Capitalis Monumentalis: U
Im Lateinischen repräsentierte der Buchstabe V sowohl den V- als auch den U-Laut. In mittelalterlichen Handschriften nahm das V häufig die Form eines U an, und seit dem 14. Jahrhundert etwa wurden die beiden Buchstaben separat verwendet. Es hängt vom persönlichen Ermessen ab, in welchem Ausmaß die Capitalis für andere Sprachen als für das Lateinische verwendet werden sollte.

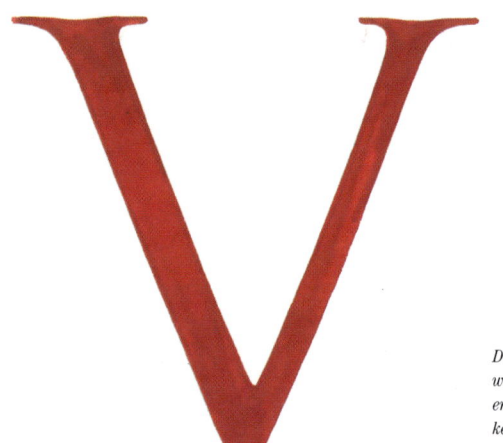
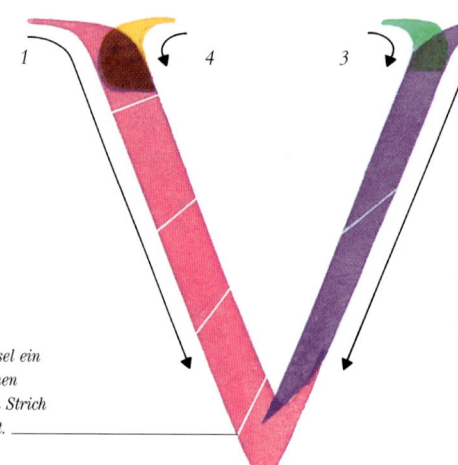

Drehen Sie den Pinsel ein wenig, damit zwischen erstem und zweitem Strich keine Lücke entsteht.

Capitalis Monumentalis: V
Der erste Strich des V beginnt als vertikale Bewegung und endet mit dem Scheitel eines M. Der Wechsel des Ansatzwinkels wird in der kleinen Wendung am Ende des Strichs erkennbar. Das V kann mit einer flachen Basis enden, wenn es zusammen mit dem flachen A, M und N verwendet wird. Diese Basis sollte aber nicht breiter sein als der schmale Strich.

Das W kann schmaler geschrieben werden, wenn man die Überschneidung im Zentrum durch einen spitzen Scheitel ersetzt.

Capitalis Monumentalis: W
Der Buchstabe W tauchte zum ersten Mal im 11. Jahrhundert auf. Im Prinzip setzt er sich aus zwei V zusammen, die sich entweder überschneiden oder sich in einem einzigen Scheitelpunkt im Zentrum des Buchstabens treffen.

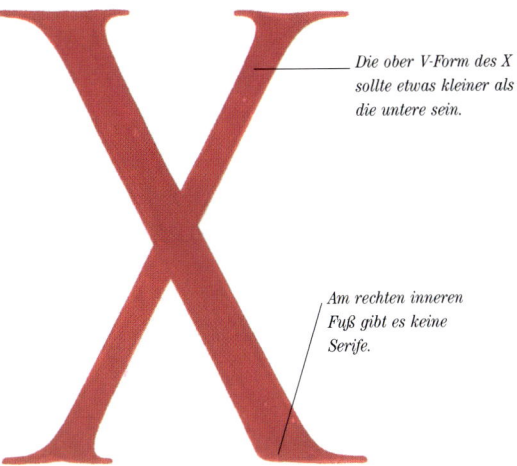

Die ober V-Form des X sollte etwas kleiner als die untere sein.

Am rechten inneren Fuß gibt es keine Serife.

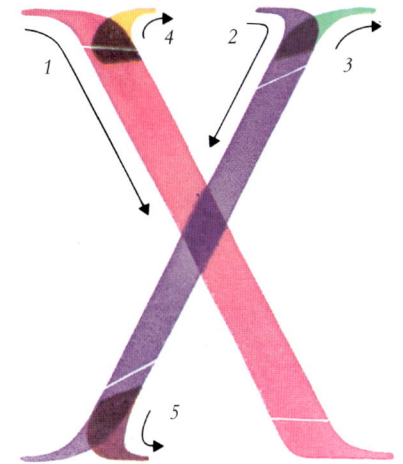

Capitalis Monumentalis: X

Der Buchstabe X kommt bei lateinischen Inschriften relativ häufig vor, denn als Zahl repräsentiert er die Zehn. Die Steigung ist steiler als die des A. Im Idealfall ist die obere V-Form kleiner als die untere, damit der Buchstabe optisch ausgewogen erscheint und nicht im oberen Teil ein Übergewicht erhält. Am rechten inneren Fuß gibt es keine Serife.

An den Innenseiten der beiden Arme des Y können Serifen hinzugefügt werden.

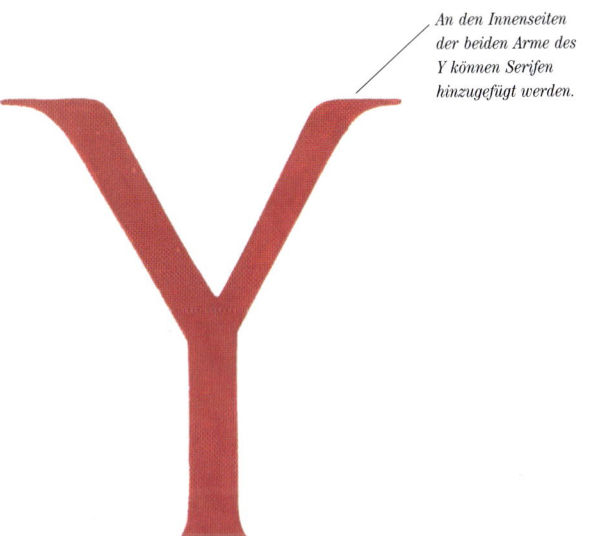

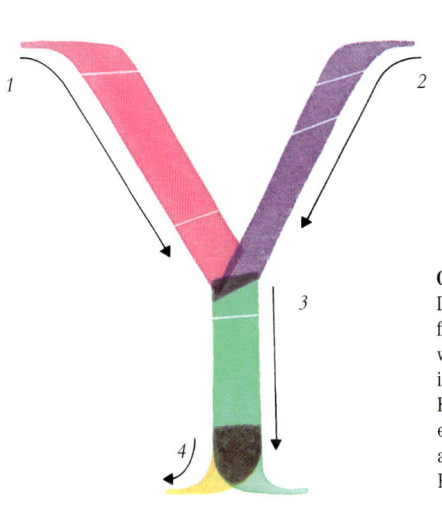

Capitalis Monumentalis: Y

Der Buchstabe Y wurde von den Römern für Wörter griechischen Ursprungs verwendet, und er erscheint nur gelegentlich in lateinischen Inschriften. Diese Konstruktion basiert auf dem Upsilon einer griechischen Inschrift. Man kann auch innere Serifen hinzufügen wie beim Buchstaben X *(oben)*.

Drehen Sie beim oberen Querstrich des Z den Pinsel auf 30° und führen Sie ihn in der Horizontalen.

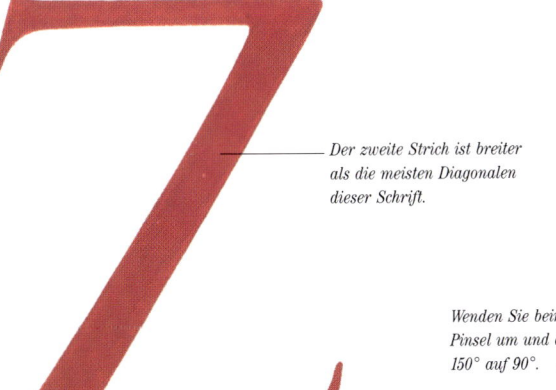

Der zweite Strich ist breiter als die meisten Diagonalen dieser Schrift.

Wenden Sie beim Grundstrich den Pinsel um und drehen Sie ihn von 150° auf 90°.

Capitalis Monumentalis: Z

Die interessante Konstruktion des Z verbindet den oberen Querstrich des T und den unteren des E mit einer Diagonalen. Ein Strich, der nach links läuft, ist normalerweise schmal *(vgl. A, S. 113)*. Ein schmaler Strich aber würde den Buchstaben zu licht erscheinen lassen; daher hält man den Pinsel beinahe in der Horizontalen, so daß eine breite Diagonale entsteht.

Übersicht

		Alphabet
RÖMISCHE UND SPÄT-RÖMISCHE SCHRIFTEN	Capitalis Monumentalis	A B C D E F G H I K L M N O
	Rustica	A B C D E F G H I K L M N O
	Unziale	A B C D E F G H I K L M N O
	Capitalis Quadrata	A B C D E F G H I K L M N O
	Halbunziale	a b c d e f g h i k l m n o
INSULARE SCHRIFTEN UND NATIONAL-SCHRIFTEN	Insulare Majuskel	a b c d e f g h i j k l m n o
	Insulare Minuskel	a b c d e f g h i k l m n o
KAROLINGISCHE UND FRÜHGOTISCHE SCHRIFTEN	Karolingische Minuskel	a b c d e f g h i k l m n o
	Frühgotische Schrift	a b c d e f g h i k l m n o
GOTISCHE SCHRIFTEN	Textura Quadrata	a b c d e f g h i j k l m n o
	Textura Prescissa	a b c d e f g h i j k l m n o
	Gotische Großbuchstaben	A B C D E F G H I J K L M N O
	Lombardische Versalien	A B C D E F G H I K L M N O
	Bastarda	a b c d e f g h i j k l m n o
	Versalien der Bastarda	A B C D E F G H I J K L M N O
	Bâtarde	a b c d e f g h i j k l m n o
	Fraktur	a b c d e f g h i j k l m n o
ITALIENISCHE UND HUMANISTISCHE SCHRIFTEN	Rotunda	a b c d e f g h i j k l m n o
	Versalien der Rotunda	A B C D E F G H I J K L M N O
	Humanistische Minuskel	a b c d e f g h i k l m n o
	Humanistische Kursive	a b c d e f g h i j k l m n o
	Humanistische Großbuchstaben	A B C D E F G H I K L M N O
SCHRIFTEN NACH DER RENAISSANCE	Englische Schreibschrift	a b c d e f g h i j k l m n o
	Englische Schreibschrift Großbuchstaben	A B C D E F G H I J K L M N O

P	Q	R	S		T		U		V		W		X		Y	Z

ERLÄUTERUNGEN

Repräsentative römische Schrift; mit dem Pinsel geschrieben und in Stein gemeißelt. Buchstabenformen liegen vielen heutigen Großbuchstaben zugrunde.

Schrift des 1. Jh. für Manuskripte und Schilder, auch in Stein gemeißelt. Später nur für Kapitelüberschriften gebraucht.

Lateinische Version der griechischen Unziale mit geringen Ober- und Unterlängen; verwendet in der frühen christlichen Kirche.

Spätrömische Großbuchstaben, in nichtchristlichen Prachthandschriften gebraucht. Sehr zeitaufwendig.

Eine kursivere Version der Unziale mit Ober- und Unterlängen. Die Formen führen zur Entwicklung von Kleinbuchstaben.

Verbindet Elemente der Unziale und der Halbunziale, entwickelt von irisch-northumbrischen keltischen Mönchen.

Kursive Form der Insularen Majuskel, Urkundenschrift. Wurde in Irland bis ins 20. Jh. hinein verwendet.

Reformierte Halbunziale, etablierte Schrift des fränkischen Reiches, Vorbild für die Humanistische Minuskel des 15. Jh.

Komprimierte Version der karolingischen Minuskel, im 12. Jh. verwendet. Vorläufer der späteren gotischen Schriften.

Stark komprimierte gotische Schrift des frühen 13. Jh. Charakteristisches Kennzeichen: rautenförmige Abschlüsse der Mittellängen.

Zwillingsschrift der Quadrata. Charakteristisch: gerade Abschlüsse der Mittellängen; gebraucht für repräsentative Manuskripte.

Die Großbuchstaben zu den Minuskeln der Textur.

„Aufgebaute" Zierbuchstaben, gewöhnlich in Verbindung mit Texturschriften verwendet.

Eine kursive gotische Schrift, ausschließlich für landessprachliche Texte und Dokumente verwendet.

Großbuchstaben; verwendet im Zusammenhang mit Minuskeln der Bastarda, der Bâtarde und Frakturschriften.

Französische Version der Bastarda.

Deutsche, späte Form der Bastarda, zeigt viele Merkmale der Textur. Zusammen mit der Schwabacher bis zur Mitte des 20. Jh. in Gebrauch.

Italienische Form der gotischen Schrift, gerundeter und offener als die anderen Schriften in Nordeuropa.

Die Großbuchstaben zu den Minuskeln der Rotunda.

Schrift der Renaissance, beeinflußt von der karolingischen Minuskel, Buchstabenformen bilden die Grundlage moderner Typographie.

Kursive Form der Humanistischen Minuskel; in moderner Typographie in Parenthese und Anmerkung verwendet.

Die Großbuchstaben zu den humanistischen Schriften, mit der Feder geschriebene Nachfahren der Capitalis Monumentalis.

Extreme Form der Kursivschrift; die meisten Buchstaben werden miteinander verbunden. Entwickelt aus der Humanistischen Kursive und beeinflußt vom Kupferstich.

Die Großbuchstaben zu den Minuskeln der Englischen Schreibschrift.

Glossar

Abstrich   Eine Schreibbewegung, die nach unten geführt wird.

Achse   Bei der römischen Kapitalschrift die imaginäre Linie, die durch die breiteste Stelle des Buchstabens führt.

Anthropomorphe Ornamentik
Verzierungen, die menschliche Formen aufweisen.

„Aufgebaute" Buchstaben   Buchstaben, deren Umriß gezeichnet und ausgefüllt wird oder die in ihren Einzelelementen konstruiert, mit der Feder eher „gezeichnet" werden als „geschrieben".

Aufstrich   Eine Schreibbewegung, die nach oben geführt wird.

Bastarda   Gotische Mischform aus kursiven Elementen und Merkmalen der Textur.

„Cadels" sind verzierte gotische Großbuchstaben, die ursprünglich zusammen mit Bastarda-Textschriften verwendet wurden.

Bewegliche Lettern   Einzelne Buchstaben aus Metall, die eingefärbt und in beliebiger Anordnung gedruckt werden können.

Bilinear   Der Begriff bezeichnet eine Schrift, die zwischen zwei imaginären Zeilen geschrieben wird.

Bogen   Geschwungenes Element eines Buchstabens, z. B. bei h und n.

Buchschrift   Sammelbegriff für alle in Büchern verwendeten Schriften vor der Zeit des Buchdrucks. Unziale und karolingische Minuskel gehören dazu.

Cadel   Ein gotischer Zierbuchstabe, der – möglichst ohne die Feder abzusetzen – mit ineinander verflochtenen Linien und Schwüngen gestaltet wird.

Capsa   Ein Behälter für Schriftrollen.

Copperplate   Englische Schreibschrift. Extrem rechtsläufige Schrift mit charakteristischen Verzierungen, die sich aus den im Kupferstich verwendeten Formen entwickelten.

Duktus   Richtung und rhythmische Abfolge der Schreibbewegungen, aus denen sich Buchstaben und Schrift zusammensetzen.

Elefantenrüssel   Ein breiter, geschwungener Strich an den Oberlängen einiger Buchstaben der Bastarda-Schriften, z. B. der englischen „Bastard Secretary".

Erweiterte Buchstaben   Buchstaben, deren Formen und Zwischenräume weiter sind als üblich.

Et-Zeichen   Das Zeichen für das Wort „und" (lat.: „et").

Filigran   Reiche Ornamentik in Form feiner, geschwungener Linien.

Füllung   Die Füllung des Winkels zwischen einem Strich und seiner Serife.

Folio   Die Seite eines Manuskripts. Als Papierformat: 21 x 33 cm.

„Gerade" Feder   Feder, deren Spitze schräg zum Federschaft geschnitten ist und die das Schreiben eines senkrechten Schaftes erleichtert. Horizontal angesetzt, produziert sie einen starken Kontrast von breiten und schmalen Strichen.

„Gewicht"   Verhältnis der Federbreite, mit der ein Buchstabe geschrieben wird, zu seiner Höhe.

Gotische Schriften   Der Sammelbegriff für Schriften zwischen 1200 und 1500.

Gouache   Deckende Wasserfarbe im Unterschied zu lasierender Aquarellfarbe.

Großbuchstaben   vgl. „Majuskeln", „Versalien".

Grundlinie   vgl. „Schriftlinie"; die Linie, auf der die Buchstaben stehen.

Haarstriche zieht man mit der Ecke der Feder; oft setzen sie einen breiteren Strich fort.

Haarstrich   Eine feine Linie, die Buchstaben verbindet, Schreibbewegungen beendet und die zur Ausschmückung von Buchstaben verwendet wird.

Halbes r   Eine Form des r, dessen Rücken bereits im vorausgehenden Buchstaben enthalten ist.

Hierarchie der Schriften

Schriften im gleichen Manuskript werden in einer bestimmten Reihenfolge gemäß ihrer Rangordnung verwendet. Die formellste Schrift macht den Anfang bei Titeln und wichtigen Einzelheiten, z. B. wird hier die Capitalis eingesetzt. Die folgende Schrift ist die auf dem nächsthöheren formalen Niveau, z. B. die Unziale. Sie ist dann dem ersten Satz vorbehalten. Der Text erscheint dann vielleicht in karolingischer Minuskel.

Historisierte Initialen   Initialen, die mit Figuren geschmückt werden, die in der Handlung des Textes erscheinen.

Illumination   Ursprünglich bezog sich dieser Begriff nur auf vergoldete Ornamentik, wird aber jetzt für alle Formen der Textverzierung verwendet.

Initial   Zierbuchstabe am Anfang von Büchern oder Abschnitten.

Insular   Aus dem lateinischen Wort für „Insel"; Begriff von Paläographen verwendet, wenn sie sich auf die gemeinsame Kultur von Irland und dem nördlichen Britannien beziehen.

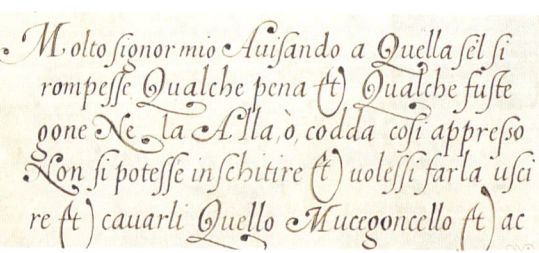

Charakteristisch für die Humanistische Kursive sind die verbundenen Buchstaben und die Rechtsneigung.

Interlinearglosse   Wörter, die zwischen die Zeilen eines Textes geschrieben wurden als Kommentar oder Übersetzung.

Humanistische Kursive   Humanistischer Schreibstil, bei dem sich die ovalen, verbundenen Buchstaben nach rechts neigen.

Komprimierte Buchstaben Buchstaben, deren Formen und Zwischenräume schmaler sind als üblich.

Kursive Eine schnell schreibbare Schrift mit Elementen wie Verbindungen zwischen den Buchstaben und Schlaufen.

Ligatur Die Verbindung von Buchstaben, die dann ein gemeinsames Element haben.

Majuskel Großbuchstabe einer Handschrift. Majuskelschrift: bilineare Schrift, in der alle Buchstaben dieselbe Höhe haben.

Manuskript Ein handgeschriebenes Buch oder Dokument vor der Erfindung des Buchdrucks. Abkürzung: Ms.

Marder Aus dem Schweifhaar des Marders werden feine, spitze Pinsel gefertigt.

Mittellänge, Mittelhöhe Die „x-Höhe" oder „n-Höhe" einer Schrift, die Höhe eines Buchstabens ohne Ober- und Unterlänge.

Minuskel Jede Art von Kleinbuchstaben einer Handschrift.

Solche Buchstabenverbindungen bezeichnet man als „Ligaturen".

Öffnung Gebogenes Element am Schaft eines Buchstabens, das eine Fläche ganz umschließt, wie b, d, g.

Oberlänge Der obere Teil des Schaftes eines Kleinbuchstabens, z. B. bei h, d, l.

Paläographie Lehre von den handgeschriebenen Schriften des Altertums und des Mittelalters.

Papyrus Die früheste Art des „Papiers", Beschreibstoff, hergestellt aus dem Schaft der Papyruspflanze.

Pergament Beschreibstoff aus der Haut von Säugetieren, meist Schaf- oder Ziegenhaut.

Prachthandschrift Luxusmanuskript, die kostbarste Form handgeschriebener Bücher.

Querstrich Querbalken, der horizontale Strich bei einem Buchstaben wie z. B. T oder H.

Rohrfeder Ein Schreibwerkzeug, das aus

Ein Manuskript ist ein Buch oder ein Dokument, das mit der Hand geschrieben wurde.

Schilfrohr gefertigt wird.

Rubrifiziert Aus dem lateinischen Wort „ruber" = Rot. Bezeichnet Buchstaben einer Überschrift oder in einer Textpassage, die rot gefärbt sind.

Runen Buchstaben des alten germanischen Alphabets; sie enthalten keine Bögen und wenige horizontale Striche.

Serifen Kleine Ansatz- bzw. Begrenzungsstriche eines Buchstabens. Es gibt unterschiedliche Typen: z. B. keilförmige Serifen und solche, die an den Schaft angerundet sind.

Schaft Das grundlegende vertikale Element eines Buchstabens – bei einer schrägliegenden Schrift steht er in einem entsprechenden Winkel. Bezeichnung gilt auch für die Diagonale bei Buchstaben wie N und Z.

Scheitel Die obere Spitze eines Buchstabens, z. B. beim A.

Schlaufe Eingeschlossene Fläche in einer Ober- oder Unterlänge, z. B. beim g.

„Schräge" Feder Feder, deren Spitze rechtwinklig zum Federschaft geschnitten ist. Beim Schreiben steht diese gerade Kante „schräg" zum Schaft des Buchstabens.

Spationierung Setzen der Buchstaben- und Wortabstände.

Textschriften Auch „Brotschriften". Schriften, die für den fortlaufenden Text eines Buches verwendet werden.

Textura Aus dem lateinischen Wort für „gewebt"; bezeichnet eine bestimmte Art gotischer Schriften, deren Kennzeichen komprimierte Buchstaben mit sehr geringem Abstand sind.

Thorn Ein angelsächsisches Zeichen, das einem y ähnelt. Es repräsentiert den „th"-Laut.

Unterlänge Der untere Teil des Schaftes eines Buchstabens wie bei p, q und f.

Unziale Eine spätrömische Schrift mit geringen Ober- und Unterlängen. Der Name bedeutet „zollhoch".

Vellum Ein Beschreibstoff aus Kalbshaut.

Vergoldung Das Auftragen von Blattgold auf dem Beschreibstoff.

Versalien Bedeutet „Großbuchstabe". In der Entstehungsgeschichte der Schrift wurden Versalien auch als „Majuskeln" bezeichnet.

Zierbuchstaben Schmuckbuchstaben, die

Dekorative Ansatz- oder Begrenzungsstriche nennt man „Serifen" – es gibt ganz unterschiedliche Arten.

für das erste Wort oder die ersten Wörter eines Textes verwendet werden, die aber nicht allein stehen wie Initialen.

Bibliographie

The Decorated Letter, J. J. G. Alexander/Thames and Hudson, London, 1978

The Winchester Bible, Clare Donovan/British Library, Winchester Cathedral, 1993

Manuscripts at Oxford – R. W. Hunt Memorial Exhibition, Edited by A. C. de la Mare and B. C. Barker-Benfield/Bodleian Library, Oxford, 1980

Eyewitness Guide to Writing, Karen Brookfield/Dorling Kindersley, British Library, London, 1993

The Golden Age of English Manuscript Painting 1200–1500, Richard Marks and Nigel Morgan/Book Club Associates, London, 1981

Anglo-Saxon Manuscripts, Michelle P. Brown/British Library, London, 1991

A Book of Scripts, Alfred Fairbank/Penguin Books, London, 1949

Writing, David Diringer/Thames and Hudson, London, 1962

Das Schreib-Büchlein von Rudolf Koch, Johannes Stauda Verlag, Kassel, 1984

Thesauro de Scrittorio 1535, Ugo da Carpi, introduction by Esther Potter/Nattali and Maurice, London, 1968

Writing and Illuminating and Lettering, Edward Johnston, originally published 1906, reprinted by A. & C. Black, London, 1983

English Handwriting 1400–1500, Jean F. Preston and Laetitia Yeandle/State University, New York, 1992

A Guide to Western Historical Scripts from Antiquity to 1600, Michelle P. Brown/British Library, 1990

The Book of Kells, Selected and introduced by Peter Brown/Thames and Hudson, 1980

The Lindisfarne Gospels, Janet Backhouse/Phaidon, Oxford, 1981

The Universal Penman, Engraved by George Bickham, 1743/Dover Publications Inc., New York, 1954

The Art of Calligraphy, Western Europe and America, Joyce Irene Whalley/Bloomsbury Books, London, 1980

The Story of Writing, Donald Jackson/Studio Vista, 1981

Medieval Calligraphy, Its History and Technique, Marc Drogin/George Prior Associated Publishers Ltd., London, 1980

Calligraphy: The Art of Written Forms, Donald M. Anderson/Dover Publications Inc., New York, 1992

The Origin of the Serif, Edward M. Catich/Catich Gallery, St. Ambrose University, Iowa, 1968

Masters of the Italic Letter, Kathryn A. Atkins/Penguin Press, London, 1988

The Italic Calligraphy Handbook, Carolyn Knudsen/Stemmer House Publishers Inc., Maryland, 1985

Calligraphy, Inspiration, Innovation and Communication, David Harris/Anaya, London, 1991

Books of Hours and their Owners, John Hartham/Thames and Hudson, 1977

Lettering Old and New, Translated by Dr. W. E. Walz/Batsford, London, 1930

Ornamental Alphabets and Initials, Alison Harding/Thames and Hudson, 1983

Celtic Knotwork, Iain Bain/Constable, London, 1986

Register

Beatus vir qui non ha-
bit in consilio impi-
orum et in via peccato-
rum non stetit et in cathedra

Verba mea auribus
percipe domine intel-
lige clamorem meum
intende voci orationis mee

Rottula — Rottula simplex

Vnde willighe beghelicheyt vlitlich tovorn Alle leueste
god here vnde here wy bidden iw vnde ermanen in dusser
wardighen scrifft dat gy den beghouden krych willen afft laten
ich vnsen willen den gy an ghe hauen hebben wert horen b
vnder erheset iw twene erbar vnde van kunsten riche wise
wille wy of twene kesen de twissen iuwen gnaden vnde syner
ert to beydentsiden eyn middel mogen vynden Dat schal gans etc

Rottula acuta

Vnsen lutteren grot mit vlitliker beghericheit alle tijd tovornd
hochborne vorste here vnde here wy bidden iuwe hochwerdighen
Edelicheit vlitlichen in dusseme jeghenwardigh breue dat gy wolden
myt willen laten van dyne laude dat gy an ghenomen hebben van
heren all Dat wir mit iuwer Edelicheyt nicht dit dar vmme
donen vruwilligen wente wir to rade sint ge worden vnde besundern
myt wolbedachtem rechtuerdighen rade vnser oldesten alle de sicherheit
vnser lautheston vnses rechtes sud deme male dat wy nicht andere

Semi quadratus — Semi quadratus

Textus Rotundus

In iniquitatem exaudiuit me
deus iustitie mee in tribula-
tione dilatasti michi Miserere
... et exaudi orationem meam

Quare fremuerunt gentes et populi
meditati sunt in vana Astiterunt
reges terre et principes conuenerunt
in vnum aduersus dominum et adue

Rottula — Rottula fracturarum

...eth in lutter vrimicheyt willicheliker beghelicheit
...e herren tovorn Leuen here vnde Besunderen frund
...mmer wi... vnde ermanen vnde alle ghe
...ch dat gy dricke... waren rades ... gy ghe
...er morghen wolde ... vorstoren den schaden
...ghen kesen dure dot ... gy b ghert wol mame

Rotundum

Wur pyrmanie vnde ghe hoeren dri sind to bedenwerdar Bekennen openb.arliken
in dusseme breue vor alle den de en seen horen eder lesen Dat ich tigher dusses
breues erbar vnde duttstle elderen bi vns lesst ghe hat Weyte he eliken ghe boren
is Dit bekenne wi dar de vorghenante ioh van ich etc vnde sine elderen elich vnde
vromelich vnde elsamich bi vns hebben ghe holden vnde nicht van vs andres
wetten wenne alle gud Bidde wi alle eslame vrome bedrnen Beide gheistliche
vnde werltken de dorch vnsen willen willen eder larm Dat se seme vorghenanten
ioh van ch gunst guden wolden ghe benslen vnde ome be hulpen sin eder wat he an
on be gherende ist to sinem ghe schefte Dat wille wi gheme teghen on vnd
dn oren willichlich vordienen Wor sik dat ghebort an eyme ghe liken eder solchen
eder an eyme groteren Des to eyner bekantnisse hebbe wi vnser stad inghet etc

Rottula gelavata

Witleme ghe strenghen edden wol ghe borne ntame dies to dan y sy
nem vymickem minner sal desse breff etcetera Vnsen gr
beghelikem trunwen willen in rechten estite tovorum leue here her
vnde vnse eghentlike ghumme vns vnde den vnsen to dusser tid vnde eyne
sunderlike ...vnnentlike vroyde ens entfan ist Sint dat wy
... en diere ...

Bildnachweis

Es wurde alles versucht, um die Inhaber des Copyrights zu ermitteln, und wir bitten im voraus um Entschuldigung für den Fall, daß wir etwas übersehen haben. Wir sind gern bereit, den fehlenden Nachweis in einer folgenden Auflage zu berücksichtigen.

Zeichenerklärung: *o* = oben, *u* = unten, *m* = Mitte, *r* = rechts, *l* = links

Abkürzungen:
AA: Ancient Art and Architecture Collection
BL: By Permission of the British Library, London
BN: © Cliché Bibliothèque Nationale de France, Paris
BO: The Bodleian Library, Oxford
IK: Ikona, Rome
VA: By Courtesy of the Board of Trustees of the Victoria and Albert Museum, London

Umschlag:
Kalligraphie von Renate Fuhrmann,
Gestaltung von Ekkehardt Drechsel

Seiten 2 – 3
S. 2: Reid MS. 64 f. 33, VA **S. 3:** Metz Pontifical, early 14th century, MS. 298. f.138v/Fitzwiliam Museum, University of Cambridge

Seiten 4 – 5
Seiten 4 – 5: Add 42130 201v (Detail), BL

Seiten 6 – 7: Einführung
S. 6: *ol:* Beatus von Liebana, Spanien, ca. 1220, Skriptorium im Turm des Klosters von Tavara, The Pierpont Morgan Library, New York, M. 429, f.183

Seiten 8 – 11: Die Entwicklung der abendländischen Schrift
S. 8: *r:* Terrakotta-Tafel mit oscanischer Schrift, Italien, The Trustees of the British Museum, London; *u (Detail):* Inschrift auf dem Sockel der Trajanssäule, Monti, Rom/IK **S. 9:** *o:* Karl der Große mit Alkuin, Mary Evans Picture Library; *u:* Msc. Patr. 5 f.1v, Staatsbibliothek Bamberg **S. 10:** *o (Detail):* M 102, f.1v – 2, The Pierpont Morgan Library, New York; *u:* Vorderseite d. Übers. Plinius: Naturalis Historia, 1473, Biblioteca Medicea Laurenziana, Florence **S. 11:** *o:* Ms. Lat 9474, BN; *u: Phoenix*, Denis Brown, 1993

Seiten 16 – 17: Capitalis Rustica
Seiten 16 – 17: *or, l (Detail), u (Detail):* VAT 3867 f.3v, Vergilius Romanus Ecloga 11 & 4, Biblioteca Apostolica Vaticana/IK; *m:* Ms. Bodl. 218, fol. 62r, BO **S. 17:** *um:* Peter Halliday, Vergilzitat: Eclogue VII, 43 x 31,5 cm, 1983, Schwarze Tinte auf beigefarbenem Papier, Übers. vom Schreiber

Seiten 20 – 21: Capitalis Quadrata
S. 20: *om:* Der Pergamenthersteller, Dover Publications Inc., New York; *m:* Inschrift von San Sebastiano/IK
Seiten 20 – 21: *u (Detail):* Pontificia Commissione de Archeologia Sacra/IK **S. 21:** *o:* Potificia Commissione de Archeologia Sacra/IK

Seiten 24 – 25: Unziale und kalligraphische Unziale
S. 24: *r:* MS E Museo 100 f7v/BO; *u:* Ceolfrid-Bibel, AA **S. 25:** *o, u (Detail):* COTT VESP A1 30v – 31, BL

Seiten 28 – 31: Insulare Majuskel
S. 28: *r:* The Book of Kells MS 58 fol. 40v, The Board of Trinity College, Dublin **S. 29:** *ur (Detail):* The Book of Kells MS 58 fol. 179v, The Board of Trinity College, Dublin **S. 30:** *ol:* Brosche von Tara, National Museum of Ireland, Dublin; *u, or (Detail):* Lindisfarne-Evangeliar f29 COTT Nero DIV f29, BL **S. 31:** *o:* MS COTT Nero DIV f5v, BL; *u: Cultural Decomposition*, Denis Brown, 1993

Seiten 34 – 35: Insulare Minuskel
S. 34: *or:* Kloster von Lindisfarne, photo: Andy Williams; *mr (Detail):* Bedas Kommentar zum Buch der Sprüche, MS 819 folio 29/BO; *umr, uml (Detail), u (Detail):* Royal 2 Axx f17 Gebetbuch, English Mercian, BL **S. 35:** *o (Detail), oml, uml (Detail):* Historia Ecclesiastica Genis Anglorum COTT T1B C11 f5v, BL; *umr: The Spirit of Men* 11.71 - end, *Widsith*, 11.1 – 13 fol. 84b, Reproduziert mit Erlaubnis des Dekans und Kapitels von Exeter.

Seiten 38 – 39: Karolingische Minuskel
S. 38: *u:* Arch. S. Pietro D182 fol. 159v, Bascicicanus D182 f 159v/Foto Biblioteca Vaticana/IK **S. 39:** *ol:* Sally-Anne Reason; *or:* Cloud Conceptions from Above, 1. Strophe, Sheila Waters; *u:* Moatiev Grandval Bibel ADD/MS 10546 f25 B – 26, BL

Seiten 42 – 43: „Foundational Hand"
S. 42: *ur, l (Detail):* Harl 2904 201v, BL **S. 43:** *ol:* Arbeitsblatt, Kopie im Besitz des Autors; *or:* Photographie von Edward Johnston, Holburne Museum and Crafts Study Centre, Bath; *u:* Edward Johnstons formales Schriftblatt, Winchester C.778, Holburne Museum and Crafts Study Centre, Bath

Seiten 46 – 47: Frühe gotische Schrift
S. 46: *m:* Winchester-Bibel, AA; *ur:* CO7 6Bv1, BL **S. 47:** *ul:* Moralia in Job, Lib XVII–XXXV, MS 173, fo 41, Bibliothèque Municipale de Dijon; *or:* Der Papierhersteller, Dover Publications Inc., New York

Seiten 50 – 51: Textura Quadrata
S. 50: *u:* Pontifikal von Metz, frühes 14. Jh., MS 298 f138v/Fitzwillam Museum, University of Cambridge
S. 51: *o, l (Detail):* Kathedrale von Chichester, Heinrich VIII. (Bischof Sherbourne bittet den König um die Bestätigung der Gründungsurkunde für die Kathedrale), Fotomas Index; *u:* MS Rawl liturg.e. 40 fol 40v/BO

Seiten 54 – 55: Textura Prescissa
S. 54: Urteil Salomos, The Pierpont Morgan Library, New York, M.102, f.1v-2 p55: *ml (Detail):* Add 42130 201v, BL; *m:* MS Douce 366 fol 154r/BO

Seiten 58 – 59: Gotische Großbuchstaben und Initialen
S. 58: MS 2981, Satz von Großbuchstaben, Magdalene College, Cambridge **S. 59:** *ol:* MS 55 G vol3 F52V, Bibel von St. Vaast, Bibliothèque Municipale d'Arras; *r (Detail):* MS 2981, Satz von Großbuchstaben, Magdalene College, Cambridge; *ul:* MS.83-1972 f1r, Fitzwilliam Museum, University of Cambridge

Seiten 62 – 63: Lombardische Versalien
S. 62: *u (Detail):* Bibel von Winchester, Ezechiel, 12. Jh., AA **S. 63:** Lateinisch, 12048 f 1v, BN

Seiten 66 – 67: Bastarda
S. 66: *mr:* Kane Medieval MS 21 folio 6r, Grenville Kane Collection of Medieval Manuscripts, Manuscripts Division, Department of Rare Books and Special Collections, Princeton University Libraries; *ul:* E Mus 35 f 98/BO **S. 67:** Englische Genesis, MS Bodley 596 f2r/BO

Seiten 70 – 71: Bâtarde
S. 70: *u:* MS Douce 267 f.36r/BO **S. 71:** *o, m (Detail):* Chronik des Jean Froissart, 14. Jh., BL; *ul:* Roy 16 GIII f8, BL

Seiten 74 – 75: Fraktur & Schwabacher
S. 74: *ml (Detail):* MS Lat 2° f384 v, Berlin, Staatsbibliothek zu Berlin – Preußischer Kulturbesitz – Handschriftenabteilung **Seiten 74 – 75:** *u:* MS 64/35v & 36r, Bayerische Staatsbibliothek, München **S. 75:** *o, r (Detail):* Rudolf Koch, Gospel of St. Matthew, 1921, Offenbach/Klingspor-Museum der Stadt Offenbach am Main

Seiten 80 – 81: „Cadels"
S. 80: D54/107 fr380 Page de Garde, BN **S. 81:** *l:* MS Ashmolean 789 fol. 4v/BO; *or:* Initiale, Speedball Textbook 1952, Ross F. George; *ur:* Beispiele schöner Initialen aus einem Buch von Thomas Weston, 1682, Speedball Textbook 1952, Ross F. George

Seiten 84 – 85: Rotunda
S. 84: *u:* MS.L.4929-1866 f.27r Antiphonar von Verona, Mitte 15. Jh., VA p85: *o:* L.2384-1910 f.203r Epistelbuch, Italienisches Stundenbuch, VA; *u:* Blatt mit gedruckter Rotunda, Kopie im Besitz des Autors

Seiten 90 – 91: Humanistische Minuskel
S. 90: *u:* Reid MS 64 VA **S. 91:** *o:* MS L1721-1921 f96v-97v, VA; *m:* MS 186 fol 21r, The Rector and Fellows of Exeter College, Oxford; *u:* Petrarcas Anmerkung, Kopie im Besitz des Autors

Seiten 94 – 95: Humanistische Kursive
S. 94: *u:* MS L1485-1946 Francesco Moro: Alphabet Page, VA **S. 95:** *ol:* Skrift Katalog, Christopher Haanes, Oslo; *or (Detail):* MS L1769-1952 f.113r, VA; *u:* Lat Class E38, William Morris manuscript, BO

Seiten 102 – 103: Englische Schreibschrift
S. 102: *m, u:* The Universal Penman, Dover Publications Inc., New York **S. 103:** *o, mr:* The Universal Penman, Dover Publications Inc., New York; *ml:* Werkstatt des Kupferstechers; *u:* typographischer Entwurf für Engl. Schreibschrift, David Harris

Seiten 108 – 109: Capitalis Monumentalis
S. 108: *o:* Buchstabe aus On the Just Shaping of Letters, Albrecht Dürer, Dover Publications Inc., New York; *u, m (Detail):* Via Appia, Inschrift, De Luca, Rome/IK **S. 109:** *o:* Inschrift auf dem Sockel der Trajanssäule, Monti, Rome/IK; *u:* Konstantinsbogen, De Luca, Rome/IK

Seiten 124 – 127: Bibliographie und Register
S. 124: *l (Detail):* MS 2981, Magdalene College, Cambridge **S. 126:** MS Lat 2° f384 v, Berlin, Staatsbibliothek zu Berlin – Preußischer Kulturbesitz – Handschriftenabteilung

Spezialphotos:
Michael Dunning: **S. 6:** *or*
Peter Hayman: **S. 17:** *ur*

Danksagung des Autors:
Mein Dank gilt meiner Frau Nancy, die unermüdlich mein Manuskript tippte und korrigierte, Miss Pemberton und den Mitarbeitern der Bodleian Library für die ständige freundliche Unterstützung ebenso wie Liz Brown und Louise Candlish von Dorling Kindersley, die mich davor bewahrten, das Thema zu sehr auszuweiten. Und schließlich meiner Familie und meinen Freunden, die gemeinsam mit mir die letzten Jahre hindurch ein wenig gelitten haben.

Dorling Kindersley dankt:
Janos Marffy und Sally-Anne Reason für ihre Kunstwerke; Richard Bird für das Register; Jane Carter, Stephen Croucher und Mark Johnson Davies für ihre Designassistenz; Lol Henderson und Helen Castle für ihre Unterstützung bei der Redaktion; und Jo, Simon, Liz und Louise für ihre Hilfe.